人际关系心理学

李炳全　张丽玲／编著

科 学 出 版 社
北 京

内 容 简 介

本书阐述人际关系心理学的基本概念、基本原理和基本理论；理论联系实际，论述促进人际关系建立和发展的方法和技巧；同时由于人际关系心理与行为具有文化依存性与差异性，也结合中国人的人际关系实际论述中国的人际关系的一般特点、交往行为与技巧。

本书适合高等师范院校心理学、教育学专业的本科生使用，也可供心理学相关专业从业者和其他对心理学有兴趣的读者参阅。

图书在版编目（CIP）数据

人际关系心理学/李炳全，张丽玲编著. —北京：科学出版社，2016. 11
ISBN 978-7-03-050665-8
I. ①人… II. ①李… ②张… III. ①人际关系学－社会心理学
IV. ① C912.11
中国版本图书馆 CIP 数据核字(2016)第 274238 号

责任编辑：郭勇斌 周 爽 刘艳华 / 责任校对：贾伟娟
责任印制：张 伟 / 封面设计：黄华斌

科 学 出 版 社 出版
北京东黄城根北街 16 号
邮政编码：100717
http://www.sciencep.com
北京中石油彩色印刷有限责任公司 印刷
科学出版社发行 各地新华书店经销
*
2017 年 1 月第 一 版 开本：720×1000 1/16
2023 年 7 月第七次印刷 印张：16 1/2
字数：338 000

定价：45.00 元

（如有印装质量问题，我社负责调换）

目　录

第一章　关系、人际关系、人际关系心理

第一节　关　　系

一、关系的词典含义分析

在《现代汉语词典》中，“关系”一词的含义主要有 6 个方面[①]。

（1）事物之间相互作用与相互影响的状态

这一概念表明三层意思：①双向性：即彼此相互影响，你影响我，我影响你。②动态性：通过影响与作用，事物之间的关系会发生变化，即关系是动态变化的。③作用与影响：即关系是事物之间的影响与作用，没有影响或作用，就不能称为关系。

（2）人与人或人与事物之间某种性质的联系

这是对关系的静态看法，主要表明了事物与人或人与人之间联系的性质，例如，血缘关系、老乡关系、恋人关系、党群关系、社会关系等。例如，“在国外待的时间越长，越是想念自己的故土，深深感受到我与祖国母亲的血肉相连的关系”“党和群众是血溶于水的关系”。

（3）对有关事物的影响或重要性或值得注意的地方

这也是对关系的静态看法，主要突出事物或人的价值或重要性，常与“有”“没有”“无”一起使用。例如，“××领导来不来对这次活动来说很有关系（非常重要）。”“我在不在场没有什么关系（无关紧要）。”“这件事关系重大。”等等。

（4）泛指原因、条件等

导致某件事情或某种行为的原因或前提条件。例如，“由于时间关系，今天就讲到这里，下课。”“由于天气关系，运动会暂时取消。”“因水的关系，人们开渠引水。”

---

①引自词典网 http://www.cidianwang.com/cd/g/guanxi19706.htm 和汉典网 http://www.zdic.net/c/3/36/82107.htm，引用时有所改动。

（5）表明有某种组织关系

例如，“你调来这么长时间了，怎么组织关系还没有转来？”“恢复了他的组织关系。”

（6）关联、牵涉

即事物或事情之间有关联或牵涉，如某个人牵涉某件事情或案件之中，或某件事情或案件与某个人有关联或牵涉，可以说这个人与这件事情或案件有关系。例如，“这关系到个人的前途或命运。”“这个梦关系他心中所思所想。”等等。

二、对关系的理解

综合上述关系的含义，可把关系界定为有关联或牵涉的事物之间相互影响、相互作用的过程及其状态。关系是双向的，关系的双方互相影响、相互作用。每个人都处于各种关系之中，亲密的战友关系、恋人关系、夫妻关系、母子关系、父子关系等。在理解关系时，要特别注意以下几个方面。

（一）区别

只要谈到关系，关系的两个方面（包括两种事物、事物的两个方面、两个概念、两种思想、人与物、人与人等）肯定不完全相同，这两个方面之间肯定存在着这样或那样的区别，那么用在人与人之间的关系即人际关系上，就是两个个体之间肯定存在着区别。所以谈到关系时，首先要重视的是区别。

1. 区别是人与人之间相互理解的前提或基础

在人际交往中，通常情况下，每一个人都是站在自己的角度看问题、思考或采取行动，因此，我们总是把自己的所思所想投射在别人身上，认为别人会像我们这样所思所想。

人际交往的黄金法则是:“你想让别人怎么对待你,你就要怎么去对待别人。”比如，你想让别人尊重你，你就要尊重别人，你想要别人爱你，你就要爱别人，你不关爱别人，你就别想别人会关爱你。孔子说过，“己所不欲，勿施于人。”“己欲立而立人，己欲达而达人。”这就告诉我们，人都是以自我为中心，虽然我们不这样认为，但是人们在日常生活中却总是会自觉或不自觉地以自我为中心。中国有句话叫“以小人之心，度君子之腹。”即小人总是站在自己的角度揣测君子，认为君子会像他那样所作所为。

《水浒传》中，宋江为什么杀了自己的女人？因为阎婆惜向他索要晁盖赠送的黄金，但实际上他并未接受馈赠。她为什么坚持认为宋江拿了黄金呢？因为她站在自己的角度去看待问题。“人家白给我黄金我都要，不要白不要，更何况我已经帮他做事了，救了他们七条人命？他们劫生辰纲劫了那么多钱，给我十条黄金算什么？” 阎婆惜这样想，肯定把她的想法也强加在宋江身上，她认为宋江肯定拿，也应该拿这个黄金，所以坚持向宋江索要黄金，宋江若不给，就去官府告发他。但实际情况是宋江确实没拿，给不出来。这怎么办？要保自己的命，就只有杀了他老婆。若站在宋江的角度考虑，江湖人称“及时雨”的他是散财而不贪财的人。

我们总是站在自己的角度去看待问题，同时每个人所站立场及所具有的知识经验等又有所不同，因此难免会对别人产生理解偏差。从心理学角度分析，每个人都有自己独特的个性，“人心不同，各如其面”“一母生九子，九子各不同” 。我们所看的角度、所站的立场不同，我们的所思所想是不是就会有差异呢？倘若如此，我们把自己的想法强加在别人身上，认为别人也如我们一样所思所想那是不是会造成人与人之间的误解呢？当然如此。这说明，只有能站在别人的角度去看待问题，才能促成双方相互理解。但这样的相互理解实在太难，也正因为太难，所以我们呼吁“理解万岁！”

谈到关系时，特别注重区别，区别是相互理解的基础。认识到别人与我不同，就不会把我的想法，对事物的看法、立场施加于别人，这样才能真正理解别人。如果双方都能做到，那么，双方是不是就能达到一种相互理解呢？

所以在谈到关系时，首先注重区别。不能总站在自己的角度，觉得别人对不起自己。应常想想我们是不是对不起别人？就像一些 90 后的学生说“我爱你，你怎么不爱我呢？”你爱别人就应叫人家爱你吗？

2. 区别是人与人之间合作的基础

合作是两个及以上的有差异性的个体之间为了实现各自的目标或满足各自的需要而相互配合、协调一致[1]。它需要如下条件：①合作各方都有合作的愿望，否则合作就不能得以实现；②合作各方都能通过合作满足各自的需要或实现各自的目的，否则只能满足一方的需要而不能满足其他合作方的需要，这些不能满足需要的合作方就不会去合作，合作关系就建立不起来；③合作各方分别有互补性的合作能力，比如，我会的你不会，你会的我不会，你会的正好弥补我不会的，我会的正好弥补你不会的，如此才能合作。否则我会的你也会，我不会的你也不会，合作就不能形成；④合作的效果要大于各方各自为战时的效果之和，形成系统效应；⑤各方相互配合、协调一致[2]。

从系统论的角度讲，系统遵循非加性规律即 $1+1\neq2$（系统功能不等于各个构成系统的因子功能之和）。若各因子能够密切联系、相互配合，就会形成较好的整体效应；反之，若各因子相互内耗，则会使系统的作用大大降低。系统要具有良好的整体效应，其组成因子必须有相互关联的运动或协调一致的状态变换，因子之间形成相互适应、相互协调关系。相互适应与协调既意味着共场的形成（正是共场联结着各因子，制约并协调着它们的运动变化）；又意味着各组成因子能够保持各自的性质，形成互补型的合作关系[3]。

假如三个同学，毕业以后要去创业，甲有技术，能够开发新产品或新技术，乙会理财，能够投资，丙会进行市场推广，那么这三个人就能进行很好的合作。如果大家都不懂技术，或都不会理财，或都不会营销，那在一起能干什么呢？所以合作的前提是差异性，我会的你不会，而你会的我不会，在这样的情况下，大家才能合作。合作还有一个条件就是“合作所获得的利益一定要大于单个个体行动所获利益之和”。比如，我一个人做这件事情能够挣 10 万，你自己做也是挣 10 万，那我们俩合作至少要挣 20 万以上，或者说同样是挣 20 万，合作所用的时间短或资源少，效率高。

假如挣 20 万你用了一年时间，他也用了一年时间，那么在两人合作的时候，可能用不了一年时间。虽然我们都分了 10 万，但是我们用的时间短了，或者是在其他方面体现出效益高了。通常情况下，一个复杂的合作，必须是合作各方有区别。所以在管理及人员任用上，都要考虑到区别，正是有区别的一些人，合作起来才能相互弥补，然后相辅相成，取得良好的整体效应或者系统效应。就像儿歌《三个和尚没水吃》所唱的：“一个和尚，挑啊挑水喝，两个和尚，抬啊抬水喝，三个和尚啊，没水喝。”这到底是为什么呢？其原因就是你不愿意挑，他不愿意挑，那最后大家都没水喝了。在大学生活中也有类似事例发生。比如，大学里一般都是一个学生一个暖水瓶，拿暖水瓶去锅炉房提开水。一个宿舍的同学轮流提，今天你们两个，明天他们两个，后天再换两个。但南京某高校有一个宿舍不是这样。先是个别人不想提，到最后谁都不想提。那大家都不提开水，喝水怎么办？买饮料，买矿泉水。其中一位学生的家长对他说：“大家都不提，你不会自己去提一瓶，又健康，又省很多钱。”大家互相推诿扯皮，都不想提，就没水喝。

美国一项关于夫妻关系的研究结果表明，夫妻关系稳定地保持很多年的，不是两个人脾气一样，而是这两个人脾气或性格互补。比如，一个比较急躁，另一个非常沉稳；一个做事冲动，另一个做事深思熟虑。倘若两人脾气都暴躁，容易发生争吵，有些家庭拥有枪，曾经有媒体报道过一对夫妻俩拿着枪，你打我，我打你，像打仗一样，那样就不行。当然，若两个人都不爱吭气，都生闷气，最终结果是，两个人不在沉默中爆发就在沉默中分手，所以生闷气时间长了，实在受不了就会爆发；如果没有爆发，可能闷出病来，最后可能活活生闷气气死了。这说明互补关系是最好的。大家看看历史上一些人之所以成功，除了志同道合以外，很多时候是呈一种互补关系。比如，刘邦为什么能赢得天下呢？他任用了一些相互弥补对方不足的人。比如，张良善于运筹帷幄，决胜千里，但若叫他带兵打仗就不行。韩信善于带兵打仗，打仗是个好手，但管粮草行不行呢？不行。那谁管粮草行呢？萧何。萧何比较善于管粮草。再看刘邦，他有什么特长，让大家愿意追随他呢？他的最大特长就是韩信说的一句话“善将将”，即善于用人。这再次说明区别是合作的基础。

3. 区别是人快乐幸福的基础

区别与人的快乐幸福有什么关系呢？在日常生活中人们在交往时，既要保持自我独立性，又要使对方保持独立性。不要强行要求别人为自己而改变。当然一些坏毛病可以改变，但是在一些不存在好坏的性格等特征上，不要强行要求别人改变，那是不可能的。当然，自己也不要一味地为了顺从别人而改变自己。比如，一些女孩子被男朋友甩了，对男友说“我改还不行吗？”其实，你不需要改。你只要保持你的独立性、独特性才是吸引别人的最佳之处。正是因为你有差异，才能给对方一种神秘感，而这种神秘感成为你吸引他的一个最重要的方面。如果你一张嘴他就知道你要说什么话，一抬手他就知道你要做什么，他就像你肚里的蛔虫，你不觉得可怕吗？你会对他有吸引力吗？这就告诉我们，谈恋爱也好，结婚也好，不需要为对方去做出改变，也不需要去追求与对方一致或相同。最好的方法就是保持我们的独立性，保持我们独立的人格，那么自己会感到幸福，由此对方也会感到幸福和快乐。

4. 区别是成功的基础

社会越来越复杂，每个人既不可能我行我素，也不可能单独完成一项比较复杂的活动。在手工业时代，一个人还能做出一个完整的产品，但在现代社会，一个人很难做出来。开公司也好，做生意也好，搞技术研发也好，要在一件事情上成功，通常需要组成一个团队。在组成团队时一般要寻求什么呢？就像谈合作时提到团队成员要形成一种相辅相成关系，也就是寻找最佳搭档，这样才能走向成功。许多成功的案例莫过于此。

如大家熟知的美国沃尔特·迪士尼公司。创建时有两个人起着非常重要的作用，一个是沃尔特·迪士尼，还有一个是他的助手兼好朋友尤比·艾沃克。他们认识时，年龄相仿——当时都是18岁；兴趣相同——都是从小就酷爱绘画；能力和性格互补——沃尔特·迪士尼鬼点子多，性格外向，尤比·艾沃克不善言辞，非常内向，但是画功略胜一筹。所以见面没多久，两个人就成了莫逆之交。一开始，他们都在一个广告公司打工，在打工过程中，一对黄金搭档形成了。沃尔特·迪士尼很有想法，而尤比·艾沃克善于把沃尔特·迪士尼的想法表现出来。但是好景不长，他们俩被公司一起解聘了。解聘后，他俩一起成立了迪士尼·艾沃克商业艺术公司。尤比·艾沃克是天生的绘画奇才，迪士尼公司成立后很多重要的动画角色都是他来完成的，可以说为迪士尼公司立下了汗马功劳。后来，由于种种原因，他们的公司倒闭了。倒闭之后，他们分别又应聘到同一家公司打工。再后来，他们又一起辞职，成立了公司。由于经营不善，这个公司又倒闭了。这次失败后，沃尔特·迪士尼变卖了所有家产，与自己的兄长一起又成立了一个制片厂，开始第三次创业。在创业过程中，虽然他构思很好，但动画人物不够生动。投资人在信中对他说："您在构思上无可指责，剧情太完美了。但您能不能让动画人物再生动些？"怎么办，他又找到他的最佳搭档尤比·艾沃克。沃尔特·迪士尼负责创意，尤比·艾沃克负责画画。尤比·艾沃克对动画片有一种特别的感觉，尤其对沃尔特·迪士尼的动画片有一种没人能超越的第六感。当别人对沃尔特·迪士尼提出的设想还犯迷糊的时候，往往尤比·艾沃克已经开始动手画了。之后公司发展越来越好，公司发展壮大后，别人就想到挖墙脚，把沃尔特·迪士尼的朋友挖走了。之所以被挖走，也是沃尔特·迪士尼说话不注意，他自认为其朋友兼合作者尤比·艾沃克不会计较，在争论时经常大肆辱骂甚至戏弄他，有时动不动就吵，甚至还骂，连沃尔特·迪士尼的妻子都看不惯，曾劝说他注意，但他却说："我们俩谁跟谁呀？尤比根本不会在意。他是个可以为我做任何事的朋友！"正因为如此，他们第三次分手，使迪士尼公司遭受巨大损失。中央电视台著名主持人王凯感叹："是否真的有人可以不计回报的为了另一个人做任何事吗？也许有，但他必须同时拥有一样东西，这是底线——尊严！"但尤比·艾沃克到了另一个公司以后，没人给他表现创意的机会，随后被解雇。而沃尔特·迪士尼公司在尤比·艾沃克离开以后，也没有创造出像样的作品。在这种情况下，当尤比·艾沃克再来找沃尔特·迪士尼时，两人再度合作。在他们的合作下，沃尔特·迪士尼公司发展得越来越好[4]。

这一事例说明，在成功道路上，需要找到最佳搭档。而最佳搭档，是呈互补性的人。这就需要认识到差异性，从差异性去分析，哪个人最能弥补自己的缺陷。

综上所述，区别是相互理解的基础，是合作的基础，是获得快乐和幸福的基础，也是成功的基础。所以在日常生活中与人建立某种关系时，要首先注意到彼此间的差异，不要因为没有注意到差异而影响彼此的关系。注意到了差异，就不仅不会影响彼此间的关系，还可能会变成良好关系建立的有效条件。

（二）联系

当然，只有区别还构不成关系，只要发生关系，那么二者之间就必须有联系。

1. 联系的纽带或性质

在考虑联系时，首先要考虑联系的纽带是什么，或者说性质是什么。比如，两个人是因为血缘建立起了关系，如兄弟姐妹、表兄弟、表姐妹等。也可能因为各自的利益，走在一起建立关系，这就是利益关系。若是利益关系，那么当这个利益不存在时，关系也就不存在甚至破裂。如果当利益发生冲突时，比如，盗贼分赃不均，那这个关系就会破裂。再如感情联系，两人是因为感情联系在一起，你对我有情，我对你有义，相互之间有情有义。那两人就要想办法把感情维持下去，并不断增进，而不是去破坏这种感情。在分析关系时，一定要考虑某种性质的联系，到底是什么性质、什么纽带联系彼此。联系的性质不同，处理关系的方式也各不相同。

所以在谈到关系中的联系时，首先必须要明确是什么性质的联系，或者什么纽带把人们联系在一起。

2. 联系的状态或程度

比如，恋爱关系现在处在什么程度上，是在初次接触时期，你对我有好感，我对你有好感；还是感情继续上升，处于热恋时期？在不同时期，考虑的问题不一样。在刚刚认识彼此有好感的时期，这时候处于上升期，一旦到热恋顶点时，感情就开始下降。下降到一定程度以后，又会上升。感情不可能永远保持在高潮期，所以在高潮期时，就要考虑俩人未来的生活会怎么样？两人一起应怎么过？就像一些女性经过热恋结婚了，婚后夫妻感情非常好，丈夫想让自己的爱人过上幸福生活，他就要去外面打拼，但是这个妻子还想像谈恋爱一样，你不要离开我，你要在我身边，你在我身边我就幸福，那可能吗？他要去打拼事业，你就要过上一种平淡的、平静的生活，不可能每天在一起卿卿我我。即使每天在一起卿卿我我，时间长了，也逐渐会变得乏味。所以还需要考虑联系的状态或程度。

3. 联系的作用

联系对于双方来说有什么作用，需要考虑的是怎样相互影响、相互作用。比如，老师怎样影响学生，学生怎样影响老师。又比如，前面提到的男性吸引女性的特质是什么，女性吸引男性的特质是什么。

（三）相互影响与相互作用的方式或状态

基于上述几个方面，可以把关系界定为：两个有区别的对象或事物相互影响、相互作用的过程或状态。若从人际关系的角度讲，是指有关联或牵涉的人与人之间相互影响、相互作用的过程和状态。这里要特别强调人与人之间的相互影响、相互作用。因为在人们交往的过程中，单方面很少起作用。

三、为关系正名

1. 关系并非贬义词

在日常生活中，人们经常提到跑关系、拉关系、托关系等。似乎关系就是一个贬义词，是社会中不正常的现象。实际上，关系是中性词，关系是好是坏关键在于人们对关系的利用。如果利用关系去做一些违法的事情，是不对的，利用关系让别人去做一些有害于别人甚至有害于自己的事情，那么也不对。比如，某高校开除了四个学生，其中两个是替考者，另外两个是被替者，开除他们是因为考试严重舞弊。被替者与替考者关系好，就请他来替考，这样做岂不是既害了同学又害了自己吗？

所以在很多时候，可以帮助关系不错的人，但帮忙时要考虑，哪些可以帮，哪些不可以帮，哪些应该帮，哪些不应该帮。如果没有考虑到这些，仅仅考虑关系，考虑哥们义气，就可能害人害己。有时候讲义气是好事，但是有时候讲义气并不见得是好事。比如，有人犯罪了，让别人去顶替他，两个人都属于违法。与其这样，为何非要去做这些事情呢？

如果为谋求不正当利益跑关系、拉关系，不要去做。但平常适当照顾下关系，这完全可以。因此，在日常生活中，要注意与他人建立良好关系。不要平常对人家看不惯，没有和人家建立起关系，需要帮助时，去求人家，想让人家帮忙，那人家是否帮助你呢？要是你平常就拉近关系，有事时找人家帮忙，他通常是会帮的。所以，不要小看平常的相处。当然，有些人势利眼，看到谁有权势和价值，他就去巴结谁，没权势的人不愿正眼去看，结果当他看不上的人能发挥用处的时候，他又向人家寻求帮助。这样肯定不行。

说到这里或许有人说：“我就是这个脾气，我就是我行我素，我就是非常自我。”非常自我没错，但非常自我不等于你不帮助别人，也不等于你不需要别人的帮助。如果说以前还能自给自足或“自扫门前雪”，那么现在很难。既然我们各方面都需要别人的帮助，那么就要处理好关系。有些同学和宿舍的人处理不好关系，看不惯这个，看不惯那个，等到某个同学发展顺利时，你去求别人帮忙，别人可能会不帮你。实际上，大家走在一起，尤其住在一个宿舍，就是缘分。所以在平常和同学、同事、邻里、亲戚等处理好关系非常必要，也非常重要。每一个人都是平等的，即使你现在家里比别人富有，那不能保证你一直比别人富有；即使你现在学习比较好，也不能保证将来一定比别人有能力。

所以，同学之间应在平时建立良好关系。

2. 关系是动态的

关系是双方的，是相互影响，相互作用的，所以它一定是动态的。随着时间的推移，以及双方相互了解相互认识的程度不同，关系会发生变化。

3. 关系取决于人们的认识与利用

在“关系并非贬义词”中已有所论述，关系的好坏取决于人们的利用。若与人建立积极的关系，并用这些积极的关系去做积极的事情，如于己于人于社会有利的事情，这种关系就是好的，就应去建立与维护。反之，若建立消极关系，用这种关系去做一些违法乱纪等事情，那这种关系就要不得。

第二节　人际关系

人际关系的概念有广义和狭义之分。

一、广义的定义

广义的人际关系泛指人与人之间的关系。它通常包含4个方面：自己与自己的关系、个体与个体之间的关系、个体与群体的关系、群体与群体的关系。

（一）自己与自己的关系

1. 认识关系

从认识论的角度分析，每个人既是一个认知者，也是一个被认知者，即认识的对象。从认知者的角度说，人是一个主体，从被认知者角度说，人是一个客体。作为认知者的人既可以认识外部的事物或人，同时也可以认识自己。人与动物的区别就是能够反躬自省，能够对自己进行反思。

作为被认知者，既可以是他人的认知对象，也可以是自己的认知对象。比如，从外表上来说，自己的身高、体重、长相等；就内在品质而言，自己的心理品质和心理特征。作为认知者和被认知者的这样一种关系是认知关系。我们对自己能力的认识，既可能是高估而自狂，也可能是自信，也可能是自卑，关键取决于作为认知者的我们和作为被认知者的我们在认知的时候怎样认知。除此之外，还包含对我的社会地位和社会身份的认识，这也是非常重要的。比如，我能够认识到我是一个高校教师——高校教师应该怎么做，应该表现出什么样的行为规范。

要正确地认识自己，了解自己有什么优点和缺点，自己能做什么、不能做什么等。“人贵有自知之明”，只有了解自己，才能够在人际交往中充分发挥自己的优点或长处，克服或抑制自己的缺点或短处。当然，在对自我进行认识时，有以下几个方面值得注意。

（1）客观认识自己

能否比较客观地认识自己非常重要。如果对自己的能力估价过低，就会产生自卑，同时也就限制了自己能力或潜力的发挥与发展。如果对自己估价过高，就会经常导致自我发展目标不恰当，确立的目标过高，最终可能导致挫折或失败，并且对自己估价过高的人，一旦遭受到挫折和失败，往往受到的打击更大，从而可能从一个极端走向另一个极端，产生一种相反的心理，对自己的评价反而变得很低。所以要对自己进行客观的认识和评价，既不要高估自己，也不要过分贬低自己。

（2）认识自己的独特性

1）认识自己的独特性是成功的前提。在处理自己与自己的关系时，要认识到自己的独特性。一个人来到世界上，都具有与他人的不同之处，即自己的独特之处。不管从能力还是从价值和作用上来说，我们都有自己独特的价值和作用，这是我们能够走向成功，充分发挥潜力，更好发展的基础。我们首先要有一个坚定的信念，那就是“天生我材必有用”。当然我们也要有与之密切相关的另一个信念，那就是“英雄有用武之地”，即我们生逢其时。换言之，我们现在生活的这个时代，已经为我们提供了发挥自我价值和作用的舞台。

每一个人能够对自己加以正确的认识，就可以走出一条属于自己的道路，当然也就发挥了我们自己的独特价值。在这一意义上可以说，成功之路是走自己的独特之路。如果每个人都是如此，那么每个人都有自己的路可走，将两点结合起来，就是“走自己的独特之路，让每个人都有路可走”。

2）发现自己的独特性是心理健康的重要基础。之所以这样说，首先是因为没有发现自己的独特性就会迷失自我，不知道自己该做什么，不该做什么，失去自己的人生目标，就会觉得迷茫、失落，就会产生一种无聊感。其次是因为没有发现独特的自我，就会在与别人的比较中，既迷失自我又感到痛苦，并且还极有可能产生强烈的嫉妒心等消极心态。在这种情况下，就会更加迷失自我，更加不知道自己的努力方向，因为此时人变得很不冷静，极易受消极情绪影响。

《三国演义》中，周瑜是自己气死自己的，他总是把自己的缺点与诸葛亮的优点比较，在与诸葛亮的比较中，充满了嫉妒心。这种嫉妒心让他迷失了自己，迷失了自我的方向。

这说明，没有认识到自己的独特性就容易在与他人的比较中生气、嫉妒，既迷失自我，又心理自残，导致心理不健康。就像前面讲的，有人家庭条件比自己好，但想想他在那样条件好的家庭也没做出什么，而自己在条件比较差的家庭，做出的成绩也不比他差。自己条件不如他，那就更能够显示出自己的成绩。直言之，我们不必羡慕别人，而是要发现自己的独特性。

2. 自己与自己的情感关系

（1）悦纳自己

我们能不能为自己是这样的人而高兴，能不能愉快地认同自己，肯定自己，当然更重要的是悦纳自己，为自己是现在这样的人感到自豪，而不要看不惯、看不起自己，对自己感到讨厌、可恶，为自己是现在这样一种人而感到遗憾、不满、愤恨，甚至把这种恼怒转移到别人身上。通常情况下，憎恶自己的人，必然也憎恶别人。有这样一个真实的案例，一个女子因为自己长相丑，看不惯自己，而把恼怒转移到父母身上，怨恨父母。如果能够高兴地接纳自己，就会为自己是这样的人感到高兴，内心总是充满了积极情感，就会始终充满阳光，并在对待人和事的时候，把这种情感投射出去，积极地对待他人或事情。

日常生活中，人心情好时看什么都顺眼，心情不好时，看什么都不顺眼。从心理学角度分析，如果你内心是恶毒的，那么你总是想着别人也是恶毒的；如果你内心是友善或善良的，那么在你眼里别人也是善良的。我们总是不自觉地把自己这种心态、情绪投射出去，这对我们的生活、学习、工作都会产生影响。换言之，只有接纳自己、对自己有良好的心态，才能既使自己的身心得到充分的发展，又会接纳他人，进而获得和谐的人际关系。试想，一个连自己都不接纳的人，能很好地接纳他人吗？连自己都看不惯自己的人，还能指望别人看得起、看得惯吗？一般而言，不能接纳自己的人，在情绪上常常很不稳定，不是为了使自己能被接纳而故意炫耀、不可一世，便是相当自卑乃至自暴自弃。这种内心的异常，表现在行为上就会出现不正常、不协调，由此导致别人对他产生不良看法，不愿接近他。因而，如果发现自己的人际关系并不好，不妨先反省一下，调整好自己和自己的关系。凡事自己先认可才说得出来，自己先认同才做得出来。当然，也不要把自己看得十分完美，把自己看得十分完美。这是因为自己既看不到自己的缺点，无法进一步改进与自我完善，又会使自己自高自大甚至狂妄，看不起他人，从而影响人际关系。

（2）尊重自己

我们在任何时候都要尊重自己，尊重自己的独特性，甚至尊重自己的缺陷。任何事物绝对不是完美的，正因为不完美，人们才追求完美。我们尊重自己，有了自尊心，才会去尊重别人，赢得别人的尊重。如果自己都不尊重自己，你还会去尊重别人？你要么是阿谀奉承他，要么是嫉妒他，要么是其他不良心态。另外，如果我们不尊重自己，就不要期望别人尊重我们。因为你不尊重自己，就会失去人格尊严，当你失去人格尊严时，别人可能就不会尊重你。

所以要赢得别人的尊重，首先要自己尊重自己。这就需要明白我们有什么样的人格尊严，人格底线是什么。你冒犯我可以，但是请尊重我的底线。如果你连我的底线都冒犯了，那不行。倘若有些人不仅要踏过那条红线，而且还要改变那条红线，那是绝对不行的。在日常生活中，一些小事，不牵扯原则问题，不牵扯对人格的侮辱，我都不和你计较。但是不和你计较不等于我软弱不等于我懦弱，不要觉得我看起来好欺负你就欺负我。不仅仅是作为一个人，作为一个国家也是如此。

3. 意志关系

（1）坚持性

我们首先应具备的意志品质是坚持。人们常说：“坚持不一定成功，但不坚持肯定不会成功。”做一件事情没有最起码的耐力，没有最起码的坚持和忍耐，是很难成功的。若你经常打一枪换个地方，那你的枪永远打不准。

有句话叫做“深挖一口井”。不管我们做什么事，尤其是比较难、比较复杂的事，更需要耐心、坚持。谁更有耐心，谁就更可能取得成功。中国人最强调“忍”功夫。“忍”是心头上的一把刀，即在心头架着一把刀，多痛也要忍。若有忍功，做什么事都比较容易成功。人最好的境界是“忍气吞声”，该说的说，不该说的不要发牢骚。在日常生活中，有些人虽然忍了，但是发牢骚，结果影响更坏。

（2）“敢”与“甘”

我们需要具备的另一个品质是勇敢。敢不敢与困难作斗争，敢不敢忍受寂寞，敢不敢忍受艰难痛苦。就像读书一样，父母经常告诉我们“敢坐十年冷板凳”“十年寒窗若，一朝登堂时”。

当然，这里强调的不仅是“敢”，而且是“甘”，即干什么事情都要耐得住寂寞，高兴地坚持。如喜欢读书，甘坐十年冷板凳，这实际上就是孔子所说的“知之者不如好之者，好之者不如乐之者”。

（二）个体与个体之间的关系

个体与个体之间的关系，也就是两个人或两个个体之间的关系，这是狭义的人际关系。

（三）个人与群体的关系

人类一个最根本的特性就是群聚性，人始终处于某种群体之中。

人从一出生就已经处于某种群体之中。比如，我们一出生就变成某个家庭中的一员，而家庭就是一个群体。这就出现了我们与家庭的关系。在我们不断成长过程中，由于家庭的关系，比如，父母是否关心、爱护我们。如果父母关心、爱护我们，那么我们就首先对亲近的人产生一种爱，也会产生一种信任。如果从一出生父母就嫌弃我们，甚至是虐待我们，那么我们还会对父母产生一种爱吗？如果对父母都没有产生爱，我们就会把这种愤懑泛化，认为人都是不可靠的，这是家庭影响。除此之外，我们一出生就生活在某个地区或某个村落，我们和周围的人又构成一个群体。

我们在小时候更多的是受成人的影响，尤其是父母的影响。在上学读书之后就是老师对我们的影响。到了高年级阶段，对我们影响较大的就是同侪群体——我们的同龄人或我们一起交往的朋友。人们经常会说，你想要知道一个人怎么样，看他朋友就行了。如果他交的朋友都是不明事理的人，那这个人肯定是不明事理的人。如果他交的朋友都是非常好的人，那么他坏也坏不到哪去。孟母为了教育孩子三次迁居，由此可见群体关系的重要性之一斑。

再者，在处理个体与群体的关系时，把群体放在首位，还是把群体放在次要位置？比如，做任何事，如果都以自我为中心，可能处理不好与群体的关系。如果是以集体利益为上，就会与其他人和平相处。

在处理个人与群体的关系时，到底是群体至上，还是个人至上，对于个人和群体来说，都非常重要。如果一个人对他所处的群体，尤其是对他最原始的群体如家庭都满不在乎，不关心，那么这个人是不可交的。比如，一个人如果和他的兄弟姐妹甚至父母为了一点利益闹得不可开交，打官司打了好多年。有些不打官司了，直接诉诸武力。这种人可交不可交呢？当然不可交。因为他和自己的兄弟姐妹或父母为了一点利益就争得你死我活，我们和他没有什么血缘关系，如果我们和他有利害冲突时，他又会怎么对待我们呢？

（四）群体与群体的关系

比如，大学生活中，宿舍和宿舍之间的关系，同一学院或同一年级的不同班级的关系。群体与群体之间的关系处理得如何，也会直接影响人们的幸福、快乐。个人与群体的关系如此，群体与群体的关系也是如此。

二、狭义的定义

（一）概念

狭义的人际关系主要指个体与个体之间的关系，更为详细地说，就是个体与个体在相互交往过程中所形成的心理关系。人们心理上很近，近到无间的程度叫亲密无间。个人与个人之间的关系体现在心理距离和心理关系，如是否关心我，是否喜欢我，是否愤恨我，是否恼怒我。在强调个体与个体之间的关系时，联系到前面谈到的关系，要注重差异性，即人与人之间是不同的。

差别不等于差距，差别仅仅是差异。两人不同，但不是差距。有差异的人相互交流，思想或情感都会增值。我们要有一种差异或差别的心态，积极地接受别人的意见和观点，领悟别人的情感。而差距是事物之间相差的程度，也指距离某种标准的差别程度，主要表明谁先进谁落后，孰优孰劣。

（二）对人际关系的理解

在理解个体与个体之间的关系时，可以从以下几个方面理解：①个体之间的差异性。人际关系是有差异的个体之间的关系，正因为有差异，所以要求个体之间相互沟通、相互理解，达到一种“和而不同”的和谐关系，就像不同的音符组合在一起构成美妙的音乐一样。②个体之间的相互联系。人际关系首先是有联系的个体之间的关系，正因为他们之间有了某种联系，才使他们相互影响与制约。若没有任何联系，个体之间不会产生人际关系，就好比两个陌生人之间不会产生人际关系。③个体之间的相互作用。人际关系不是一种静态的关系，而是一种动态的相互关系，这种动态的关系是不同个体之间的相互作用使然，在不同的时间、条件或情境、场合，他们相互作用的方式、深度等也各不相同。④个体之间的互动主要是通过各自的行为实现，人们相互间可以直接实际感受到。

第三节　人际关系心理学

一、概念

人际关系心理学，是指在人际关系心理方面的客观事实和规范的基础上，运用现代心理学的研究方法和知识探讨人际关系发生发展和变化规律的心理学分支学科[5]。在理解该概念时，要注意：该学科是一个交叉学科，是社会学、心理学、文化学等几个学科的交叉学科，是心理学的分支学科。人际关系心理学从以下几个方面进行探讨。

第一个是客观事实：在人际交往中，有成功地建立人际关系的事实，也有建立失败的人际关系的事实。我们要建立一个良好的人际关系，就要对以往的所了解的人际关系的事实，包括成功与失败的案例进行分析。比如，刘关张（刘指刘备，关指关羽，张指张飞）为什么能桃园结义，为世人崇尚。为什么曹操欲与关羽拉拢关系但一直没成功。

第二个是社会规范：在人际交往中，有很多规范、礼节、礼仪，要对它们进行分析，在分析的基础上，明确我们如何把握人际关系。

比如，人际交往的基本法则有黄金法则和白金法则。人际交往为什么要遵循黄金法则？它对人际交往有什么启示？白金法则对人际交往的要求是什么？这种要求有没有合理的成分，为什么我们称之为白金法则呢？

再比如，中国社会强调仁义礼智信，还有忠信孝悌礼义廉耻等规范，这些规范在当时的社会中起到什么样的作用？在现今的社会中，还有没有积极作用？是不是有消极作用？对这些规范我们都要进行分析。

现代心理学的研究方法和内容，主要是运用现有的各种心理学理论和研究方法，探讨人际关系心理发展的规律，以便我们在人际交往中能够遵循这些规律，建立一个更好的人际关系。

二、人际关系心理学的任务

人际关系心理学的任务有理论任务，还有实践任务。实践任务上，第一个是正确地处理人际关系；第二个是有效地调整人际关系；第三个是不断地改善人际关系；第四个是发展新型人际关系；第五个是校正畸形人际关系。

参考文献

[1] 李炳全，胡海建. 文化心理学论有效教学条件. 肇庆学院学报，2011，(4)：68.
[2] 李炳全. 文化心理学的教学思想剖析——一种文化主义的教学思想. 教育导刊，2012，(2)：14.
[3] 李炳全. 文化心理学的心理发展观探析. 苏州大学学报教育科学版，2014，(2)：26.
[4] 王凯. 论道迪斯尼之一：不是冤家不聚头. http：//news.sohu.com/20090829/n266310266.shtml [2016-05-14].
[5] 郑全全，俞国良. 人际关系心理学. 2 版. 北京：人民教育出版社，2011：4.

第二章 人 际 交 往

人际关系中，最重要的一个方面就是人际交往，通过人际交往进行人与人之间的相互沟通。在沟通的基础上，便于我们建立一个良好的人际关系，所以人际交往是人际关系最重要的组成部分，也是人际关系心理学要重点探讨的问题。

第一节 人际交往的黄金法则

一、黄金法则

黄金法则，来自于《圣经·新约·马太福音》中的一句话：“你想人家怎样待你，你也要怎样待人。”后来人们通常把后半句改为“你就先要怎样对待他人”。这一思想与中国两千多年前的伟大思想家、教育家孔子的思想是一致的。孔子说过：“己所不欲，勿施于人”和“己欲达则达人，己欲立则立人”。前一句话主要从否定角度讲，意指“你不想要别人怎么对待，你就不要这么去对待别人。”若把这句话反过来理解就是“你要想别人怎么对你，你就要去怎么对待别人。”第二句话主要是从肯定角度讲，意指“你想要达成的，就让别人去达成；你想要确立的，就让别人去确立”。当然，对这句话还有多种理解，如“自己想成功首先使别人也能成功，自己得到或达成事情首先要使别人也能得到或达成。”“自己要事事行得通，也要设法让别人事事行得通；自己要站得住脚，也要设法让别人站得住脚。”“在自己谋求生存与发展的同时，也要帮助他人生存与发展，不能只为了满足自己的欲望而忽视了他人的存在，更不能以牺牲他人的利益为代价来谋求自己的生存与发展。”不管怎样理解，意思都是一样的，都是要求“用自己的感受，去体谅别人的感受”。

这一法则告诉我们，要想得到别人的尊重、关心、爱护、帮助，就首先要尊重、关心、爱护、帮助别人。比如，你想让别人帮助你，那么你应当经常去帮助别人。在日常生活中，如果你始终没有帮助过别人，即使是你能够轻而易举地帮上忙，你也不愿意帮忙，那你在需要别人帮助的时候，别人会帮助你吗？比如，有人拉车上坡很费劲，你正好路过，帮忙推一下就可以了，也费不了多大力，耽误不了什么时间，但你就是不愿伸手帮忙，“他拉上去拉不上去，与我何干？我还是少管闲事。”这样的心态你还指望他人能帮你？在生活中，我们可能会想，我关心他了，他不关心我怎么办？你这样害怕自己吃亏，就会对别人心存疑虑，由此就可能不会真心地去关心、帮助别人。一般情况下，你关心他，在乎他，他通常也会关心你，在乎你。当然有时候不一定，比如，你爱别人，别人不一定爱你。但是，反过来想想，如果你压根就不想关心帮助别人，别人也都是像你想象的那样的人，那么你们俩之间都怕吃亏而不愿先帮助别人，那么，还会出现你们俩相互帮助的现象吗？这就告诉我们，不管能否得到别人回报性的帮助、爱护、关心、信任，我们都要有一颗帮助、爱护、关心、信任他人的心。当然，对于那些自私自利、缺乏感恩之心的人，如果觉察到他真的不值得帮助、爱护、关心、信任，按照黄金法则，就不要去帮助、爱护、关心、信任他。

事实上，利他或帮助是相互的。你有利于他，他才会利于你；你帮助了他人，他人才会帮助你；你损害别人，别人也会损害你。正如：“我为人人，人人为我”。西方的利他主义持这种观点，中国的施报观也是持这种看法。所以通常情况下，别人有难的时候，能够施以援手，尽量帮助别人。按照威尔逊、洛伦兹等的社会遗传学观点：利他是生物学法则，是为了更好地保证生物种群的生存与发展，帮助他人是为了得到他人的帮助。换言之，你想让别人帮助你，那么你就要经常去帮助别人。

西方的一些学者研究表明，即使是自私，也需要利他；利他是为了更好地利己。在日常生活中，我们都处于互相帮助之中，在这样一种相互帮助氛围中，大家都会活得愉快，大家会形成一个合力，共同走向成功。相反，假如你敌视我，我敌视你，在这种情况下，对任何人都是不利的。比如，同一个宿舍住着6个人，互相照应，互相帮助，你有什么事我帮助你，我有什么事你帮助我，这样宿舍就会形成和睦祥和的氛围。如果是你不帮我，我不帮你，后来形成了裂缝，演变成冷漠，再由冷漠变成敌对，你看不惯我，我看不惯你，那么大家聚到这个宿舍里面，会觉得温馨吗？谁还想回到宿舍？肯定都不想。所以相互关照对大家都好。即使说人是自私的，但自私不等于不帮助别人，帮别人是对自己有好处，为自己更幸福快乐的生活创造更有利的条件，这是一种辩证法。

二、黄金法则的运用

遵循黄金法则，要做到以下10个方面。

（一）尊重他人

1. 要想得到别人的尊重，就先尊重他人

人人都希望得到尊重，既然如此，按照黄金法则，每个人都要尊重他人，如此

就会形成人们之间彼此相互尊重的积极氛围。换言之，尊重是相互的，若只要求别人尊重自己，而自己不去尊重别人，别人可能会尊重我们一次、两次、三次，但长此以往，这种尊重不会持续下去。尊重在人与人之间存在一种交换关系。倘若一个人不尊重他人，肆意践踏、侮辱他人的尊严，反过来别人也会同样对待他。懂得尊重他人，才会赢得他人的尊重；而被尊重，就更能懂得尊重他人[1]。由此形成一种良性循环。

尊重他人既是一种美德和良好的自我修养，也是赢得他人尊重，建立良好人际关系，搞好生活和工作的基石。常言道："送花的人周围满是鲜花，种刺的人身边都是荆棘"，这充分说明了尊重的互换性。"尊严不是一个很抽象的东西，在我们的工作和社会生活中随时随处可体现出来。人都有自己的尊严，都希望得到别人的尊重；而每个人受到别人尊重时也需要替别人着想，善待他人。"[2]

2. 尊重人的基本权利

要尊重他人，就要重视并尊重他人的权利尤其是人的基本权利，如生存权、自由权、人格权、平等权、名誉权等，权利被认可和尊重是人有尊严的必要且重要前提。一个人仅仅自己觉得有权利是不能获得尊严的，要获得尊严，需要得到他人的认可与尊重。只有他人或社会承认个体拥有权利，尊重个体的权利，并承诺个体有保护这些权利的权利，他才会有尊严。比如，尽管人人都有生存权，但如果个体的生存靠自己低贱的乞讨和他人鄙夷的施予，虽然他获得了生存权，但却并没有尊严[3]。这说明即使我们给予他人以帮助，也要使得被帮助的人觉得受到尊重，而不能因帮助他人而让他人觉得没被尊重甚至轻视。如果在帮助他人时摆出一种高高在上的救世主的姿态，会使人觉得你这种帮助是对人的施舍。

3. "罗斯福式"尊重

20 世纪 20 年代末 30 年代初，美国经济处于大萧条期，时任总统的罗斯福认为，联邦政府应该承担起保障人们生活的责任，"我们不仅要使失业者的肉体免受饥寒，而且要维护他们的自尊心和自力更生的意志，他们的勇气与决心"[4]。他为了使大萧条中的美国尽快摆脱经济危机，尽力消除经济危机对人们的精神和意志的消极影响，把单纯的救济金改为"以工代救"，并规定最低工资。他指出：纯粹的救济金是一种摧毁人精神的东西，以最低的工资代替救济金尊重了救济者的尊严和自尊心[5]。这是因为，"以工代救"会使人们觉得自己所获得的收入是自己的劳动所得，而不是别人的施舍，这样就维护了人们的尊严，使人们感受到被尊重。

4. 故事《拥有最宽广的心灵》[6]的启示

母亲在街头摆了小摊卖茶叶蛋：一个小火炉，锅里煮着热气腾腾的茶叶蛋，诱人的香味在街头弥散开来。路过的人们常常被这香味吸引，一元钱一个茶叶蛋，物美价廉，很受青睐。一天，一对进城打工的夫妻找到了母亲。两人一见母亲，就紧紧地握住母亲的手，热泪盈眶地感激母亲对他们孩子的资助。“你看你们说的，我没有资助啊，我只不过是给孩子付的工钱啊。”夫妻俩疑惑不解。“有一天，我看到孩子在街上散步，心想，这孩子怎么不去上学啊？一问才知道，这孩子没钱上学。这怎么行？这样在街头混下去，很可能误入歧途。于是，我对孩子说，我岁数大了，你帮我把这小车推回家，我给你工钱，你靠自己劳动挣来了学费，就可以上学了。那孩子高兴地答应了。从此，每天收工回家，他就帮我把车推回来，我就付给他每天的工钱。孩子是靠自己的双手挣钱上学啊！”那一刻，那对民工夫妻似乎全明白了。“如果直接给钱，那孩子容易产生不劳而获的思想，让他帮我推车，他有了尊严，会更加努力和勤奋。”

生活中，施予者并不一定富有，但尊重被施予者尊严的人，一定拥有最宽广的心灵。这样的人才更值得人们尊重。

（二）倾听并恰当地予以反馈

在人际交往中，我们都喜欢表达自己的意见，都喜欢让别人来认真听自己讲，而没有耐心听别人讲，在别人说话时经常轻易打断或插嘴。实际上，按照黄金法则，你想要别人听你讲，首先应学会听别人讲。不能只要求别人听你的，而不听别人的。

倾听别人，既是自己有涵养的表现，也体现出对别人的尊重，同时也能从别人的话语中捕捉到有价值的信息。在倾听时，要适当给予别人反馈。如“是吗？”“这非常不错。”“原来如此！”等等，这既说明你确实在认真听别人说，也说明别人的话引起了你的心理感应。不过，反馈不等于对别人的否定，不能说“你这话不对！”等等。

（三）学会真诚地赞美别人，不要总是想办法贬低别人

1. 想得到别人的赞美，就要先赞美别人

在日常生活中，学会赞美人是必要的，为什么这么说？因为人人都喜欢别人赞美自己，要想得到别人的肯定和赞扬，就要首先肯定和赞扬别人。但遗憾的是，许多人不懂得这一点，不会赞美别人，总是想否定或贬低他人。

2. 案例

有这样一件事，在一次饭局上，甲对乙说丙（局外人，即不在这个饭局上，也是个画家，画画水平比较高）的画有水平。这句话被邻座的

丁听到了，他立即当着大家的面说丙不懂画，别听他的。结果甲、乙听到丁的这个话后都很尴尬，心里很不是滋味。

在这里丁一下子否定了三个人——甲、乙、丙（局外人）。首先是丙不懂画，不会欣赏画，不知道什么画好什么画不好。其次是否定甲，甲也不懂画，人云亦云，瞎称赞。再次是否定乙，最终根本性否定了丙的画，即丙画画水平很有限，根本不值得别人称赞。由此就造成了多边人际关系不良。

3. 看到别人的积极之处

欣赏别人，就是要善于看到别人的积极之处，学会欣赏别人的优点。在我们身边有没有这样一种人，不管是你新买的衣服、鞋子、文具、手机也好，他从来没有说过赞美的话。身边的人都说你穿得好看，而他说："哎呀，你怎么那么没眼光呢？这衣服颜色多难看呀！"若衣服颜色、式样都不错，他可能会没问题找问题："这个扣子怎么这么难看！""这里怎么线头都露出来了？"诸如此类。即使是大家都说不错的，他也想方设法找出"问题"说"不好"。你买一双鞋子，问多少钱，"哎呀，你买贵了！"等等。总之，总是看到别人不好的一面，看不到好的方面。也有一些人，当别人取得成就时，他总是心里不舒服，想尽办法予以贬低。"那算得了什么，我要是做，比他强多了！""他有什么本事，不就是凭关系嘛！"这样的人，通常是不受人欢迎的，这从侧面说明了欣赏别人的重要性。

4. 人际关系的催化剂与润滑剂

赞美人是人际关系中重要催化剂和润滑剂，在赞美声中，人际关系会越来越好，不管是什么样的人际关系，都需要经常赞美对方，同学、同事、战友，甚至敌人之间相互赞美，学会欣赏对手优点，才能学会怎样克服自己的缺点，也更能明白怎样具备战胜对手优势的能力。因为若连对手具有什么优点都不知道，怎么可能采取有效的策略去战胜他？比如，当今世界羽坛两个高手林丹与李宗伟，场上是对手，场下是好朋友，两人互相欣赏对方，为有这样的对手感到自豪。

5. 赞美别人

赞美别人不仅是人际关系的润滑剂，而且还体现出以下几点：第一，它是一种美德和优良品质，你不会因为竞争，为了自己的利益而故意贬低或损害别人，甚至为了成人之美而牺牲自己的利益。第二，能够看到别人的长处，至少说明你有识人之能。第三，赞美他人是自信的表现，也就是说我们对自己有信心，我们才能去夸奖别人。倘若你生怕别人比你强，你自卑，会夸奖别人？不会，相反很多时候总是想贬低别人。换言之，自卑不自信的人通常是通过贬低别人抬高自己。夸奖别人会使其他的人觉得自己也有你所夸奖的优点，至少是想具有这样的优点。这就是惺惺相惜。尤其是在竞争时，对方非常优秀，你还敢与他竞争，说明你有与他竞争的实力，你对你的实力很有信心。第四，你真的有实力，因为有实力的人心里踏实，不怕别人超过自己而敢于称赞别人；没实力的人心里发虚，害怕别人超过自己，害怕人们认为别人行而自己不行而贬低别人，夸奖自己。第五，你有进取心、拼搏精神、不怕输和不服输的精神，因为你对别人的称赞表明你愿意与有实力的人竞争，而不愿与水平低的人抗衡，越是竞争对手实力强，你越有斗志，越有精神。第六，客观地陈述别人的优点，说明你为人处世比较公正客观，不会受私心杂念的影响，这也是一个良好的品质。

6. 故事《赞美别人是成功的阶梯》[7]的启示

> 1921年，美国钢铁大王卡耐基出100万美元的超高年薪聘请一位执行长。
>
> 众多的报名者中，一个叫夏布的不起眼的年轻人最终被卡耐基锁定。许多人表示质疑："为什么偏偏是他？"
>
> 卡耐基说："因为他最会赞美别人，这是他最值钱的本事，却是你们最缺乏的一种能力。"
>
> 后来，夏布成为卡耐基最为得力的事业助手之一，得到公司上下一致的认同与尊重。

这正如美国著名企业家玛丽·凯·阿什的那句坦诚之言——赞美是一种非常有效而且不可思议的推动力量。要成为一个优秀的管理人员，你必须了解赞美别人可以使自己收获成功。

（四）学会宽容谅解

按照黄金法则，我们做错事，尤其是无心之过的时候，总希望别人宽容自己，谅解自己。既然如此，按照黄金法则，别人做错事的时候，我们也应该宽容和谅解别人，不要始终抓住别人的缺点不放。

（五）适当地替他人着想，切忌自我中心、损人利己

在日常生活中，我们总想让别人替我们着想。既然如此，那么依据黄金法则我们就要替别人着想。替别人着想，就是换位思考。因为人与人之间有理解的差异性及由此导致的相互理解偏差，所以要站在别人的角度。有些时候，一些人仅仅想让别人理解他，就没有想到自己该怎么理解别人。替别人着想，就不要以自我为中心，不要损人利己。损人又害己的事情绝对不能做，损人不害己又不利己的事情也不要做，利人又利己的事情要做，利人不害己的事情也要尽可能做。遇

事要客观分析，尽最大可能利人又利己。

（六）遵守所在群体的基本规则

作为一个群体成员，每一个人都希望大家遵守所在群体的基本规则，当然有些人总想自己例外。如果每一个人都不遵守规则，都想例外，那么群体规则就是一则空文，不起任何作用，群体也不复存在。作为群体中的一员，每个人都该遵守所在群体的基本规则，这就是“家有家规，国有国法”。比如，作为大学生要遵守大学生守则或准则，所在学校的校规和学生规范，以及所在学院的院规。

（七）关心帮助他人，富有同情心和正义感

遇到困难我们都希望别人帮助我们，既然如此，按照黄金法则，我们就要去帮助他人，并且对他人遇到的危难，遭受的挫折要有同情心，安慰别人而不是落井下石。当然也要有正义感，能够坚持正义。

比如，在我们受到冤屈的时候想让别人为我们说句公道话，此时，我们扪心自问，在别人受到冤屈而我们又了解真相时，我们是否为别人说句公道话？

（八）保持独立自主的品质

1. 独立自主是成功所需要的素质

要想成功，就要保持独立自主的品质和精神，不要总是依赖别人。尤其对女性来说更是如此。很多女生在找对象时总想找一个可靠的男人，逐渐形成了对男人的依赖，而失去了自己的独立性。一旦失去独立性，可能会遇到以下几个问题：①在没有依靠的情况下怎么办？比如，丈夫变心了怎么办？要与自己离婚怎么办？②即使你丈夫非常爱你，非常关心你，但是万一丈夫遇到什么变故的时候你怎么办？以后自己将一个人生活的时候怎么办？③保持自己的独立性，有独立能力，这始终是吸引人的最重要的方面。如果完全失去了独立性，失去了妻子的魅力，夫妻间就可能慢慢失去爱。

对每个人而言，保持独立性是走自己的独特之路的前提，也是成功的最重要途径。要想成功，首先要发现自己的独特之处；其次按照自己的特点设计成功的道路；再次是按照自己设计的道路一步一步坚实地走下去，而不是事事与别人比，跟别人走。

2. “钓金龟婿”是否可靠

如今社会许多人都希望寻找富裕的另一半，男性想找个“白富美”，女性想找个“高富帅”，另一半富裕自己生活可以舒适些。尤其是一些女性，把金钱作

为自己择偶的一个重要标准。自改革开放以来，随着经济的快速发展，物质财富在人们的价值判断中越来越发挥重要作用。2013年，全球最大的市场研究公司之一的益普索（IPSOS）通过对22个国家公民进行调查，完成了一份题为 *Global Attitudes on Materialism，Finances and Family* 的报告。该报告显示，中国可能是最追求物质的国家：①中国的受访者里有71%的人愿意用他们所能拥有多少物质财富作为衡量成功的标准，排在被调查国家的首位（排在其后的几位分别是印度58%、土耳其57%、巴西48%、韩国47%，全球平均34%）；②中国受访者中68%都能感受到许多成功和赚钱的压力，也排在被调查国家的首位（排在其后的几位分别是南非66%、俄罗斯66%、印度60%、土耳其53%、韩国52%，全球平均46%）[8]。正因为如此，社会上逐渐形成一种“笑贫不笑娼”的观念，从而使人们感受到一种从未有过的、追求物质财富的巨大心理压力，这种压力终于将大众从精神浪漫中完全驱逐出来[9]。社会上出现的“宁坐在宝马车中哭，也不愿骑在自行车上笑”“宁给土豪做小三，也不嫁给一个穷光蛋”“宁娶一个的有钱的大妈，也不娶一个年轻姑娘”等诸多现象。这些现象合理吗？对个人来说，找个有钱的伴侣真的能够幸福吗？其实社会中的诸多案例已经对其给予否定。

（1）《行业竞争》[10]

某女打算考律师证，每天捧着一大堆法律书籍埋头苦读。被一男同事瞧见了，道：“你一个女孩子为何要奋斗得这么辛苦？等我将来有了女儿，就教她如何钓金龟婿，在家做个贵妇！”女子抬起头，白了男同事一眼，曰：“笨！你趁早觉悟吧！你也不知道那行业竞争有多激烈？！”

（2）启示

这位女士的想法非常正确。第一，大家都想去“钓金龟婿”，“金龟婿”就非常紧缺，那能否“钓”到便成问题。第二，即使“钓”到了，那也是把自己的命运交给他人，依附于他人，失去了独立性，未必幸福。

3. 儿歌《蜗牛与黄鹂鸟》的启示

儿歌《蜗牛与黄鹂鸟》说明了一个浅显的道理：每个人应根据自己的情况做出合理的谋划与安排。就像蜗牛一样，它知道自己爬得慢，因此早做安排。

在日常生活中，我们每个人都有自己的特点，不要与别人比，既不能跟着别人的节拍走，更不能因自己某些方面不如别人而自卑，我们只要按照自己的特点确立自己应走的道路，照样能够成功。比如，我们不如别人聪明，可以“笨鸟先飞”，更勤奋、更努力些。

（九）保持微笑

每一个人都希望别人给予笑容，而不想别人对我们黑着脸、铁青着脸。如果别人没有给我们好脸色，我们心里肯定不舒服。既然如此，按照黄金法则，我们就首先要对别人微笑。微笑通常能拉近彼此的距离。不管遇到陌生人，还是熟人，相逢一笑，大家都会感到非常亲切。否则，绷着脸，总是以一种冷冰冰、怀疑的眼光来看待人，那么别人也会以一种冷漠、怀疑的眼光看待我们，这时候人与人相互之间就会相互冷漠、怀疑。人们在怀疑或对人存有敌意时，其心理通常会更加敏感，容易注意到不好的方面，同时也容易向不好的方面加以解释、归因。反之，如果以一种快乐的心态看待别人，就会向好的方向解释。同样一件事情，同样一句话，心情不同，解释也会有所不同。比如，辅导员对一个同学说“你真能干！”如果该同学对老师持一种怀疑眼光，那他就容易把这句话理解成对他的讥笑或讽刺。如果是一种尊敬的眼光，那么他容易把这句话理解成对他的夸奖。

通常，人的心情影响着他们对日常生活的评价、解释、归因。“人逢喜事精神爽”就是这个意思。当然，人恐惧的时候看到什么都恐惧，所以就有了“风声鹤唳，草木皆兵”。所以你对别人微笑，别人也会对你微笑，由此就会拉近彼此之间的距离，且还会彼此间有一种积极的解释。倘若人与人之间都用怀疑的甚至恶狠狠的眼光看待对方，那么每个人都会容易对对方做出一种消极解释，可能会进一步加深彼此心里的隔阂。

（十）保持积极乐观的心态

凡事不要从坏处去想，尤其对人，不要总把人想得那么坏，当然也不能总是把人想得那么好。日常生活中，还是要保持一种警惕之心，这个并不矛盾。没有警惕之心，生活中很容易受骗。但也不能因为害怕受骗，就对一切人的一切行为都怀疑。

在日常生活中，如果我们常以一种积极的心态看待各种事情。比如，没有钱，就努力工作赚钱，凭借自己的能力去赚，靠自己的劳动获得的成果，哪怕这个成果再小我们也会感到高兴、欣慰。比如，自己做的饭，通常也是好吃的。我们要学会恰当地改变自己的心态，恰当地对待自己的缺点和不足，以一种积极的心态去对待人和事。

第二节　人际交往白金法则

一、黄金法则的缺陷与白金法则的提出

（一）黄金法则的缺陷——以“己”为中心

黄金法则虽然是人际交往的基本法则，然而，它本身是有问题的。孔子的两个

名言是以“己”为中心，总是站在自己的立场，自己的角度看问题。在前面分析关系时已经谈到，关系和人际关系首先应注重差异性。由于每个人看问题的角度和立场都不可能与他人完全相同，因而人与人之间必然存在认知、情感、需求等诸方面差异。这些差异会造成人们在交往过程中相互理解的偏差。而理解偏差是人际交往的一大障碍，会导致人际关系由裂痕到最终恶化决裂。这种事例并不罕见，许多两个关系本来十分要好的朋友会由一些小误会最终演变成势不两立的仇人。

俗话说“以小人之心，度君子之腹”，当然反过来也有“以君子之心度小人之腹”。小人不会想到君子那么好，而君子通常不会想到小人那么坏。这就说明仅有黄金法则是不够的。

（二）曹操不能收买关羽的启示

比如，曹操为什么不能收买关羽呢？因为曹操是按照黄金法则来行事，曹操喜欢金银珠宝，他认为人人都喜欢金银珠宝，于是把金银珠宝都送给关羽，但实际上关羽不喜欢，就把这些送给穷苦人；武士都喜欢宝马，曹操把赤兔马赠给关羽，关羽虽然很喜欢，但这还不是最为重要的需要；男人都喜欢女人，认为关羽肯定也喜欢女人，于是把美女赠给关羽，关羽接受了，说：“好啊，你送给我很好，正好让她们来侍候嫂嫂，给我嫂嫂当丫鬟”；男人都喜欢权力，便封关羽侯爵，在封建社会，若没有显赫战功，是很难封侯的，但是关羽不是万分稀罕，他最后走的时候把这个汉寿亭侯印悬挂起来归还曹操。曹操之所以没能留住关羽，就是因为曹操没有真正了解他的需要。

在人际交往中，现在很多人都是站在自己的角度考虑问题，而没有站在别人的角度看问题，没有真正满足别人需要。即使做得再多，作用却也不大。白金法则提出了一个重要命题：一定要以别人为中心。迎合别人需要，满足别人的需要才是搞好人际关系最根本的法宝。

二、《真相总是在最后》的启示[11]

（一）故事

在公园游玩的时候，遇到一对在长椅上休息的母女。母亲对六七岁的女儿说：“妈妈口渴了，你的背包里还有几个苹果？”小女孩在包里摸索了一下，掏出了两个苹果说：“就剩下两个了。”母亲说：“正好，我们每人一个。”

小女孩歪着脑袋想了片刻，然后先在一个苹果上咬了一口，接着又在另一只苹果上也咬了一口。我见了，摇头叹息：“这孩子怎么这么自私，连吃苹果都要这个咬咬、那个咬咬！”

正准备离开，只听见小女孩甜甜地说："妈妈，这个苹果甜，给你吃吧！"

（二）启示

其实，生活中的很多误会往往都是由断章取义、以己度人造成的。这是常见的人性的弱点。不少看似不近情理的言语或举动，背后常常含有特别的、引人深思的动机，有时候这种动机甚至感人肺腑。所以，我们在与人交往的过程中，如果忽然遇到让自己不舒服、不理解的情况，请慢一点下结论，也许，在最后你会看见那峰回路转的真相。另外，对别人也要充分地观察了解，不要仅根据别人的一面之词或部分信息就过早罔下结论。

三、白金法则

（一）白金法则的内涵

针对黄金法则的缺陷，美国最有影响的演说人之一和最受欢迎的商业广播讲座撰稿人托尼·亚历山德拉博士和人力资源顾问、训导专家迈克尔·奥康纳共同提出著名的人际交往的白金法则："别人希望你怎样对待他们，你就怎样对待他们"。白金法则提出了一个十分重要的与黄金法则不同的理念，那就是以别人为中心，即根据别人的需要来组织交往的技巧与技术，这样才能更好地打动他的心，建立良好的人际关系。它明确告诉我们，不要以自我为中心。若以自我为中心，将使自己陷入并困于人生最大的陷阱。虽然人人都有一个"自我"，都有自己的需要、立场、观点、方法、性格、喜好、人生观等，但要做一个聪明人，就不能够只是站在自己的角度，而应该多替他人着想。"后其身而身先，外其身而身存"，过分强调"我"，反而会变成对"我"的伤害。这似乎是人生难以打破的魔咒。

（二）"儒"字的寓意解读

我们中国人历来都重视人的需要。中国传统文化的主流是儒家思想，而"儒"怎么理解呢？人的需要。儒家的开创者孔子就强调，从人的需要出发，通过满足人的需要，来进行管理、统治。大家注意，由于人有不同的需要，所以通过满足人的需要来进行管理就需要依据不同的人的不同需要采取相应的管理措施，否则可能会导致管理失效。

日常生活中，我们常说的有两个词，一个是锦上添花，一个是雪中送炭。哪一个更有价值、更好呢？当然是雪中送炭。因为它更满足别人的需要。比如，一个人吃饱了再给他好吃的，他最多是感谢。而若某人饿得不行的时候给他东西吃，那是救他的命，他不仅充满感激，甚至会感恩戴德，因为那是救命之恩。

（三）管仲与鲍叔牙的故事

鲍叔牙和管仲二人是好朋友，彼此相知很深。他们两人曾经合伙做过生意，分利的时候，管仲总要多拿一些。别人都为鲍叔牙鸣不平，鲍叔牙却说：“管仲不是贪财，而是他家里穷呀。”管仲几次帮鲍叔牙办事都没办好，而且他三次做官都被撤职，别人都说管仲没有才干。这时，鲍叔牙又出来替管仲说话：“这不是管仲没有才干，只是他没有碰上施展才能的机会而已。”更有甚者，管仲曾三次被拉去当兵参加战争，而且三次逃跑。人们讥笑地说他贪生怕死。有一次，他俩所在的齐军与敌国开战时，双方军队展开了一场大厮杀，冲锋时管仲总是躲在最后，跑得很慢，而退兵时，管仲却跑得飞快。军队头领想杀鸡给猴看而杀管仲，以杀一儆百警示那些贪生怕死的士兵。鲍叔牙再次直言：“管仲不是贪生怕死之辈，他家里有老母亲需要奉养！” 后来，鲍叔牙当了齐国公子小白的谋士，管仲却为齐国的公子纠效力。两位公子在回国继承王位的争夺战中，管仲曾驱车拦截小白，引弓射箭，正中小白的腰带，小白弯腰装死，骗过管仲，日夜驱车抢先赶回国内，继承了王位，称为齐桓公。公子纠失败被杀，管仲也成了阶下囚。齐桓公登位后，要拜鲍叔牙为相，并欲杀管仲报一箭之仇。鲍叔牙坚决辞掉相国之位，并指出管仲之才远胜于己，劝说齐桓公不计前嫌，拜管仲为相。齐桓公听从了鲍叔牙的话，最终成就一番霸业。但是，后来齐桓公和管仲探讨下一任国相的问题，齐桓公问：“假如你死了，谁接任国相最好？”管仲说一个人，齐桓公又问：“那么第二人选呢？”管仲又说了一个人，齐桓公又问：“那么第三人选呢？”管仲又说出一个。齐桓公很不高兴地再问：“那么第四人选呢？”管仲说：“那就是鲍叔牙了！”齐桓公说：“我真的很奇怪，鲍叔牙对你那么好，听说以前你们一起做生意，他也老让着你，你上了公子纠的贼船，还射过我一箭，要不是鲍叔牙说情，我早就把你杀了，后来鲍叔牙又在我面前积极推荐你为国相，怎么现在请你推荐下任国相的人选时，你竟然把鲍叔牙放在第四人选的位置上呢？你对得起人家鲍叔牙吗？”管仲说：“咱俩现在谈论的是谁做下任国相最合适，并不是我最感激、最要好的朋友呀！我们的私交很好，但国家利益高于一切嘛！”

管仲和鲍叔牙之所以能长期保持铁杆关系，是因为他们非常了解对方，并尽力站在对方的角度考虑，满足对方的需要。由此，他们的关系成为中国历史上的佳话。可见，站在别人角度思考，满足别人需要的重要性。

四、白金法则的运用

白金法则要求我们切实站在别人的角度去理解、思考。日常生活中，我们经常见到大人带着一个小孩去逛商场，小孩总是想让大人抱，大人总是认为小孩懒，不想走路。实际上小孩走路总是看到别人的腿，而不是面容。由于人在对他人认知时有一种面部优势效应，所以小孩希望大人抱就可以看到周围人的脸。为什么大人会对小孩产生误解，是因为我们没有站在小孩的角度（如蹲下来与小孩一样高）对小孩的行为加以理解。

在人际关系中，我们需要的，别人不一定需要；我们不想要的，别人不一定不想要。因此，每一个人在人际交往过程中，都要学会真正了解别人，在此基础上以他们认为最好的方式对待他们，即他们认为我们怎样对待他好，我们就以这样的方式对待他，不要总是按照我们的生活方式要求别人；不要总是站在自己的角度看问题；不要只认为自己的看法正确，总是要求别人赞同我们的观点，与我们保持一致。要知道每个人都有自己审视世界的方式。

第三节　人际沟通中的自我定位

在人际交往中，自我定位非常重要。定位恰当，就会表现出恰当的交往行为。定位不当，则会表现出不恰当的交往行为，由此影响人际交往，进而影响人际关系。

一、自我定位——确立人际交往坐标体系中的自我位置

在人际交往中，首先要明白“我是谁”，其次明确自己的特点，既包含优点，也包含弱点。强调优点主要是要求在日常生活中能发挥自己所长，这是成功的最重要关键。而知道自己有什么缺点，才能避免弱点的消极影响，扬长避短，才有可能消除或弥补缺陷。

二、自我定位与交往行为

在人际交往或群体中，要明白自己居于什么样的地位，如社会地位、社会身份或社会角色，尤其是与同自己交往的人相比处于什么样的地位。只有知道了自己的地位或角色，才能表现出与其相一致的行为，否则就会表现出与交往中的社会角色不和谐的行为。如此，就小的方面而言，可能会导致人际交往障碍；就大的方面而言，则可能导致整个人生失败。比如，作为下属，能不能和领导争功，相互推诿责任？作为领导，能不能和下属争功，相互推诿责任？当然，这都是不可取的。作为下属，不能和领导争功，即使领导没做什么，领导也有功劳。因为，正是领导任用了你，你才能显示或表现出个人能力或价值。倘若领导不任用你，不安排你做事，怎么有机会体现你的价值？所以，领导哪怕什么也没做，但至少

一点，他有知人之明，用人得当，使你有用武之地。作为领导，也不要和下属抢功，因为不用抢，你也有功劳，你至少用人得当，下属所有的成就都与你脱不了干系，还有什么必要和下属抢功呢？你越不争，别人越觉得你有领导力，功劳越大；你越争，别人觉得你越小气。当然，出现问题，该承担也要承担，不要推下属身上。作为一个好的领导者，关键不在于自己能力是否优秀而在于能不能够任用有才能的人。这包含两个方面：①能够对人进行恰当地认识和评价。比如，要找合作者，就需要对人进行恰当的认识。哪些人可以做朋友，哪些人不能做朋友；哪些人可以合作，哪些人不能合作。在日常生活中，如果识人不当就会导致交友不慎，交友不慎会导致生活很不如意。②善于用人，也可以说是用人所长。仅识人还不行，还要在识人的基础上恰当地用人，使这个人的长处得到充分发挥。换言之，用人就是把人用在恰当的位置上，让他们充分发挥自己的才能，不要让他们做不擅长的事情。当然，下属也不能把责任都推给领导，是自己做的，就要敢做敢当，甚至在一些时候要主动替领导承担责任。

事实上每一个社会角色或身份都有与之相一致的行为，因此恰当定位才能使自己表现出恰当合理的行为。

在人际交往中，我们要恰当地明确自己的身份或地位，如“我是谁，我在与谁交往，我与交往人的关系如何，我正在进行什么性质的交往”，等等。“我是谁”主要是确立自己的交往角色或地位。如是教师，就要表现出与教师相符合的行为；是医生就要承担起医生的责任，表现出与医生相符合的行为；是老人就要像老人的样，不能为老不尊；是孩子就要像孩子的样，不能没大没小；是领导者就要像领导者的样，承担起领导者所应承担的责任，不能在其位不谋其职。

三、自我恰当定位的方法或措施

在人际交往中自我定位时，要注意以下几个方面。

（一）交往场合或情境

交往场合或情境是自我定位要考虑的重要因素。因为不同的交往场合或情境，同一个人的地位或身份不一样。比如，在工作单位，就与单位领导的关系而言，你的身份是同事、下属，所以，在这样的场合就应表现出与这一情境或场合相一致的行为，如要称呼领导的职位头衔，如×厅长、×处长、×院长、×总、×经理等。在私密场合如饭局上，你与领导交往时，你的身份可能是朋友、亲戚等，在这种场合就要表现出与这一情境或场合相一致的行为，如称呼领导老哥、老伙计、叔叔、阿姨等。这就是说，我们在人际交往中的身份或地位都是具体场合的身份或地位，依场合或情境而定。因此，自我定位时一定要考虑交往场合或情境。

（二）交往的性质

在人际交往中自我定位时还要考虑交往的性质，是工作性质的如生意谈判，还是私人性质的，还是其他什么性质。交往性质不同，应当表现出的交往行为也不同。

（三）交往的目的

要注意交往的目的，即人际交往要达到什么目的。是为了增进感情或友谊，还是为了获得经济利益，抑或其他目的。目的不同，在人际交往中的位置也不同，由此所采取的自我表现的方法、手段或途径也不相同。

（四）交往的对象

在交往中，要依据交往的对象来自我定位。由于人的角色是多方面的，每个人可能具有多个角色，据此，依据交往对象在自我定位时，要多方面考量，尤其要特别注意交往对象的主要角色。如某人在家里可能是老板的父亲，但在儿子的公司里可能是下属，这样在家里和在公司里交往，其位置或社会身份就不一样，不能在公司里以老板父亲的身份自居，进而影响到公司的管理与运营。在上海，曾出现类似案例，儿子要像其他员工一样按劳付酬给父亲，父亲不配合，使得儿子作为老板在公司为难。

第四节　人际关系的卡耐基策略

一、卡耐基策略的核心

爱、信任是卡耐基策略的核心，也是人际关系的生命线。

信任一个人能够提升一个人的自尊，对一个陌生人给予信任是最基本的爱，也是最好的爱。没有什么能够比爱更能激发人们对生活的激情、勇气与自信。

二、日常生活中尊重别人的细微行为

（1）记住别人的名字

记住别人的名字说明你对他重视，也体现出对人的尊重。试想，连名字都记不住，能说你对人家有印象吗？对人家重视吗？不仅要记住名字，而且最好能够给予别人名字一种积极的解释。

（2）谈话结束时要诚恳地说一些令人感觉有价值的话

如“刚才你说得非常好，让我受益匪浅，尤其是其中的那句话最富有价值，使我想到了……”这样，既表明你在认真听人家讲话，也表明你在积极地思考，这两个方面结合在一起说明你对别人的话感兴趣。不应只是说一些空的，如“听君一席话，胜读十年书”。当人家问你受什么益时，你却说不出来，这样会令人觉得你太假或造作。

（3）让人觉得你对他感兴趣，不应心不在焉

你可以配合他的举动和言语，不时地发出肯定信号或想请教的问题，这样表明你对他有兴趣。

（4）细心

要认真观察、倾听，并从中捕捉有用的信息。你能够注意到别人谈话时的细枝末节，说明你确实对他很重视。

（5）笑脸对人

笑能拉近双方的心理距离，并表明你喜欢对方。这在前面已讲，此不赘言。

三、一些技巧

（1）请他帮忙

当别人拜托你帮忙时，你通常会十分高兴，特别是当别人向你请求的事情又正好是自己最拿手的事情时，会感到格外高兴。因为这满足了他人维护自尊心的心理需要，使人感觉到被尊重——在他人心中，自己很重要、有价值。

（2）维护他的自尊

千万不要伤害别人的自尊心，相反要尽量保护别人的自尊，这样可强化你在他心目中的地位或形象。

（3）满足他的个性化需求

他有什么与别人不同的独特需求，若你能够注意到并在不违背原则的情况下给予满足，会极大地增加你在他心目中的印象分。

（4）迎合他的特别习惯

（5）时常奉承他

（6）进入他的“私人乐园”

（7）要了解他的癖好

这是实施白金法则的基础或前提条件。

（8）尽可能地尊重他

四、香皂推销员的故事的启示

（1）故事[12]

一个推销员来到一家超市推销他们公司的香皂。超市老板正忙着指

挥员工们上货，于是便不耐烦地挥挥手说道："没看见我忙着吗？再说我这里货很多，以后再说吧！"

推销员仍然不死心，继续鼓动着如簧之舌，打算说服那个老板。

那老板显然是被惹恼了，破口大骂道："你还有完没完？刚才是给你面子，不想让你难堪，可你这个家伙却不知好歹！赶紧带着你的东西立刻滚蛋！"

这个推销员一边收拾自己的箱子，一边心平气和地对老板说："十分抱歉，我刚做业务不久，不懂的地方很多，希望您不吝赐教……对啦！要是我想把这香皂向其他地方推销的话，我该怎么说呢？"

老板的态度有所好转，见其诚恳，便对他演示了一番。只见老板把这香皂的好处说了一大串，推销员由衷地赞道："没想到您对我们公司的产品这么了解，所说的话也这么有说服力……"推销员的话让老板很满足，最后，竟定下了大批香皂。

后来，这个推销员成为了一个企业家。

（2）启示

好为人师，人之天性。在他人面前保持谦卑的姿态，留给他人良好的印象，你的意见才能被接受，你的行为才会得到认同。

参 考 文 献

[1] 李炳全. 幸福与尊严的心理和谐之源. 肇庆学院学报，2010，6：14.
[2] 范以锦. 传媒人的底线与尊严. 中国新闻周刊，2010，9：44-45.
[3] 张品芳，李炳全，郑彬涛. 试论尊严内涵及其保护机制. 战略决策研究，2012，5：66-67.
[4] 范以锦. 传媒人的底线与尊严. 中国新闻周刊，2010，9：44-45.
[5] 徐维民. 罗斯福"新政"与美国的社会保障制度. http：//3y.uu456.com/bp_4xosw5dbti0sr9z0o3q1_1.html[2016-04-03].
[6] 花花. 拥有最宽广的心灵. http：//www.timetimetime.net/gushi/40475.html[2014-10-09].
[7] 花花. 赞美别人. http：//www.timetimetime.net/gushi/25010.html[2014-01-22].
[8] Anonymous. Global Attitudes on Materialism，Finances and Family. http：//www.ipsos-na.com/news-polls/pressrelease.aspx？id=6359[2016-05-03].
[9] 邓东升. 1990 年代：文化价值的失落. http：//beijingww.qianlong.com/1470/2008/10/05/226@69307.htm[2008-12-10].
[10] 花花. 行业竞争. http：//www.timetimetime.net/gushi/52184.html[2016-06-03].
[11] 花花. 拥有最宽广的心灵. http：//www.timetimetime.net/gushi/19557.html[2015-12-21].
[12] 花花. 推销员的故事. http：//www.timetimetime.net/gushi/55152.html[2016-06-04].

第三章　人际关系中的态度或心态

无论是对于生活幸福，还是对于事业成功，还是其他任何方面，态度或心态都十分重要。人对人、事、物、情境等的态度或心态，决定他的幸福和快乐！有人说过："态度决定一切。"其实更准确地说，应该是"心态决定一切！"也有人常说："心态决定命运，命运决定一切。"到底我们每一个人是受命运的摆弄呢？还是我们能够驾驭命运呢？这取决于我们是否拥有一个好的心态，积极的心态。任何人要想成功，首先都应具备积极心态，尤其是乐观的心态。不管是成功还是失败，都能够去乐观地看待。乐观地面对现在，乐观地对待未来，坚信未来一定会变得更好。即使现在失败，也能够用积极的心态去对待。张开双臂，面带微笑，去迎接未来和失败，用微笑面对挫折。这成为成功训练的重要策略——ABP。其中，A 指的是 Always；B 指的是 Be，当然它可以变成 Is，也可以变成 Are，还可以变成 Were；P 指的是 Positive，即正面的、积极的、肯定的，组合起来就是 Always Be Positive。即在任何时候，任何境遇，始终都能保持积极的心态。众多研究表明，成功的第一定律即黄金定律是 PMA 定律。其中，P 指的是 Positive；M 指的是 Mental，即精神的、心理的；A 指的是 Attitude，即态度，它们组合在一起就是积极的心理态度，即积极心态。该定律告诉我们，成功之道是：始终用积极思考、乐观的精神和丰富的经验支配和控制自己的人生。而失败之途常受过去的种种失败与疑虑所引导和支配。倘若如此，人们就会空虚、畏缩悲观、失望、消极颓废，最终只能走向失败。一个人若总是想着失败，就有可能在失败的暗示下再次走向失败，而再次失败就进一步印证或者说强化了失败的阴影，这样就形成恶性循环，最终会对自己非常失望，内心非常自卑。

在人际交往中，人的态度或心态尤其是对自己和他人的态度或心态是影响人际关系的重要因素。常言道："物以类聚，鸟以群飞"，以及成语"志同道合""臭味相投""脾气相投"等，主要就是说具有相同态度或心态的人容易建立起良好关系，可见态度或心态对人际关系的重要性。

第一节　人际关系中的态度或心态及其重要性

态度或心态是任何人都具有的，态度或心态不同，同样一件事情产生的影响也不同。积极的态度或心态会对自己有积极的影响，消极的态度或心态则会对自己有消极的影响。比如，面对他人的指责、批评乃至侮辱具有什么样的态度或心态，是影响自己生活、个人发展或做事情的重要因素。因此，要处理好人际关系，把人际交往中的消极因素转变为积极因素，具有积极的态度或心态是非常重要的。

一、态度和心态的概念

（一）态度

态度是个体对特定对象所持有的稳定的判断、评价或心理和行为倾向[1]。它蕴含个体的主观评价，以及由此产生的行为倾向性，是个体在社会生活过程中经过经验积累而形成的。有人把态度界定为："人们在自身道德观和价值观基础上对事物或人的评价和行为倾向。"[2]

从态度的概念来看，它具有以下几个特征。

1. 它只是心理倾向，并非行为本身

通常情况下人们可能会表现出与心理倾向一致的行为。然而由于种种原因，人们可能表现出与心理倾向不相一致的行为。如甲虽然很厌恶乙，但若乙有权有势，甲有求于乙，在他们俩见面时，甲就不会表现出厌恶、憎恨的行为，反而可能会表现出故作高兴献媚的行为。

2. 具有对象性

任何态度都是指向一定对象的，不存在没有对象的态度。态度的对象可以是人、物、事、思想、方法、观念、社会制度、群体规范等。就人而言，可以是自己，也可以是他人，还可以是群体。其中，对他人的态度是人际态度，它直接影响或制约着人际关系。对自己的态度如认可自己还是否定自己，直接制约或影响着个体自我发展，也影响着人际关系。

3. 具有一致性和稳定性

一致性和稳定性主要表现在两个方面：其一是态度一经形成，就比较稳定，

难以改变。如反感某人时，通常会一直反感他。这既有态度对人的心理的影响，也有人的自我应验的心理作用使然。人通常有注意偏向、记忆偏向、解释偏向、归因偏向等心理倾向，这些心理倾向通常会进一步强化态度，使态度保持稳定。其二是态度会经常影响行为，常常在行为中表现出来。态度对心理或行为的影响主要表现在使人具有上述认知偏向或倾向，人们通常会依据其态度去注意、记忆、解释或归因信息或事情。

（1）注意偏向

注意偏向又称为注意倾向，是指容易注意到与自己的情绪尤其是主导心境相一致的信息，如悲伤时容易注意到伤感的刺激，高兴时容易注意到愉快的刺激。通常，乐观者容易注意到积极信息或事情积极的一面，并把注意力保持在积极方面较长时间。而悲观者则容易注意到消极信息或事情消极的方面，他们习惯注意到不幸的结果，容易注意到事情的负面。

（2）归因偏向

归因偏向又称为归因倾向，是指人们习惯于把事情的原因归结为与自己的观念、信仰等相一致的原因。如自卑者通常会把失败的原因归结为自己笨或能力不足，进而进一步强化自卑。自信者则通常不会作这样的归因，他们通常会把失败的原因归为自己马虎或大意等。归因是指观察者对他人的行为过程或自己的行为过程及其结果所进行的因果解释和推论。通常，我们对所做的任何事情及其结果，都会将它归结成某种原因。比如，学生选修人际关系心理学这门课，可能是这门课的学分容易获取，也可能是“掌握建立或处理人际关系方法或技能，以便能够改善自己的人际关系状况”。在日常生活中，人们总是会把自己的行为和结果，归结成一定的原因。归结的原因不同，导致的行为及其结果也不同。

比如，做事情栽了一个跟头，或者是被朋友陷害，那该怎样去看待呢？人们感受不同，心理体验也不同，幸福与否也相差很大。如果认为“自己怎么这么倒霉，交了这么一个人？”就会为此感到痛苦。若这样想：“我现在终于认清他了，我以后需要多注意。”或者“这样的事情让我意识到，以后应该怎样去认识人，和什么样的人交朋友。”这样就不会感到痛苦。倘若在此基础上进行反思，自己便得以提升。

（3）解释偏向或倾向

解释偏向或倾向是指人们通常对刺激和事情做出与自己的情绪尤其是主导心境和知识经验、人格特征相一致的理解或解释。日常生活中，不同的人对同样一件事通常会做出不同的解释，产生幸福体验的往往是一种积极的解释，导致不幸福体验的往往是一种消极的解释。换言之，积极的解释可以导致积极的好心情，消极的解释可以导致消极的坏心情。

心理学家曾经做过一个实验：主试读一些英文单词，让被试写出来。这些英文单词读音相同，单词却不同如 die 与 dye，pain 与 pane 等。焦虑症和抑郁症倾向者，通常写的是消极意义词汇。如 die、pain；而心态比较好的人通常写的是非消极词汇。这一实验说明，不同心态在听到词的读音时反应也不一样。人们所做的"歧义评估"和"评定未来事件发生的概率"等试验结果也都表明了这一点。

（4）记忆偏向或倾向

记忆偏向或倾向是指人们习惯于记住一些信息而忽略另一些信息，特别是容易保留和回忆与自己的价值观念、态度、兴趣、主导心境等相一致的信息或知识。例如，悲观的人总是记住过去不幸的体验，反复回忆，反复想起，甚至连晚上做梦都想起，平常走路没事的时候也想。"人生最大的不幸，是生活在过去的痛苦之中。"这方面相对来说女性比男性表现得突出，尤其是已结婚多年的，总想着丈夫哪一点对自己不好，越想越生气，越生气就越想，一旦和丈夫吵架，就把那些过去的事情都抖搂出来。"你哪一天对我不好，哪一天对我怎么样……"正因为如此，所以他们不能够面向未来，去畅想一些美好的事情。这是一种消极的记忆偏向。在他们的记忆库中储存的都是消极词汇、糟糕事情，所以总是感到不快乐。积极的记忆偏向或倾向，是在记忆库中大都保留并回忆美好的事情或东西！

一般而言，记住并回忆高兴的事情，就越想越高兴，越想越有信心，越想效率越高；记住并经常回忆糟糕的事情，就会越想心情越糟，越想越难过，越想效率越低。比如，高考临近时，有些人紧张得睡不着觉，以至于没有考好。复习后第二年参加高考时，想到去年的失利情况就紧张，越紧张越想，越想越紧张，越想对高考越没信心，越没信心越睡不着，形成恶性循环。除此之外，这种心理阴影使得他们在做其他重要事情时也想到高考的失利，使这种阴影对做其他事情产生消极影响。倘若去想"在这一年的复习中自己所提升的方面"和"平时考试的好成绩"，如"我平时考试尤其是摸底考试都考得很好，高考肯定没问题！"就会越想越乐观，不会紧张。或者想："反正今天睡不着，睡不着就不睡了！我去回顾一下过去成功的经历，想一些难题怎么解，想想我所背的外语单词。"这样就会越想越高兴，越想越有信心。或者想："反正睡不着，那我就去想问题。"在想问题的过程中，不知不觉就睡着了，甚至在梦中把一些难题给解决了。这种情况也并不是没有的。概言之，晚上睡不着的时候怎么办？一者去想问题，再者去想高兴的事情，想着想着你就会睡着了，并且在睡梦中你还会高兴。如果你总是想消极的事情就会好长时间都睡不着，即使睡着了，等一下也会做噩梦惊醒，惊醒后更难以睡着。

4. 具有组织性和结构性

态度具有组织性和结构性，这是说待人处世等的态度不是单一的，它们会联系起来形成具有一定结构的态度群。比如，对待仇人的态度和对待朋友的态度一般会相反，但正是这种相反，体现出态度的对立统一。如鲁迅的“横眉冷对千夫指，俯首甘为孺子牛”；电影《上甘岭》的主题歌曲《我的祖国》中的“朋友来了有好酒，若是那豺狼来了，迎接它的有猎枪！”都表明了不同态度的统一。这些相互统一的态度相互联系，构成一个完整的结构，体现出态度的组织性和结构性。

5. 态度具有判断性和评价性

态度具有判断性和评价性，即表现为是否赞同该事物。态度的判断性和评价性体现为对事物、观念、方法等态度对象的相对估量，如重要与否、轻重缓急、前后、先进与落后、好坏等。在判断和评价的基础上，会表现出某种心理状态，如相信、希望、爱恨等；会形成某种心理取向，如美化、丑化、恶搞、趋近、避开等。

（二）心态

心态是一种心理状态，许多人也把它称为心理态度，指人们在一定时期内对人、事物、情境等的看法、评价。心态是一个人的精神状态，只有心态好，人才能保持积极乐观、舒畅饱满的心情，生活才会快乐遂心愿，人生才会轻松无限，生命才会活出精彩。

在现实生活中，有很多我们无法改变的事情。尽管事情无法改变，但我们的心情可以选择。选择心情的基本条件或前提就是改变心态。心态的改变，意味着心情的改变；而心情的改变，就意味着自我的改变，生活状态的改变，人生道路的改变。人生一世，要想活得幸福、精彩，就要具有一个好的心态，凡事看开点、看远点、看淡点，心胸要豁达些、大度些，相信任何事情都必然有有利于我的一面，办法总比困难多，没有解决不了的问题，没有打不开的结，也没有流不出的水和搬不动的山，更没有钻不出的洞穴和结不成的缘。生活怎么样，自己放调料，自己开心自己乐。人生过的是心情，生活活的是心态，心态好，自然没烦恼。经历过辛苦，才知道幸福；克服过艰难，才明白平坦；经历过跋涉，才懂得喜悦；跨过坎坷，才会有超越；经历过事情，才会积累经验；遭遇过打击，才知道历练；读书破万卷，才弄清道理。多一点快乐，就会少一点烦恼。

人本主义心理学家马斯洛认为：“心态若改变，态度跟着改变；态度改变，习惯跟着改变；习惯改变，性格跟着改变；性格改变，人生就跟着改变。”既说明了心态与态度的关系，也说明了心态对于人的重要性。狄更斯指出：“一个健全的心态，比一百种智慧都更有力量。”这明确告诉我们，心态对于我们来说是最为重要的。于丹认为：“越是竞争激烈，越是需要调整心态，并且调整与他人的关系。”[2]这道出了心态在现今竞争激烈的环境中的价值和作用，也指出了心态对于人际关系的重要性。

二、态度或心态的结构

有人认为，“态度表现为对外界事物的内在感受（道德观和价值观）、情感（即‘喜欢-厌恶’‘爱-恨’等）和意向（谋虑、企图等）三方面的构成要素。激发态度中的任何一个表现要素，都会引发另外两个要素的相应反应，这也就是感受、情感和意向这三个要素的协调一致性。”[2]不过，人们通常将态度分为认知成分、情感成分、行为倾向成分三部分。

（一）认知成分

认知成分是指个体对态度对象的认知、分析、判断与评估。如“他是一个什么样的人”“这件事是什么性质”“这两人的关系如何”“他有什么样的习惯或特征”，等等。认知成分是态度的基础或前提条件，人的态度都是在其对事物、人的认知基础上形成的。如对自己的态度，首先要对自己进行认知，确定自己是一个什么样的人，并在此基础上对自己进行判断或评价。再如对某人的态度，也必须先在认识他的基础上形成，若对他一点都不认识了解，怎么会形成对他的态度？或该对他采取什么态度？

（二）情感成分

情感成分是个体对态度对象所表现出的情感体验。如喜欢还是厌恶，热爱还是仇恨，尊重还是轻视，热情还是冷漠、平静还是愤怒等。情感成分是态度的关键和核心。但在态度的各构成成分不协调或不一致甚至冲突时，情感成分往往占有主导地位，决定态度的基本取向与行为倾向。

（三）行为倾向成分

行为倾向成分是人对态度对象可能表现出的行为，是人的态度或心态的展露。如接近、避开、拥抱、欢迎、拒绝等。它是态度的结果或终极状态。从成功者和失败者的比较中发现，二者在行为倾向和表现方面也存在诸多差异。成功者不为失败或挫折找理由开脱，不抱怨，积极承担责任，寻找方法，总结经验教训。而失败者则总是找“客观”理由，抱怨，退缩，放弃，寻找并放大困难（以证明不是自己的错），重复过错或无效行为。在行为成分中，积极承认错误和承担责任是成功的必不可少的品质。沃尔特·米勒认为，勇于承认错误是成功者必备的品质，能够委以重任或承担起重任的人是那些敢于承认错误和承担责任的人。“及时地承认并修正错误，就可以将错误的负面影响降至最低；承认错误，承担责任，是每个人应尽的义务；只有勇敢地面对并承认错误，修正自身的缺点，才会取得信任……”这说明责任心是成功的基石，不负责任的人将会一事无成；责任是我们追求成功的基点和动力。或许有人会说，责任心不是行为。这种观点恰恰忽略了“责任心不是说出来的，而是做出来的”[3]。行为不仅是责任心的体现，更是其构成成分。只有通过个体的行为，才能知道其是否具有责任心。

第二节　态度或心态在人际关系中的作用、结构与表现

事实上，在人际交往或人际关系中，态度和心态是非常重要的。

一、人际关系中的态度或心态的作用——导向和建构

人的态度或心态在人际关系中会发挥导向和建构作用，引导人朝着一定方向去构建人际关系，建构自己或他人。对人、社会、人与人的关系、工作等的态度或心态，不仅影响着人际关系，而且还直接制约着个人发展与成就。比如，对待他人的批评、嘲讽甚至是无端的指责或嘲讽具有什么样的态度或心态，对于自己或他人的成就、失败或挫折持什么样的态度或心态等，都会对自身及与他人的关系产生不可抹灭的影响。

（一）时运不济[4]——如何对待困境或挫折

1. 故事

王军真是倒霉透了。

考上高中那年，恰逢县一中涨学费，他一下子多交了将近300块钱。这在别人眼里虽然不是什么大数，但对他那个四壁空空的家来说却是一个沉重的负担。

考上大学时，又正好赶上国家试行大学收费制，他要比上一届学生多掏5000多元钱。为了不失学，他只得一边打工一边读书。

好不容易挨过了四年，他还没毕业，国家就开始试行取消分配制，毕业后就失业的他好不容易才找到了工作。

勤勤恳恳地工作了半年之后，由于国家实施机关单位大裁员，他又下岗了。

为了活出个样子给笑话自己的人看，王军一狠心根据自己的专业做

起花农来。没想到，他竟然因此一下子成了远近闻名的大明星——那种蓝色玫瑰花成了畅销各大城市的稀罕品种。一年下来，他光毛收入就将近10万，比在原来那个机关单位挣得还多！

看来，"三十年河东，三十年河西"这句话说得真没错，但我们应该明白的是：由河东转到河西这个过程绝对不是等来的。如果怨天尤人、自甘堕落，你将永远不会再有奋起的机会。只有像王军这样，审时度势、奋斗不息，才有可能给自己开辟出一条宽广大道。

2. 故事分析与启示

这一故事说明：当一个人处于人生最低谷时，只要抬脚，他就会一步一步往高处走；但如果他畏难而退，躺下不起，那里就将成为他的坟墓。这是对待不佳境遇的积极的态度或心态。这样便可将不佳的境遇或困境转化为走向成功的机会和动力，由此不断地改变自我，战胜自我，超越自我，从而为自己赢得辉煌。有一些人，面对困境具有消极的态度或心态，一遇困难就退缩，且不停地抱怨、愤恨、责备，怨天尤人，最后被困难所吓倒，一蹶不振，成为一个失败者。

其实，人的一生都不是一帆风顺的，每个人的生命中都会经历许多次失败或挫折，每次挫折、伤痛与打击，都有其深意，都成为人的财富或资本。如果对它们采取积极的态度或心态，对它们运用得当，它们就会成为命运送给人的最好礼物，成就辉煌人生的必不可少的重要阶梯。

（二）成功总在转角处[5]——把别人的讽刺当动力

1. 故事

那年，罗伯特满怀信心地来到纽约一家夜总会应聘，他从小就跟母亲及玛尔戈利斯学习声乐，加上独特的嗓音，在一个小小的夜总会担任主唱，应该绰绰有余。按照招聘方的要求，每个应聘者都必须试唱一首歌曲，虽然罗伯特对自己的演唱功底毫不担心，但他还是精心地准备了一番，毕竟这是他职业生涯的开始，况且他还要靠这份工作生活。

试唱那天，罗伯特的表现还算不错，尽管没有达到完美无瑕的程度，但和其他应聘者比起来，优势还是十分明显。考官也非常满意，打算立即录用他，然而，节目导演早有内定人选，其他人员不过是陪衬罢了。对于这种不公平的竞争，罗伯特非常生气，他找到节目导演理论，要他说出一个不雇用他的理由。节目导演轻蔑地说："年轻人，我没有心情给你解释，你歌唱得好又怎样，我们庙小，容不下你这尊大菩萨，有本事你去大都会歌剧院啊！”

大都会歌剧院是一个具有领导地位的世界级歌剧院，创建于1880年，是纽约林肯表演艺术中心的核心部分，融古典与现代于一体，规模庞大，人才辈出，是所有音乐人的梦想。当然，节目导演只是挖苦罗伯特，他并不认为罗伯特有这方面的潜质。

初次求职就遭到这样的羞辱，罗伯特沮丧之极，他甚至想到过放弃。不过，一向坚强乐观的他很快就冷静了下来，他决定把这次教训当作人生中的一个小插曲。他想，那个节目导演说得对，何必把青春浪费在夜总会这样的小地方呢？自己是一只雄鹰，应该向更高、更远的目标进发——大都会歌剧院。

经过一年多的刻苦训练，罗伯特带着自己的雄心壮志来到了大都会歌剧院。这一次，他的演唱非常成功，赢得了评委们的一致好评，顺利地成为大都会歌剧院的签约艺人。1945年，罗伯特获大都会歌剧院广播演唱比赛奖，同年他受邀出演《茶花女》中的男中音主角，接着他又饰演了斗牛士、瓦伦丁、费加罗、弄臣、恩里科、罗德里戈、雅果、斯卡皮亚等多个角色，成为大都会歌剧院最受欢迎的演员之一。随后，罗伯特的足迹遍及欧美，他以畅达嘹亮的嗓音、真挚生动的感情打动了亿万听众的心，成为美国最负盛名男中音歌唱家。

每每忆及那段往事，罗伯特总是激动地说，感谢那次拒绝，要不然，大都会歌剧院的门永远也不会为我敞开，或许我现在还是夜总会里一位名不见经传的歌手，每月拿着几百美元的薪水。

有人说，上帝关上一扇门时，常常会为你打开一扇窗。当我们遭遇挫折时，一定不要轻言放弃，因为成功总在转角处，失去一次机会，还有更多的机会在前面等着你。

2. 故事分析与启示

其实，在生活中遭受不公正待遇的情况时有发生，被别人讥讽或嘲笑也不罕见。遇到这种情况时该怎么办？它们会对当事人产生何种影响？关键取决于个体面对它们的态度或心态。若态度或心态积极，它们就会成为个体改变、超越自己的转机或动力，由此就会促使个体为成功不断地积累心理资本，最终成就自己。

二、人际关系中的态度或心态的构成

人际关系中的态度或心态包括对他人的态度或心态、对自己的态度或心态、对社会的态度或心态、对事件或情境的态度或心态。

（一）对他人的态度或心态

1. 对人的态度或心态及其影响

在现实生活中，每个人都存在着对人尤其是他人的一般态度或心态。如有人认为，“人都是自私的”“人不为己，天诛地灭”“防人之心不可无”等等，如此就会始终以一种敌意或警惕的眼光看人。而这种敌意或警惕，在上述的注意偏向、解释偏向、归因偏向、记忆偏向 4 种偏向的作用下，容易注意到他人的消极面，对人的行为作消极解释，对别人的行为作消极归因，容易记住那些受到伤害的事件，从而使自己对他人更具敌意、怀疑或警惕。也有人认为，“天下还是好人多”“大多数人都是善良的，都乐于助人”“人之初，性本善”“人都具有利他精神或心理倾向”等等，由此他们就会以一种善良的眼光去看待或对待他人。这种态度或心态在上述 4 种心理偏向的作用下，容易注意到人的善良的、积极的一面，对人的行为作积极解释，对别人的行为及其结果作积极归因，容易记住那些别人给予自己帮助的事件，从而避免自己对他人更具敌意、恶意或警惕。如即使别人做事情出现坏结果，他们也会认为是“好心办坏事”“不是有意的”等。

这说明，人们对他人的态度或心态会使人们戴着有色眼镜去看待或对待他人，按照自己的态度或心态去建构他人，把别人建构成与自己的态度或心态相一致的人。若进行积极建构，就比较容易与他人建立起良好的人际关系；反之，若进行消极的建构，就容易造成人与人之间的隔阂乃至抵触或对抗。由此看来，对他人的态度或心态直接制约着人际关系的好坏及其发展，同时也直接影响自己的发展与成就。

2. 嫉妒还是自我提升

比如，若一个女孩子的邻里住着的一个“白富美”，并产生羡慕、嫉妒、怨恨的心态，这种怨恨乃至怨毒就会使她对这个“白富美”处处、时时、事事都看不惯，更有甚者会做出伤害别人的举动，就像金庸的小说《天龙八部》中的康敏一样。

> 康敏讲述了她的内心的嫉妒和怨恨：一个穷人家的小姑娘，因为得不到自己梦想的新衣，便在除夕之夜偷偷将邻家姑娘的新衣撕剪成碎片，而且心中洋溢着一股说不出的复仇后的欢喜，比自己有新衣服穿还要痛快。一方面，她瞧不起爱她、想得到她的男人，另一方面，她又对不爱她的男子尤其是她喜欢的但却不喜欢她的男人恨之入骨，如乔峰。更为歹毒的是，如果她得不到她爱的男子，宁可毁了也绝不留给别人。她有

强烈的自我中心感和极其疯狂的自私性格，用她自己的话来说就是：“我得不到的东西别人也休想得到。”

这种态度或心态，首先可能会做出伤害别人的事情，同时也会让自己的内心充满毁灭自己幸福或前程的“病毒”或“魔鬼”，最终伤害自己。若具有积极的态度或心态，从积极方面去思考，如她现在比我有钱，那我就更要努力，将来一定要比她有钱；她长的比我靓丽，在长相方面我比不上她，这不要紧，我要比她有才华，或者我要不断提升自己，强化自己的内在修养，使自己更有涵养，更有女人味，更具有淑女气质。就像一首歌唱的那样：“我很丑，但却很温柔。”如此，她就会必然要通过努力，让超越他人的想法成为她不断进取的动力，促使她建构出优秀的自己。

在日常生活中，如果人们总是因为工作太忙、太累，因为没钱，长相不如别人等，而感到郁闷，感到焦虑，就会越来越郁闷，就会被生活所困、所累。工作比别人忙或累，感到痛苦；没别人有钱，也感到痛苦；长相不如别人，也感到痛苦；诸如此类你不如别人的地方都会感到痛苦，那就会一直生活在痛苦之中，会一直不开心，会由对别人的羡慕变成嫉妒再变成恨，无时无刻不生活在痛苦和愤恨之中。这样就可能在痛苦和愤恨中死去。因为，在日常生活中，任何人总是会遇到比他强的人，总会找出某方面比他强的人，甚至任何一方面都有比他强的人。如虽然某人长相不如他，但能力比他强；他家里虽然很有钱，但比他有钱的大有人在；他虽然比某某长得帅，但人际关系不如人家，或还有比他更帅的；等等。如果这样，他总能发现任何一个方面都有比他强的人，并为此感到愤恨或痛苦，他就会经常处于糟糕的状态中。

3. 如何对待别人惹怒你

对他人的态度或心态包含了对他人批评、指责的态度或心态、对他人与己不同的意见或建议的态度或心态、对他人的成就或失败的态度或心态、对他人与己与人的关系的态度或心态等。

比如，有人故意惹怒你，那你是否真的被他气恼，要生气呢？别人骂你的时候，那你生气不生气呢？尤其是朋友，在背后说你的坏话，被你听到，或是别人告诉你这个人说你坏话，通常这时候，你会很生气。你会想：“我平常对他不好吗？怎么在背后说我坏话？”倘若你想来想去，发现你对他很好，对他不薄，没有对不起他，那么你就会非常生气。如果后来你问他：“你为什么说我坏话？”但他还不承认，“我没有啊？我什么时候说你坏话了？说了你什么呢？”你甚至会想直接对他说，“怎么是这样的人？说就说了，不要不承认，还抵赖。”于是你就更加生气。那么生气对你有用吗？不仅没有用，还会有消极作用，比如损害身心健康。

1)在这样一种情况下，如果别人告诉你某某在你背后说你坏话，不必要生气。

因为告密的这个人，怀有什么样的目的，有什么样的企图，以及某某是否真的说了你的坏话，都还不太清楚。

2）即使他真的在背后说你的坏话，是你亲耳听到的，那么你该怎么想，怎么做呢？首先你要去想或去分析一下是否具备他说的这些缺陷或不足方面？如果具备，就尽量去改正，去完善，不断提升自我。这时，实际上他帮你发现或指出你的不足或缺陷，你不应该生气，反而应该高兴。若你没有他说的缺点，他是在诽谤或诋毁你，你也没必要生气。因为你知道，这个人是一个品行不端的人，不跟他打交道，离他远远的就行了，所以没有必要生气。

在日常生活中，有人故意惹你生气时，你反而不生气；当你不生气的时候，故意惹你生气的人，会不会生气呢？当然会。所以，别人故意惹我们生气，我们越不要生气。我们若生气，正落入他的圈套。

所以，有一种积极的心态是："人气我，我不气，气坏了，伤身体；气死了，正合别人的意。"

4. 如何对待失恋

同学、同事中或者是读者您，不知道有没有正处于热恋之中的？或者曾经正处于热恋中的时候，被别人给甩了或一脚蹬开了？不管是男性还是女性，假如我们不幸失恋了，我们会有什么样的感受呢？应该以一种什么样的心态来对待呢？

（1）第一种情况

我们心里感到非常痛苦，并由此产生报复心理甚至付诸行动：你不愿意和我在一起，你让我心里难受，你也别想过得开心。如果是女性，会说"姑奶奶也绝不会让你好受！"如果是男性，会说"老子也不是好惹的，你想要就要，不想要就不要，没门！老子绝不会让你过得舒坦！"我把你毁容，或者把你杀了，或者把从我身边夺走你的人毁容、杀了。这样多败俱伤，就能够快乐幸福吗？不仅不会快乐，反而内心充满怨恨等消极情绪，甚至还要为自己的消极行为的后果承担责任——被判刑、入狱。

（2）第二种情况

1）一些懦弱的人，尤其是女生，会说："你走，你若敢走，我就死给你看！"要死要活，喝农药自杀。我们为别人的过错而自杀（别人抛弃我们）值得吗？自杀真的能够使抛弃你的人回头吗？倘若回头，在你的自杀威逼下，他会真的"回心转意"吗？"强扭的瓜不甜"，他迫于一定的社会压力也好，迫于同情或怜悯也好，倘若他的心已不在你身上，两个人在一起还有什么意思？你们还会幸福吗？与其两个人在一起都痛苦，还不如痛痛快快地分手各自寻找自己的幸福。

2）另外，他非常狠心，对你的自杀根本无动于衷。"你愿死就死吧，与我何干？""你死了才好呢，你死了我心里清静。"这样的人还值得你留恋吗？

3）再者，爱情是男女双方的事，他对你已没有感情，这样的“爱情”已经不是爱情，不仅不会给双方带来幸福，而且只会带来痛苦。既然如此，还需要这种“爱情”吗？他既然置你们的爱情于不顾，没有恒心，缺乏责任心，这样的人还值得爱吗？

（3）第三种情况

恳求甚至哀求对方不要离开你，就像邓丽君歌曲中的“求求你，别让我离开你。”“我感到非常痛苦！我非常在意你！你是我的唯一！”这样的哀求与表白有用吗？通常情况下，再怎么哀求别人也要离开你是不是？感情是求不来的。而且越是乞求，越被对方看不起，越会使自己更无自尊，且还会使对方生厌。与其这样，还不如潇洒地说“拜拜”。“你离开我，说明我们不合适。你走了最好，我再去寻找更适合我的人。”

单田芳在评书经常提到：“三条腿的蛤蟆不好找，两条腿的活人有的是。”他离开你更好，趁你现在还没有把全部感情交付给他，没有在情感、金钱、时间、精力等付出太多的时候，他离开你，离开你最好。“欢迎你走，你走了，我可以找一个更好的”。所以在这种情况下，你可以这样想：“这样的一个人，趁早离开。他离开得越早，我痛苦得越少。走得越晚，我付出越多，就会越痛苦、越难受。”如果这样想，抱着这样的心态，你是否就不会感到特别的痛苦，特别悲哀呢？甚至你还会对他的离开感到一点点快乐或幸福呢？这就是失恋后如何才能感到快乐，感到幸福。

5. 岁月，不会放过任何人[6]——做好自己的事，不与别人计较

（1）故事

公司全员大会上，所有人都对我的策划案拍手称赞，只有他，轻蔑地看了我一眼，指着方案说，这里欠妥，那里预算考虑得不全面。口气刻薄而自大。

对他的反驳和刁难，我早有预料，很多次，我都下定决心，要当着众人的面同他好好理论一番。我相信，凭我的能力、魄力，以及存在的事实，一定可以讨回公道，打败他对我不分场合的频频诋毁。

可每次话到唇边，又总被自己生生咽回。固定的位置，每次开会他都坐在我的斜对面，我刚好可以看到他。不过是短短两年的时间，他的白发，已从鬓角蔓延过全部的头顶，还有脸颊的皱纹，深深的，刀刻一般。眼神也渐渐浑浊了，即使重要的会议上，也忍不住打哈欠，有次瞌睡来了，他碰翻了装满水的杯子，狼狈不堪……

原来他老了。看上去，甚至比我的父亲还要苍老。算来，也已经是五十六七岁的年纪了。正因如此，我一次次放弃了和他的对抗。尽管，

作为公司领导层的一员，对我这个备受其他领导赏识的新人，他屡屡刁难，无论公开还是私下，都对我质疑、排斥、冷言冷语——他将对赏识我的另外一个领导多年的积怨，统统转移到了我身上。

事实上，每个人都知道我是无辜的，我的每一点进步，都是靠着自己的能力和努力争取来的。面对他的刁难，我心里着实地委屈。也曾气不过，决心和他争论一次，给自己争回个是非公道，还他以颜色，告诉他，我不是那么好欺负的。

最冲动的那次，是在公司全体大会上，他将公司其他部门出的一点小事故也强加到我的头上，说在我负责相关部门前，公司从来没有出过类似问题，而事实上，两个部门是毫无关联的。

我的身体几乎已经离开了座椅，话也到了嘴边。可就在那一刻，我看到了他在对我频频的攻击中，唇角，竟流下一丝口水，他慌忙拿了袖口去擦。老态毕现。

我的心忽地松懈下来，还和他计较什么呢？

我再次选择了隐忍，并决定从此对他一忍到底。对他之后各种的言语和眼神，我只当听不见看不见。久了，就真的听不见了。即使有人对我说，他又如何如何攻击我诽谤我了，我也只是轻描淡写地回一句，是吗？哦，没什么……

因为不在意，他的言语，渐渐就中伤不到我。我专注工作，越走越好，职位提升得很快。

又过了一年，他到了退休的年纪，退休前，一场大病将他带到了医院。

我还是决定去看看他，早已不把他当作对手，而是前辈。记得公司的老人说，在公司创办最初，他也曾是那样不遗余力，和大家携手度过最艰难的时期，为公司的发展做出了极大贡献。只是，公司在一天天发展壮大，他却一天天走向衰老。

买了果篮和鲜花，我去了医院。

他这一倒下，人更苍老得不行，头发全白了，面容消瘦，眼神里，全然没有了一个男人的犀利，只剩了浑浊憔悴。

我有些伤感，即使自己不同他计较，岁月也不会放过他。我诚恳地让他好好休养，祝他早日康复。他不答话，只怀疑地看着我。我不再多说什么，起身离去。

他退休后，我接替了他的职位，我的宽容赢得了所有人的尊重，也为自己赢得了一次新的机会。私下里，依旧有要好的同事替我抱不平，愤愤地说，你真是太好欺负了。

我笑，其实我不是宽容他，我是在宽容苍老，宽容自己。因为所有人真正的对手，根本不是对手本身，而是岁月。因为只有岁月，才不会放过任何人。

（2）故事分析与启示

在这一案例中，当事人对别人的刁难抱着积极的态度或心态，只管做好自己的事情，最终赢得尊重。但在现实生活中，有些人斤斤计较，为一点鸡毛蒜皮的小事与人天天争斗不停，既耽误了时间，贻误了自己本该做的事情，也为之生气，影响健康，甚至酿成恶性事件。

（二）对自己的态度或心态

有的人谦虚、自信、自尊、自爱；而有的人则骄傲、自馁、自卑、自怜，这些都是人对自己的态度或心态。对自己的态度或心态也是人际态度或心态的重要方面。之所以这样说，是因为对自己的态度或心态如何，直接影响着人与人之间的关系。若你对自己有不良的态度或心态，既可能不会对别人有积极的态度或心态，亦不会以积极的态度或心态去与人交往。比如，通常自卑的人不愿与那些有成就的人或自认为自己不如的人交往。他们既害怕别人瞧不起自己，不愿与自己交往，也害怕自己显得更差，因此常常把自己封闭起来。

不仅如此，对自己具有消极态度或心态的人，也会由于这样的态度或心态而形成自己的消极的交往技巧与方法。如自卑的人和自负的人通常不愿去肯定或赞美别人，因为他们担心越夸别人越显得别人比自己强。自负或狂傲的人常常看不起别人，言行举止无形中都会有意无意地流露出对别人的轻视或贬低。而自信的人通常会肯定别人，会去欣赏别人的优点。谦虚的人则会积极去发现别人的可取之处，向他人学习。

心理学研究发现，自信的人敢于称赞别人，因为他们不怕别人超越自己；自信的人乐于欣赏别人的长处，因为他们会惺惺相惜；自信的人愿意称赞别人，因为他们真的有实力，有实力心里就踏实，就不怕别人超过自己而敢于称赞别人，而自认为自己实力不强的人心里发虚，担心别人超过自己，担心人们认为别人行而自己不行，而贬低别人，夸奖自己；自信的人有进取心、拼搏精神、不怕输和不服输的精神，因为他们对别人的称赞表明他们愿意与有实力的人竞争，而不愿与水平低的人抗衡，越是竞争对手实力强，越有斗志，越有精神。

（三）对社会现实的态度或心态

认为自己生逢其时还是生不逢时，现实生活环境是好还是坏，对现实社会感到满意还是不满意，对社会的发展充满希望或是失望，等等，这些都是对社会现实的态度或心态。常言道：“道不同，不相为谋。”说明了对社会现实的态度或心态对人际关系的影响。

对社会现实的态度或心态，不仅会因为其展现或表露而影响人与人之间的关系，如对社会充满希望的人不愿与对社会不满而常常抱怨的人交往，而且还会因影响个人在社会现实中的表现，从而影响个人的发展与潜力的挖掘。

在生活中，有些人对社会看不惯，整天抱怨社会、政府、国家、学校，看不到社会、国家、政府、学校的积极面，只注意其消极面，每天抱怨、生气。这样不仅容易损害身体健康，产生心理疾病，而且还会使人在生活中充满怨气而不能安心工作，不能够充分认识或发现我们所生活的环境给我们提供的条件。很多时候，除了抱怨，我们还应该做点什么呢？若我们认为能够有所改善，就应该冷静地尽我们所能，改变我们所抱怨的社会情境，积极寻找办法解决我们所看到的问题。若不能改变，那就学会适应。

在河南某师范大学有一位老师，受了众多委屈很气愤。不过这种气愤没有困扰他，而是成为他改变自己的动力。“我改变不了环境，但我能改变自己！”“此处不留爷自有留爷处。”在他考上博士后，他原来的老系主任见了他说：“你毕业回来吧，改变你受了不公正对待的环境。”他半开玩笑说：“老先生呀，您太抬举我了，环境我是改变不了的，我只能改变我自己。”但如果你改变不了环境又改变不了自己，那就学会适应。多想想你所上的学校、工作单位等的有利方面。如我们学校环境优美、空气质量好等，你的心境就比较平和、恬静、愉快，相对来说，身心就比较健康。

（四）对事件、情境等的态度或心态

1. 从最坏处着想，向最好处努力

人们常说“凡事要从最坏处想”。从最坏处着想的时候，我们要注意两个方面。

第一，我们不能够忽略“从最坏处着想”后面的半句话，即“向最好处努力”。“从最坏处着想”是要求我们考虑：为什么这个事情我们做不好呢？是什么原因导致我们做不好呢？在这样一种情况下，我们就从最坏处着想：这件事情为什么变坏？是什么因素导致它变坏？要防止变坏，我们应该采取什么措施？在这种情况下，在事情变坏之前我们可以防患于未然。

第二，这个事情最坏会坏到什么程度？我们考虑一下，最坏的结果和我们没做这件事情时有什么差异，或者说最坏的结果我们能否接受。若没有差异或能接受，我们就要去行动。行动，最糟糕是这个结果，说不定还能获得更好的意想不到的结果。

2. 遭遇失败或挫折时的态度或心态

在面临失败、挫折、困境的时候，怎么办？你是越挫越勇，还是退缩、沮丧、

失落呢？这对你将来能否成功有很大的影响。

一般来说，成功的人，就像一个弹簧，非常有弹性的弹簧，越挫越压，他的弹性越大，所以越是遇到挫折，他越是勇往直前。有些人就正好相反。

3. 对待贫穷的态度或心态

当我们生活在贫穷家庭的时候，不能怨恨父母和家庭。

美国的约翰·富勒，出生在一个贫穷家庭，家里有七兄弟姐妹，其父亲是黑人佃农，对贫穷早已认命。但他母亲却不认命，她经常给他灌输观念：我们家里穷，不是不好好干，而是你父亲压根儿就不想去改变。因为你父亲认为穷就是命，具有这样一种宿命的观念。所以她一直告诫自己的儿子：你要想办法去改变自己的命运。他把母亲的话铭记在心中，正是这种铭记改变了他的人生。后来富勒立志改变贫穷。他就像毛泽东说的：穷则思变。富勒曾说："我当不了富人的孩子，当不了富二代、富三代，但是我要当富人的祖先。"也就是说，他要成为第一代的创业者，让他的孩子当富二代、富三代。他从小就很努力，也很爱动脑筋，推销过肥皂，卖过小东西，经过不懈努力，后来终于成为了富翁。

第三节　态度或心态的形成和发展

态度或心态不是与生俱来的，而是在后天的生活中，在人与环境的相互作用中形成、发展与改变的。人际关系中的态度或心态也是如此，是在人与人、人与社会的互动或交互作用中形成的。

一、态度或心态形成和发展的理论及其应用

对态度或心态的形成和发展，人们通过研究，提出了不同的理论观点。较具影响的有行为主义理论、认知理论、功能主义理论。

（一）行为主义理论及其应用

行为主义认为，态度或心态的形成实质上是一个学习过程，即条件反射的建立和稳固过程。实质是人们对刺激所形成的一种反应倾向。

1. 华生的观点

行为主义创建者华生（J. B. Watson）认为，态度或心态是人们在后天生活中所形成的习惯化了的行为倾向或行为习惯。它们是人的现有的和潜在的资产（assets）或债务（liabilities）。资产主要是指个体适应现在或将来外部环境的能力，实质是各种习惯所形成的复合体，它使人们做事情更加容易、省事、省时、省力，也就是心理资本。债务是指在当前环境中不发生作用或阻止人对发生改变的环境作出顺应性改变的潜在因素，实质是人们按自己的习惯去应对当前环境。在日常生活中主要表现为人们固守于习惯的想法或做法。如通常说的固守于传统。在心理上主要表现为思维定势和功能固着。

华生的资产观告诉我们形成良好习惯的重要性。常言道：“少成若天性，习惯成自然。”从小形成良好的习惯对于人生发展和取得成就是十分重要和关键的。债务观告诉我们不良习惯的危害，会禁锢人们的思维，阻止人们开拓创新和思维灵活性，使人们思想保守。

2. 克劳雷和斯台茨的观点

克劳雷（G. L. Clare）和斯台茨（G. F. Stice）认为：①多次环境刺激引起情绪反应，情绪与刺激一旦结合，就构成了个体特定的态度。②由奖励、赞赏或社会承认所促进的心理倾向多半能持续下去，对个体的态度或行为是一种积极强化。③可通过学习模仿他人的行为。④一种态度的发展可能间接来自于同其他态度的情绪联系。

这种理论告诉我们奖惩和他人的影响在态度或心态形成中的作用。从学习的角度讲，应该利用奖惩等强化手段对个体施加影响，为个体学习树立恰当的榜样，以使个体形成积极的态度或心态。如在个体遭遇到挫折时给予其鼓励。对于个体而言，既应通过积极的自我强化、自我鼓励而确立恰当的态度或心态，如用“我能行”“我能控制我自己”“我有自己的优点”“天生我材必有用”等不断地激励或暗示自己，又要积极主动地向别人学习，“见其善者而为之，见其不善者而恶之”，即学习别人好的方面，如别人的成功之处，去分析弄清别人成功的原因，以便使自己更好地成功，诫勉别人不好的一面，如弄清别人失败的原因，避免犯同样的错误。

（二）认知理论及其应用

态度或心态形成的认知理论主要强调认知的作用，把态度或心态的形成看成是某种认知或认知结构的形成过程，因此特别强调形成恰当认知的重要性。

1. 海德的认知平衡理论

海德（H. Heider）认为，态度的两个实体之间存在平衡与不平衡两种关系，人们通常追求平衡而拒绝不平衡。当具有一定关系的两个人对同一对象如同一个人、同一件事等有一定看法时，就构成两个人与对象的三角关系。每种关系都可以分为正（+）负（-）两个方面，三个关系的乘积为正时是平衡关系，为负时则是不平衡关系。若出现不平衡关系，就会导致个体的心理紧张，个体就会追求某方面关系的改变以实现新的平衡。这一过程遵循费力最小原则，即在人们的态度系统中存在某些情感因素之间或评价因素之间趋于一致的压力，该压力驱使人们恢复平衡。

海德的认知平衡理论在日常生活中主要体现在人们惯常的认知或观念上。如“善有善报，恶有恶报，不是不报，时候不到”“以德报德，以怨报怨”“不能恩将仇报”“敬人者，人恒敬之”“志同道合”“物以类聚，鸟与群飞”，等等，这些实际上是人际交往的黄金法则的体现。因此，这一理论要求我们遵守黄金法则。

2. 一致性理论

一致性理论是由奥斯古德（C. E. Osgood）和坦嫩鲍姆（Tannenbaum）提出的。该理论认为，一致性原则支配人的思维，人总是改变态度来达到一致性，以减少或消除非一致性。对我们持肯定态度的个体，他对我们持赞成态度的对象也是持肯定态度的。同理，对我们持否定态度的个体，他对我们持赞成态度的对象通常也是持否定态度的。人们常说的“话不投机半句多”就是该理论的体现。若不是如此，就会导致不一致。不一致一旦产生，马上就会对个体产生一种心理压力，从而在增加一致的方向上改变一个人的认知或评价。比如，我们与我们崇拜的权威的观点不一致甚至相反，我们就会感觉到有心理压力，于是就怀疑乃至改变自己的观点，以与权威的观点保持一致。

这种观点可以解释群体决策中的从众效应、权威崇拜效应等。依据该理论，在日常生活中，既要接受他人的意见与看法，并对之加以认真的分析；又要防止因对他人的崇拜而失去自己的独特性，使自己缺乏开拓创新精神，不敢提出自己的看法。

3. 认知失调理论

认知失调理论是费斯汀格（Festinger）在海德的理论基础上提出的。该理论认为：认知之间有无关、协调、不协调三种关系。影响认知失调的因素有：认知差异程度、差异性数目、协调性认知数目、认知元素的重要性。当出现认知失调时，个体会体验到不愉快情绪，它们会成为人们改变失调的驱力，促使个体去改变这种失调状态，使认知协调。认知失调程度越大，个体的驱力就越大。人们改变认知失调的过程是一个自我辩护的过程，具体方法有改变认知、增加新认知因素、改变认知的重要性等。通常人们在面临多重选择时，会产生认知失调情况，表现在心理上就是心理冲突，如双趋冲突、双避冲突、趋避冲突、多重趋避冲突、多趋冲突等。

依据这一理论。人们在面临心理冲突时，可以通过调整或改变认知，或引进新的认知因素，或改变事物对自己的重要性，或依据轻重缓急，作出选择。

（三）功能主义理论及其应用

功能主义理论从态度的功能角度探讨态度的形成与发展。它认为，人的态度是为心理功能服务的，人如何选择态度依赖于个体的利害关系。态度的形成和发展是和个体的功利关系直接联系在一起的。卡兹（D.Katz）把态度的功能划分为4 种：工具性的、自我防御性的、价值表现性的和认知性的。依据这种观点，态度是因其功能而得以形成。

工具性功能主要是说，态度或心态是人适应环境的工具，它在人适应环境的过程中形成，又服务于人对环境的适应。就人际关系而言，态度是人处理与他人关系的工具，人们按照自己所持有的态度来处理人与人之间的关系。比如，避开讨厌的人，接近或多与喜欢的人交往，通过交往增进彼此之间的感情。

自我防御性功能是说，态度或心态具有自我防御作用，能够帮助个体维护心理平衡。最为明显的是“酸葡萄心理”和“甜柠檬心理”。把自己得不到的东西说成是不好的，由此对它们持有否定性态度；把自己得到或拥有的东西说成是好的，对它们持有肯定或积极的态度。

价值表现性功能是说，态度或心态产生于表现自己价值的需要，是人的价值观的体现。如对人性、人生、自我的价值如人生观、生命观、道德观等的看法。

认知性功能是指态度或心态形成于获取信息的需要，对人的获取信息起着导向或推动作用。比如，更愿意获得哪方面信息或对哪方面信息更感兴趣，获取这些信息的动力更足，以及如何获得这些信息。如有的人通过合法渠道获取，有些人则不择手段。

显然，态度或心态的不同功能也体现在人际关系的不同功能上，有的人际关系可以使人更好地发展，而有的人际关系则阻碍个体的发展。

二、态度或心态的形成与发展过程

对于态度或心态的形成与发展，目前人们通常采用凯尔曼（Kelman）的三阶段理论。这三个阶段是：依从、认同和内化。

（一）依从阶段

依从阶段是指个人为逃避谴责、期望奖励，从而表面接受他人的观点，虽然外显行为与他人一致，但其情感及认知均不一致，可以说是“口服心不服”，如有些员工虽然不赞同领导的观点，但为了得到领导的奖赏或提拔，对领导还是表现得唯唯诺诺。这种情况下，个人的态度受外部奖赏与惩罚的影响，因为依从可以获得奖励，不依从就要受到惩罚。这时的态度改变是由外在压力造成的，如果外在情境发生变化，态度也会随之变化，个体的行为具有盲目性、被动性、不稳定性。因此，依从阶段是态度内化的低层次水平，是态度建立的开端环节。

比如，《三国演义》中诸葛亮刚出山时，关羽、张飞等并不认可，对诸葛亮布置的任务持怀疑态度，但迫于军令，不得不去执行。这时，关羽、张飞等就停留在依从阶段。

（二）认同阶段

认同是指个体在思想、情感和态度上认为他人的意见是正确的而主动接受他人的影响来改变态度，在认知、情感与行为上与他人保持一致。认同实质上是对榜样的模仿，其出发点是试图与榜样一致。认同的愿望越强烈，对榜样的模仿就越生动，在困难面前就越能表现出坚强的意志和毅力。认同不受外在压力的影响，而是主动接受他人或集体的影响，其行为具有一定的自觉主动性和稳定性，虽然学习者对规范的必要性的认识还有不足，但他已有明确的行为意图，团体的规范对学习者具有一定的吸引力和感染力。相应地，认同水平的规范已经具有一定的稳定性。如下级或员工认为领导说的是对的，于是就按照领导的要求去做。这时不仅口服，而且心也服，并把口服心服转化为自觉的行动。

比如，上述《三国演义》中的关羽、张飞等经过一段时间的实践，认识到诸葛亮是有谋略的，就开始认可诸葛亮，对诸葛亮的计谋不再怀疑，而是认真自觉地去遵守。这一阶段就是认同阶段。

（三）内化阶段

内化是指个体将自己认同的意见或观点融入自己的认知框架，形成内在的价值体系与态度体系。由于内化过程中解决了各种价值的矛盾和冲突，当个人按自己内化了的价值行动时，会感到愉快和满意；当出现了与自己价值标准相反的行为时，则会感到内疚和不愉快，受到良心的谴责。这时，新的态度成了自己个性的一部分，对规范的信奉具有高度的自觉性和主动性，稳定的态度便形成了。

第四节　态度和心态的转变

一、态度和心态转变的理论及其应用

（一）强化理论及其应用

霍夫兰德（C. J. Hovland）、贾尼斯（I. J. Janis）、凯莱（L. R. Kahle）等提出了强化理论。这是一种行为主义理论。它认为：态度是对环境刺激的一种反应，劝导性沟通可以诱使一个人改变自己的态度，态度改变必定有某种强化因素（奖惩）参与其中。当个体面对的强化物所要求的态度和其本人的态度不同时，就会产生心理矛盾。这种态度的改变程度依赖于强化物提供的诱因。

依据这一理论，在现实生活中，要改变人们的态度，需要通过奖惩、树立榜样等方法或手段引发人们对原有态度的怀疑及由此形成的内心冲突，在此基础上，通过引导、说服等来促使个体改变态度。

（二）认知失调理论及其应用

认知失调理论在前面已讲，此不赘言。依据该理论，要想改变人们的态度，首先要引起他的认知失调，使他因认知失调而产生不愉快乃至痛苦的心理体验或心理冲突，促使他去改变态度。

二、态度和心态转变的方法与策略

（一）方法

态度和心态转变的方法主要有以下几种。

1. 参与活动法

该方法要求人们通过参加活动来改变自己的态度。积极地参加有关实践活动之所以能够导致态度转变，其原因在于某种特定的环境气氛能够使人们受到感染。情境中的各种因素，能够对人们的情感产生综合性的影响，其间往往有一种无形的力量推动参加者产生某种感情上的共鸣。因此，对那些持消极态度的人，与其苦口婆心地劝说，还不如带他们参加活动实践。这就是说，一个人经过自己亲身体验，往往容易使其态度发生改变。因此，要改变一个人的态度，最好能够引导他积极参加有关的实践活动，或是在活动中扮演一定的角色，或是在活动中让他发挥自己的主动性。

2. 登门拜访

态度转变必须逐步提出要求，从一个小请求开始然后向大请求过渡，从而达到彻底改变态度的目的。在使用这种方法时，首先必须了解个体原来的态度立场，然后再估计一下两者的差距是否过于悬殊，若差距过大，反而会发生反作用，如果逐步提出要求，不断缩小差距，则人们比较容易接受，所以要改变人们的态度，不能操之过急，最好逐步提出要求。在推销中，通常成功的推销员都不会向顾客直接推销自己的商品，而是提出一个人们都能够或者乐意接受的小小要求，从而一步步地最终达成自己推销的目的。事实上，对于推销员来说，最困难的并非是推销商品本身，而是如何开始这第一步。当顾客让他进到自己的屋里时，可以说他的推销已经成功一半了。即使顾客开始并不想买他的账，仅仅是想看看他如何表演。

在管理中，在要求别人或下属做某件较难的事情而又担心他不愿意做时，可以先向他提出做一件类似的较小的事情。同样，对于一个新人，上级不要一下子对他们提出过高的要求，建议先提出一个只要比过去稍有进步的小要求，当他们达到这个要求后，再通过鼓励，逐步向其提出更高的要求，这样员工容易接受，预期目标也容易实现。这就是说，管理者为员工设立一个个员工能够实现的小目标，通过这些小目标的实现，最终实现大目标，满足员工的自我实现需要，实现他们的自我价值。倘若一下子确立了一个大目标，员工会觉得难以实现且被大目标所吓倒。这时就难办了。

在日常生活中，一下子给别人提出过高要求，被别人拒绝后，再去说通常就没有什么用了。

3. 团体规定论

群体所具有的公约、规章、准则等可以有效地改变人们的态度。之所以如此，是因为群体的规定在无形中会对其成员产生心理压力。符合规范的便会得到群体和组织的肯定，不恰当的便会受到群体和组织的否定与排斥，由此使人们产生服从感。

4. 全面宣传法

既要进行积极方面的宣传，又要进行消极方面的宣传。在使用全面宣传法时，首先应明确宣传的目的，始终围绕目的进行宣传；其次是要恰当组织宣传内容；最后要充分利用情绪因素和理智因素，动之以情，晓之以理。

5. 沟通信息法

对个体进行信息传递与对大众进行信息传递。中等程度的焦虑对态度的转变最为有效。

（二）策略

态度和心态转变的方法主要有以下几种。

1. 宣传与说服策略

在采用这一策略时，要提高说服者的可信度，注意技巧，掌握对象特点，创造适宜环境。

2. 中介策略

中介策略主要有提供附加论证和进行防御注射。提供附加论证主要是提供更多的能够让人信服的信息。比如，在商品推销中，可以说哪些人购买并使用了这种商品，使用后都说好。尤其是顾客熟悉或认识的人。进行防御注射就是像打预防针一样，注射少量病毒，让个体产生抗体。

3. 讨论

在大家的热烈讨论中，通过思想的碰撞，人们容易改变自己的想法。

4. 行为改变

让个体做出某种与原有态度不一致的行为,个体通常会按照行为改变其态度。

第五节 几项研究及其启示

对于态度在实践中的应用与表现，心理学家们做了许多研究。现就几个方面加以论述。

一、诱导服从实验

（一）研究

这是由费斯汀格及卡尔·史密斯等所做的实验研究。该实验是用诱导方法使个体做出与态度失调的行为，即使被试的态度与行为之间产生失调，借以考察行为对态度改变的影响。

这一研究有一些前提：①被试自愿选择；②被试要做出承诺；③被试要有责任感；④被试能够预期的消极后果。研究结果表明：①行为可以影响态度，即人们通常会按照自己的行为表现来改变态度，以使态度与行为一致；②诱因与态度改变程度成反比，即诱因越大，态度改变越少；诱因越小，态度改变越大。这是因为诱因越大，人们通常越会把行为归结为外部诱因，而不是内部态度或心态。

这一实验告诉我们，要改变一个人的态度，①可以通过引导把出自内心的态度或心态的行为转变为由外部诱因引发，再逐渐减少或降低外部诱因。②诱使个体在缺乏明显的外部诱因的情况下表现出与态度不一致甚至相反的行为，其行为相当于个体承诺，为在内心说服自己，使自己的行为合理，他就会改变态度以与行为一致。其实质是行为的合理化。

（二）机制分析

通常人们不能接受自己做出无理由的行为，即总是认为自己所做出的行为总是合理的，当出现不合理行为时，人们就会将自己的行为合理化，即基于行为合理的理由或对行为做出合理解释。这种把外界刺激合理化的现象解释了很多人的行为。比如，两个不分伯仲的东西，一旦你选择了其中之一，你就会把你选择的赋予更大的价值，而贬低你没有选中的。这是因为，人们在潜意识中总是觉得自己是聪明的，选择都是最好的。这种合理化倾向也会改变我们的记忆，比如，明明是你对不起人家，过了几年就变成人家对不起你，你会在脑海中替自己不应该的行为找借口，也会把别人的缺点放大，最后变成你是替天行道，他是咎由自取。我们常看到一开始时是因为被男朋友甩了，女生躲在宿舍中哭，过几天后，听到的另一个版本却是男生不好，她把他甩了。

（三）对实践的启示

在教育和管理上，单纯使用奖惩有一定的弊端，会把个体的行为转向外部的诱因，破坏个体内在的态度和价值。比如，学生或员工会把学习和工作看成是为了获得奖励和避开惩罚或是为取悦奖惩者，由此就丧失了学习和工作的积极性、主动性。因此，传统的“胡萝卜加大棒”的管理或教育模式是行不通的，在教育或管理上，不能采取简单粗暴、严厉威胁，甚至打骂的方法，若使用不当，其作用会适得其反。

在对消费行为引导上，以提供优惠价为特征的广告和推销活动实际减弱了顾客对于提供优惠价的那些商品的依赖。人们通常会有这样的假设：“便宜没好货，好货不便宜”“一分价钱一分货”，等等，虽然人们会贪图便宜买些东西，但并不一定会在内心认为这种商品好。因此恰当的营销策略是让消费者相信商品物美价廉。

二、努力理由研究

这一研究主要是探讨人们所付出的努力与所达到的目标之间产生失调的现象。这通常表现为：①个体付出的努力多而实现的目标的价值小，这时人们通常会提高对目标的评价，以获得心理协调。②付出了努力而没有实现目标，这时人们通常会增加目标的难度或障碍。

（一）机制分析

在日常生活中，人们通常有这样的预设：①“有付出就会有回报”“多劳多得，少劳少得，不劳不得”“无功不受禄”，因此非常厌恶“不劳而获”。②“自己是聪明的，所作出的判断和决策及采取的行动是合理的”，既然如此，自己所作出的行动应该能够达到目标,达不到就会导致心理失调,由此就要去作出改变。人们通常的做法是：①增大或提升所要实现目标的价值或难度，为自己没达到目标开脱，使自己心安理得。②寻找外部干扰因素以使自己行为合理。比如，在同学取得成绩时，通常会认为他运气好，或有别人的帮忙，或领导对他的照顾，等等。自己发展较差时，通常会认为运气不好、缺乏人脉、他人破坏、天气问题等。平时人们说的“谋事在人，成事在天”就是这种心态的表露。

（二）对实践的启示

通常情况下，人们从事一项工作所付出的努力越多，个体会觉得这些工作越有价值。因此在实践中要让人们适当付出。在教育和管理上要秉承“跳一跳能摘到果子”的原则，使目标有一定难度，学生或员工通过努力才能实现目标。这样目标的激励作用才会大，才会更加觉得学习和工作有价值。当然，也不要设置太难的目标，否则学生或员工实现不了，这样就会导致他们的心理失调而使其对学习或工作失去兴趣，甚至形成学习或工作无助感，即再怎么努力也不会取得绩效。

人们通常认为，“天下没有免费的午餐”，因此通常提供免费的或不需要个体付出的东西有可能起不到吸引人的作用。在治疗上，患者对治疗的承诺和对治疗效果的信任是治疗取得成功的关键因素，所以转变原有不信任的态度是极为重要的，由此而预测，设计一些治疗程序，使被试相信某种治疗是需要努力的，就会增加治疗的效果。在教育上，越是提供免费的教育，越有可能使人们接受教育的积极性降低。例如，有人免费教太极拳，可是学着学着人越来越少。但如果让学习者交了学费，他们为了不使学费白白浪费，通常会认真学习。再例如，国家对一些地方学生减免学费、杂费，反而辍学率更高。因为家长认为反正自己没有损失，不学就不学了。若把这种政策改成学后补贴的政策，是否会有好的转变呢？

三、不足阻碍研究

主要研究人们“在没有充足的理由下终止正在采取的行动”和“想做与没有做”而产生失调。在产生这种失调时，人们通常会改变对所做事情的态度。如“没有那么重要”“没有那么着急”“还有更重要的事情要做”，等等。

四、决策后失调研究

（一）研究

主要研究两种决策之间经过选择后必定产生失调。在两个或两个以上的备选方案中选择了其中一个方案，若感觉这一方案不是最好的或有问题，人们通常会产生心理失调。在这种情况下，为消除失调，人们可采取的策略主要有：①给予被选中的方案更高的评价，寻找恰当理由或借口说服自己把该方案看成是最好的，同时贬低未选中的方案。这是人们通常的做法，因为人们有意或无意地不愿承认自己所作出的决策是错误的。②终止已经选择并执行的方案，重新选择较优的方案。但人们通常不愿这样做。这是因为，人们既不想承认自己错误，也不想使自己已有的付出白费。这样就使自己在错误的道路上越走越远。

（二）承诺升级[7]

当一个人在多个备选方案中选中一个方案，作出了决定。当实施这个方案后，发现它是一个拙劣的方案，但他往往会坚持已作出的决定。更糟糕的是，一旦选择了某个方案后，明知它有缺陷，还常常把时间、精力和资源投入导致失败的行动过程中去，以证明该决策的正确性，其结果是在错误或失败的道路上越走越远。换言之，人们通常坚持自己错误的决定或态度，以表明自己的正确性，避免承认自己犯了错误。这种现象称为“承诺升级”。一般人身上都容易出现“承诺升级”现象。“承诺升级”导致的行为表现主要有：①辩解：在发觉错误或他人的意见比自己好后，其首先发挥作用的自我防御机制是文饰作用或合理化，即找各种理由和借口去说明自己决策的正确性，而不是改正错误或向发现错误、提出意见的人表示感谢。②找其他方案或他人的问题，尤其是抓住其中的不重要的问题甚至是无关紧要的细节不放，以证明自己的决策“最优”。③置若罔闻。这样做的危害主要有：①更难发现错误，以至于失去提高的机会，犯更为严重的错误。②阻塞言路。他人指出问题或提出合理建议而当事人不接受，甚至还会招来不满与怨恨，他就会“知趣”不再这样做，其结果是，许多合理的建议与方案被掩埋在萌芽之时或束之高阁。③形成负反馈的恶性循环：能力越差则心胸越不开阔，越不接受他人意见；而越不开阔，越不接受他人意见，提高的机会与可能性就越小，能力就越差。由此就陷入这样恶性循环的怪圈。这说明“承诺升级”既成为人们承认错误的心理障碍，也成为阻碍成功的重要因素，还说明要人们承认自己的错误有多难!认错并纠错需要多么大的勇气!只有具有这样勇气的人才更可能成功。综观所有的成功者，无不具有它；所有的失败者，无不缺乏它。经济学家斯蒂格利茨指出：“继续错误的代价由别人承担，而承认错误的代价由自己承担。”告诫人们要想成功，就要勇于承认错误。《这是我的错》一书中作者米勒（W.Miller）认为，勇于承认错误是成功者必备品质和做人的起码品德，能够委以重任或承担起重任的人是敢于承认错误和承担责任的人。“正确对待错误和责任也是做人应具备的最起码的品德；及时地承认并修改错误，就可以将错误的负面影响降至最低；承认错误，承担责任，是每个人应尽的义务；只有勇敢地面对并承认错误，修正自身的缺点，才会取得信任；能够承担责任的人是可以委以重任的人……”[8]

对于“承诺升级”的现象也是可以预防的。其方法主要有：①首先要勇于承认自己所犯的错误，这说明我们有改正错误的勇气和决心，由此会对错误进行清醒地认识或分析，防止同样错误再次发生，并引以为戒；②及时纠正错误，有助于把错误所导致的消极影响降到最低限度，寻找补救措施，吃一堑长一智；③在犯错误前承认自己会犯错，可使自己预先作好准备，防患于未然，把可能的错误消灭在发生之前。比如，深圳世联地产股份有限公司董事长陈劲松恰当认识、承认并积极纠正自己的错误，专门聘请专家给自己“挑毛病”“找错误”，结果企业有了很大发展。正是因为具有这样的心理，使成功领导者能够在不断的错误与失败中总结经验教训，逐渐减少错误与失败，最终走向成功真正实践“失败是成功之母”。

第六节 《莫生气》

最后，以《莫生气》[8]作为本章的结尾，以使读者能从中受到启发。

一、经典版本

人生就像一场戏，因为有缘才相聚。相扶到老不容易，是否更该去珍惜。为了小事发脾气，回头想想又何必。别人生气我不气，气出病来无人替。我若气死谁如意？况且伤神又费力。邻居亲朋不要比，儿孙琐事由他去。吃苦享乐在一起，神仙羡慕好伴侣。

二、扩展版本

人生就像一场戏，今世有缘才相聚。处在一起不容易，人人应该去珍惜。世上万物诸般有，哪能件件如我意。为了小事发脾气，回想起来又何必。他人气我我不气，气出病来无人替。生气分泌有害物，促人衰老又生疾。看病花钱又受罪，还说气病治非易。小人量小不让人，常常气人气自己。君子量大同天地，好事坏事全包里。他人骂我我装聋，高声上天低入地。我若错了真该骂，诚心改正受教育。要是根本没那事，全当他是骂自己。左亲右邻团结好，家庭和睦乐无比。夫妻互助又亲爱，朝夕相伴笑嘻嘻。政通人和想天伦，晚年幸福甜如蜜。邻里亲友不要比，儿孙琐事随他去。淡泊名利促健康，文明礼貌争第一。三国有个周公瑾，因气丧命中人计。清朝有个闫敬铭，领悟危害不生气。弥勒就是布袋僧，袒胸大肚能忍气。笑口常开无忧虑，一切疾病皆消去。不气不气真不气，不气歌儿记心里。只要你能做得到，活到百岁不足奇。

参 考 文 献

[1] 郑全全，俞国良. 人际关系心理学. 2 版. 北京：人民教育出版社，2011：72.
[2] 佚名. 态度. 好搜百科 http：//baike.haosou.com/doc/396844-420140.html[2015-12-22].
[3] 沃尔特・米勒. 这是我的错. 李征途译. 长春：吉林文史出版社，2004.
[4] 花花. 时运不济. http：//www.timetimetime.net/gushi/55189.html[2016-05-08].
[5] 花花. 成功总在转角处. http：//www.timetimetime.net/gushi/36983.html[2016-05-08].
[6] 花花. 岁月，不会放过任何人. http：//www.timetimetime.net/gushi/40474.html[2016-05-06].
[7] 李炳全，张品芳. 基于彼得原理的领导着特质分析. 技术经济与管理研究，2012，9：46-47.
[8] 袁杰. 莫生气. 北京：地震出版社，2011.

第四章　人际交往中的印象

在日常的人际交往中，人们彼此之间留下的印象非常重要。彼此印象好的，就愿意多交往，彼此感情就会深厚，建立起比较紧密的关系。在遇到事情时，你帮我，我帮你。反之，彼此印象不好的，就容易产生隔阂，都不愿意与对方交往，就不容易建立起紧密关系，甚至会关系恶化，相互敌对乃至仇视。因此，印象成为人际关系心理学要探讨的重要内容。

第一节　印象的概念及要注意的问题

一、人际印象及其形成

（一）印象

印象是人们在记忆中保留的有关客体的形象，是人接触过的客观事物在人脑中留下的迹象。人要对某种事物留下印象，就需要与该事物接触或相互作用。可以说，印象都是人与对象相互作用的结果。没有这种相互作用，不可能形成印象。在这种相互作用过程中，人对事物进行认知、评价。在这一意义上可以说，印象的实质是人的认知或评价。它不只是一种形象的东西，而是一种整体的评价。由于是人的认知或评价，因此，印象就不是完全地对客观事物的真实的客观的反映，而总是会有人的情绪、感受、经验、认识水平等主观因素的浸入。

（二）人际印象

人际印象是人们在记忆中保留的有关他人的形象。它是人与人之间相互作用的结果，其实质是人对他人的认知和评价，是一种整体评价。比如，学生对老师的印象，会表明学生对老师是怎么样的评价。在人际印象中，由于浸入了人的情绪、感受、经验、认识水平等主观因素，因此，它并不是像照镜子那样记录他人的真实情况，不是对他人的真实拷贝或复制，而是加入了自己的理解或解释。由于通常情况下人对他人的理解或解释是站在自己的立场或角度，因此，人际印象必然会受到自己的态度、立场、心态、知识经验等的影响。正因为如此，容易造成人际印象偏差，即所形成的对他人的印象与他人的实际情况并不一致。这实际上是一种个体的主动建构，即个体对他人的建构。人际印象就是这种建构的结果。

（三）人际印象的形成

人际印象的形成是认知主体把有关他人的各种信息综合在一起从而形成对他人的整体印象的过程。人际印象的形成实质是信息加工过程，是对所获取的他人的信息结合自己的知识经验进行加工处理的过程。换言之，形成对某人的印象，就要在认知的基础上，对他的各方面信息进行加工，从而形成他是个什么样的人或这个人怎么样。如是否讲义气、对朋友是否忠诚，是否心胸狭窄，是否心有感恩，等等。

人际印象形成的过程，是人与人相互作用的过程，并不只是受印象者或被印象者单方面因素的作用，而是双方的交互作用，其间既有被印象者的表现等因素的作用，也有形成印象的主体的态度、立场、收集信息的方式、对信息的理解或解读等因素的作用。

由于人与人的相互作用是一个不断变化、调整的过程，因而人际印象形成的过程是一个动态变化的过程，人们会根据搜集的新信息和自己的认知水平变化等适时对形成他人的印象进行调整。从这一意义上可以说，人际印象形成的过程是一种建构过程，而这种建构过程由于个体之间的差异会造成所形成的印象与实际表现之间的差异或偏差。这些差异或偏差实际上是前述的黄金法则的一种形式的体现。

二、印象形成过程中的主要因素

印象形成过程的主要构成因素有行动者、知觉者、交往情境。

（一）行动者

行动者是指认知的对象或印象客体，即被形成印象的人。之所以称为行动者，主要是因为人们对他形成的印象主要是依据他所展示给人或对他形成印象的人所能够观察到的行动或行为表现。在人际交往中，行动者的言语和非言语表现，如谈吐举止、兴趣、爱好、态度、具体行为等，都为印象主体即知觉者提供一定信息。所以，我们要给人留下某种印象，就要注意我们所表现的他人能够直接感受到的行为，包括言语行为和非言语行为。

（二）知觉者

知觉者是认知的主体，即要形成对他人印象的人。之所以称为知觉者，是因为印象形成是认知主体通过感官获得的信息形成对他人的知觉映象的过程。由于人际印象是在知觉者的头脑中形成的，因此不可避免地会受到知觉者的心理状态和信息加工过程的影响。由于人际印象主要是一种知觉映象，因此具有知觉的选择性、理解性、整体性、恒常性等特征。

知觉选择性是指个体根据自己的需要与兴趣，有目的地把某些刺激信息或刺激的某些方面作为知觉对象而把其他事物作为背景进行组织加工的过程。这就是说，在形成人际印象的过程中，人们并不是知觉加工所有信息，而是有选择性地加工信息。其中有些信息被选择，而一些信息被忽视；一些信息被加强突出，作用大，一些信息被减弱缩小，作用小。而选择与否，加强或减弱，除受对象本身的特性影响外，还受个体的需要、兴趣、知识经验、认知偏好等主观因素的作用。

知觉理解性是指人们以已有的知识经验为基础去理解和解释事物，并用词语加上标志的特性，以使它具有一定的意义。概言之，人们总是在对知觉对象理解的基础上进行知觉，对人的知觉更是如此。换言之，人们在形成对他人的印象时，总是根据自己的立场、态度、兴趣爱好等，运用已有的知识经验去理解或解释对象，在此基础上进行直觉并形成印象。如依据自己头脑中已有的好人或坏人的标准去理解或解释搜集的信息。人们常说的“情人眼里出西施”“疑人偷斧”等都是指这一现象。

知觉的整体性是指在直接作用于感觉器官的刺激不完备的情况下，人根据自己的经验，对刺激物进行加工处理，使知觉保持完备。这就是说，人际印象是一个整体的映象，但它可能不是基于完整的信息形成的，在它的形成过程中可能存在以点及面、以偏概全的现象。人际交往中的晕轮效应、“爱屋及乌”等就是如此。

知觉恒常性是指，当客观条件在一定范围内改变时，人对事物的知觉映象在相当程度上保持着它的稳定性。这一特性告诉我们，一旦人们对某人形成了某种印象，改变起来就非常困难，人们总是依据该印象对他进行知觉。人际交往中的第一印象效应、首因效应就是如此。日常生活中说的“江山易改，本性难移”“狗改不了吃屎（的本性）”等说的就是这一现象。

（三）交往情境

人际交往又是在一定的情境下进行的，不同情境下的交往常常不一样，这种情境因素作为人际关系的载体反映了人际关系的结构和性质，对人际吸引有重要影响。正因为如此，认知对象即行动者的同样表现，在不同的情境下可能具有不同的意义，由此导致人们对他形成的印象可能不同。

印象形成的三个成分是相辅相成的，都具有不可忽略的重要作用。

三、人际印象形成的特点

人际印象形成通常具有以下 4 个特点。

1. 一致性

一致性是指把零散的信息资料汇总，形成一个一致的、互不矛盾的印象。它主要是知觉的整体性的体现，当然其中也有知觉理解性的作用。

2. 评估性

评估性是指在人际印象形成过程中，人们常常根据有限的信息对他人作出判断，并在这一过程中或之后，对这个对象作出一定的评估，这种评估是印象形成中最重要的、也是最有影响力的方面。这实质上主要是知觉理解性的作用。

3. 中心特质的作用

在印象形成过程中起着中心关键作用的特质为中心特质，而只起着边缘作用特质是边缘特质。比如，对人的描述，若描述为“热情的、勤奋的、谦虚的、果断的”会形成“平易近人、乐于助人、讲话生动有趣”等的印象，若描述成“冷淡的、勤奋的、谦虚的、果断的”，则会形成“冷漠、难以接近、僵化死板”等印象。虽然这两种描述只有一个词的区别，但对他们形成的印象则大不相同，人们一般会对第一个人形成较好的印象。在这一案例中，“冷淡”和“热情”在形成印象中起着中心性、主导性作用，是中心特质，而其他则是边缘特质。至于在形成印象时哪些特质是中心特质，则要依据个人的兴趣点、关注点而定。

4. 隐含的个性理论

隐含的个性理论假定：普通人都有着关于个性中哪些特质互相联系在一起，哪些特质互相没有关系，即人们都有着将个性中某些特质联系在一起的潜在心理倾向。比如，当说某人“乐观”时，通常就会想到他 “容易相处、可爱、热心、好交友、交友广泛、人脉好、人气指数高”等。人们虽然没有意识到，但却会一直把这些特质联系在一起。这种联系就是隐藏的个性理论，我们经常说的“近朱者赤，近墨者黑”也是这种道理。

第二节　印象形成中的效应和偏见及其利用与消除

一、对他人知觉的顺序效应

顺序效应又称系列位置效应，是指在形成印象时，信息所处的位置对知觉对象形成的印象的作用大小不同。通常有首因效应和近因效应两种。首因效应是指最先获得的信息作用大；近因效应是指最后获得的信息作用大。

（一）首因效应[1]

首因效应是指个体在社会认知过程中，通过“第一印象”最先输入的信息对客体以后的认知产生的影响作用。它又被称为首次效应、优先效应或第一印象效应，其实质是一种“先入为主”的偏见。它告诉我们，若某人在初次见面时给人留下良好的印象，那么人们就愿意和他接近，彼此也能较快地取得相互了解，并会影响人们对他以后一系列行为和表现的解释。反之，对于初次见面就引起对方反感，即使由于各种原因难以避免与之接触，人们也会对之很冷淡，在极端的情况下，甚至会在心理上和实际行为中与之产生对抗状态[2]。日常生活中人们常说的“新官上任三把火”“早出晚归”“恶人先告状”“先发制人”“给他来个下马威”，等等，都是利用首因效应占得先机的心理体现。这一效应启示我们，在交友、招聘、求职等社交活动中，可以利用这种效应，向人们表现出一种极好的形象，为以后的交流打下良好的基础。

一般而言，首因往往提供了一个模式，随后的交往信息以此为基础来理解，并整合到该模式中。知觉主体通常是以此模式为基础来交往的，这种交往方式当然易于在知觉对象身上诱发出与该模式相吻合的反应特征，从而反过来加强知觉主体对知觉对象所形成的模式[3]。

当然，首因效应也具有容易导致人们被假象所蒙蔽的误导作用。由于它具有先入性、不稳定性、误导性，因此根据第一印象来评价人往往有失偏颇，被某些表面现象蒙蔽。其主要表现有两个方面：①以貌取人。对仪表堂堂、风度翩翩的人容易得出良好的印象，而其缺点却很容易被忽视，容易使人注意不到人的内在品质。②以言取人。那些口若悬河者往往给人留下好印象。首因效应之所以会引起认知偏差，就在于认知是根据不完全信息而对交往对象作出判断的。俗话说：“路遥知马力，日久见人心。”仅凭第一印象就妄加判断，往往会带来不可弥补的错误[4]。

（二）近因效应[5]

“近因”是指个体最近获得的信息。近因效应是指，在人际印象形成过程中，新近获得的信息在印象的行程中发挥着比较大的影响或作用。它与首因效应相反，说明印象的形成主要取决于后来出现的刺激，即交往过程中，人们对他人最近、最新的认识占了主体地位，掩盖了以往形成的对他人的评价，因此也被称为“新颖效应”。

比如，某人近期突然出现异常行为，使别人印象非常深刻，以致推翻了根据过去此人一贯表现所形成的看法，从而导致一定的偏见。这时人们往往不加分辨或比较地对他作出判断或评价。很多情况下，朋友之间的负性近因效应，大多产生于交往中遇到与愿望相违背，愿望不遂，或感到自己受委屈、善意被误解时，其情绪多为激情状态。在激情状态下，人们对自己行为的控制能力，和对周围事物的理解能力，都会有一定程度的降低，容易说出错话，做出错事，产生不良后果。因此，凡事在先，需冷静，防止激化。待心平气和时，彼此再理论，明辨是非。

（三）二者关系

在日常生活中，首因效应和近因效应都存在。二者都依附于人的主体价值选择和价值评价。在主体价值系统作用下形成的印象，被赋予了某种意义，被称为加重印象。一般而言，认知结构简单的人更容易出现近因效应，认知结构复杂的人更容易出现首因效应。

二、晕轮效应[6]

晕轮效应又被称光环效应、成见效应、光圈效应、日晕效应、以点概面效应，是指当认知者对一个人的某种特征形成某种印象后，就倾向于据此推论该人其他方面的特征。其本质是一种以偏概全的认知偏差。若认知主体把认知对象标注为“好”的，对象就会被“好”光环所笼罩，并据此被赋予一切好的品质；反之，若认知主体把认知对象标注为“坏”的，他就会被“坏”光环所笼罩，其他的品质都会被认为是坏的。晕轮效应正如日、月的光辉，在云雾的作用下扩大到四周，形成一种光环作用。常表现在一个人对另一个人的最初印象决定了他的总体看法，而看不准对方的真实品质。晕轮效应可以对人际关系产生积极作用，比如，你对人诚恳，那么即便你能力较差，别人对你也会非常信任，因为对方看见了你的诚恳。平时说的“爱屋及乌”“情人眼里出西施”及“名人效应”等就是指的这一效应。

晕轮效应与前述的知觉整体性、隐含的个性理论密切相关，实际上是它们作用的体现。比如，热情的人往往对人比较亲切友好，富于幽默感，肯帮助别人，容易相处；而冷漠的人较为孤独、古板，不愿求人，比较难相处。这样，对某人只要有了“热情”或“冷漠”的一个核心特征，人们自然而然会去补足其他有关联的特征。另外，就人的性格结构而言，各种性格特征在每个具体的人身上总是相互联系、相互制约的。例如，具有勇敢正直，不畏强暴性格特征的人，往往还表现在处世待人上襟怀坦荡，敢做敢当，在外表上端庄大方，恳切自然。而一个具有自私自利，欺软怕硬性格特征的人，则会在其他方面表现出虚伪阴险，心口不一，或阿谀奉承，或骄横跋扈。

三、定型效应（刻板印象）[6]

定型化效应又称为刻板印象，是指个人受社会影响而对某些人或事持稳定不变的看法，即关于某类人的固定印象，是关于特定群体的特征、属性和行为的一组观念或者说是对与一个社会群体及其成员相联系的特征或属性的认知表征。比如，日常生活中人们常说“女人是头发长，见识短”“女子无才便是德”，因而总是把女人知觉为能力不如男人。若某个女人很有能力，人们通常不归结为能力，而归结为相貌等其他因素。再如，市场咨询公司在招聘入户访问的员工时，一般都喜欢选择女性，而不太愿意选择男性。为什么呢？这是因为在人的心目中，女性一般比较善良，具有亲和力，较少攻击性，力量也比较单薄，因而入户访问时不会对主人造成太大的威胁；如果换成身强力壮的男性，要求入户访问，则被拒绝的可能性要大得多，因为他们很容易使人联想到一系列与暴力、攻击有关的事情，会增强人们的戒备心理。再如，社会上对某些地区人的看法，如“CS 妹子不可交，面如桃花心似刀”，DB 姑娘“宁可饿着，也要靓着”，“某某地方的人怎么怎么样”等都是刻板印象的体现。在学校中最为常见的是对差生和好学生的印象。

刻板印象在日常生活中既有积极作用，也有消极作用。积极作用：在对于具有许多共同之处的某类人在一定范围内进行判断，不用探索信息，直接按照已形成的固定看法即可得出结论，这就简化了认知过程，节省了大量时间、精力。消极作用：在被给予的有限材料的基础上作出带普遍性的结论，会使人在认知他人时忽视个体差异，从而导致知觉上的错误，妨碍对他人作出正确的评价。

四、印象形成的结果——自我实现预言或自我应验

自我实现预言或自我应验又叫自证预言（self-fulfilling prophecy），是指人们对待他人的方式会影响到他们的行为，并最终影响他们对自己的评价。即当人们对一件事进行预言或者解释之后，他们往往会把事情的发展按照自己预言和解释

的方向推进，结果预言就这样逐渐实现。人们对他人形成的印象，往往会使他们对他人的后续行为进行预测，这就使他们戴着有色眼镜看人，与自己预测相一致的信息就容易被注意到，或者把获取的信息作出与自己的预言相一致的解释，从而强化印象；不一致的信息通常被忽略。由此就会形成印象与信息选择的循环。这种循环可能是良性循环，也可以是恶性循环。这在前面认知偏向中提过。

第三节　印 象 管 理

一、印象管理的概念及其种类

印象管理又叫印象整饰，是指人们试图控制他人对其所形成的印象的过程。整饰，意指整理修饰。印象管理意指对自己进行整理修饰以便给别人留下自己想留下的印象。通常是好印象。一般而言，人们总是倾向于以一种与当前的社会情境或人际背景相吻合的形象来展示自己，并影响他人，以确保他人对自己做出自己想要他作出的评价。比如，应聘者去面试是为给招聘者留下好印象，增加自己被成功录用的概率，会认真准备一下。再如，某个人去见自己喜欢的人，为使对方对自己有好感，刻意按照自己所了解的对方的喜好打扮、修饰等。

众所周知，印象在人际交往中有着举足轻重的地位。人们在第一次与他人见面之前都会有意识地打扮一番，以期给别人留下好印象；在到某个公开场合之前常常在仪表、言语、行为举止等方面作些准备并在会面过程中对自己的言行举止进行适当的调控，以便掩饰自己的缺点，展示自己的优点，给他人留下美好印象。这种通过自觉调控自己的仪表、体态、言谈举止等方面，从而间接影响或控制他人的知觉和感受的过程叫印象管理。它既是自我调节的一个重要方面，也是社会互动的一个根本方面，更是一种有效的人际交往手段。

印象管理（整饰）主要可分为两类：一是获得性管理（整饰），二是保护性印象管理（整饰）。获得性印象管理（整饰）是印象由无到有的过程，通过恰当的表演给别人形成对我们的某种印象。这时候所采取的策略就叫获得性策略。而保护性印象管理（整饰）是使印象维持下去，比如，某人对我印象已经不错了，我想他对我的印象维持下去，不要改变。

二、印象管理的理论及其应用

（一）符号相互作用论

该理论的代表人物是社会学家库利和米德。它认为：人在成长过程中渐渐学会了“采用他人的角色”，即站在他人的角度观察问题，在观察时，当他意识到自己的行为会给其他人留下不好印象，就能及时地调整自己的行为；个体操纵和控制他人对自己形成印象的过程是个体通过符号向他人传递意义的过程，通过传递使他人按照自己的想法来解释自己的行为或表现，进而形成自己所要求的印象。比如，一些人通过穿戴打扮使他人觉得自己是有身份或地位的人。当前社会上的骗子如那些电信诈骗分子通过言语表达使受害者认为他们是值得信赖能够帮助自己的人，从而上当受骗。

其基本观点主要有：

1）心灵、自我和社会的形成和发展，都以符号使用为先决条件。事实上，人的穿戴、姿态、社会地位等都可以成为符号，在人际交往中发挥作用。

2）语言是心灵和自我形成的主要机制，也是人们在印象管理时主要使用的符号。通过符号向他人传递一定信息，使他人了解自己的想法或意图，从而形成某种印象。自我的形成也取决于语言，既取决于别人用什么语言来表征、描述、评价自己，也取决于自己使用什么语言表征、描述、评价自己。人们经常说的话就会逐渐形成他们自己。因为人通常有一种倾向：总是力图证明自己说的或做的是对的。

3）心灵是社会过程的内化，而内化是人的“自我互动”即自己与自己的交流过程，人通过人际互动学到了有意义的符号，然后用这种符号进行内向互动并发展自我。假如一个人的父母说话非常刻薄，那么这个人说话通常也会刻薄，内心也非常刻薄。因为父母的行为作为一种符号，被个体在成长过程中学会、掌握了，并用这些符号逐渐塑造了一个自我。

4）行为是个体在行动过程中自己“设计”的，即自己为达到使别人形成对自己的某种印象而不自觉地设计自己的行为表现。如学生为给老师留下好印象，就在见老师前先计划一下自己该说什么，该怎样表现，等等。这说明，人的行为通常是自己在行动过程中自己设计的，要设计这种行为，通过这种行为向别人表达某种意义，让别人形成某种对自己的印象。在日常生活中最为常见的是那些骗子精心设计自己的骗局或在行骗过程中的表现。比如，某人要参加一个舞会，假如他认为这个舞会很重要，他是不是要精心打扮呢？以致于在这个舞会上给人留下好印象。如果他觉得这个舞会不重要，就不刻意打扮。所以我们在考察人的时候，往往看他在他认为不重要的场合怎么表现，这样才能把他的真实态度、想法表现出来。比如，教师给学生上课，在课堂上一般不能表现日常生活中的伤心、愤怒的事情，而是以老师的身份表现。

5）个体的行为由他自身对情境的定义即他赋予刺激或情境的意义的制约或决定。换言之，个体要先对交往情境进行认知、判断和评价，确定这是一个什么样的情境，如是正规场合还是非正规场合，自己在这个场合中的身份或地位等，以便表现出与场合相一致的行为。

6）个体与个体所具有的意义并不存在于单个个体之中，而是存在于二者的关系或互动之中。换言之，意义实际上表明了一种关系，即人与人、事物、事件、符号、痕迹等之间的关系，是这二者之间相互作用的结果。单有主体或客体，自己或他人，都不会产生意义，只有在二者的相互作用的关系中才会产生意义。换言之，个体所表达的意义不是仅由自己决定的，还取决于别人的理解。我们的行为或言语都是向他人传递某种信息，因此别人的理解就非常关键、重要。人与人之间存在差异，所以有时你想让别人作这样的理解，别人却作那样的理解，从而造成人与人之间的理解偏差。正因为如此，在交往中应该换位思考。

（二）自我表现论

自我表现论的代表人物是戈夫曼。戈夫曼是美国著名的社会心理学家，最早把戏剧舞台的角色引入社会学和心理学中，认为我们日常生活中的表现，就像是戏剧舞台上的演员的演出。所以人们在日常生活中被视为与演员在舞台上一样，扮演着不同的角色。由于在戏剧舞台上，演员在演戏的时候要进入角色，这就意味着我们在日常生活中表现的时候也要进入我们的角色。在日常生活中，在一定的场合，我们要担当什么样的角色，我们就要表现出这个角色的行为。比如，日常生活中，若你是个父亲即扮演的是父亲的角色，那么这时候就要表现出父亲的样子；如果是母亲的角色，就要表现出母亲的样子；如果是老师，就要表现出老师的样子；如果是领导，就要表现出领导的样子。

该理论认为，在人际交往中，每个人都希望维持一种和当前社会情景相适应的形象，人际交往要求参与者约束自己的表现，使之能被他人在特定情境中恰当地知觉，并从他人那里获得与情境相一致的恰当评价。人们在不同的场合扮演不同的角色，因此就要表现出与场合相应的角色行为，否则这样的行为就是不恰当的。如在单位里领导要表现出领导的行为，但在私下场合，与某个下属是好兄弟或好姐妹，就不应再像在单位那样表现，否则会被好兄弟或好姐妹看作装腔作势。

通常情况下，人们在一定情境中都是按照一定的社会角色进行表演或表现的，这种表演或表现通常有如下 4 种。

1. 理想化表演

理想化表演是个体在社会互动中通过掩饰自认为不良的特征，充分展示自认为良好的特征，给别人树立某种理想化形象。这里有几个词要关注：①“自认为”。社会要求取决于人们的认知，人们认为哪些行为特征是良好的，哪些是不好的。人们所认为的即其认知与社会规定不一定完全一致，这时候可能会出现一种认知或理解的偏差。比如，作为一个学生，总想让老师形成一个他是好学生的印象。

于是他就尽量表现出他所认为的好学生应该表现出的行为，或者好学生应该具备什么特征。但他所认为的好学生的行为或特征，别人或老师却不一定这样认为。虽然他想表现出理想的行为，但由于认知问题，可能就会导致行为的失当。②“社会互动”即人与人的相互作用。这是说，自己的表现应在人与人的相互作用中进行不断调整。③“别人”。要始终明白“表演”是给别人看的，因此应站在别人的角度，而不能以自我为中心，不管别人的感受或认知而自顾自地表演或表现。

2. 误导性表演

误导性表演是用自我表现误导别人，使别人形成与自己的真实身份不一致的自己想得到或所期望的印象。实质上是通过自我表现引导别人对自己产生错觉。比如，骗子通过恰当的表现，让你认为他不是骗子，而是一个忠实可靠信得过的人。这时候他就误导你，使你形成了与他的骗子身份不一致的形象。这样你才会上当受骗。这种表现实际上是使别人产生认知上的偏差和错觉。

3. 神秘化表演

神秘化表演是指在社会互动中通过自我表现故意使他人觉得难以了解自己，进而对自己产生神秘感。其基本方式是有意识保持乃至拉远与对方的心理距离。通常情况下，人们越觉得某人难以了解，不可捉摸，就越容易产生神秘感、敬畏感、好奇心，从而使他更具吸引力。早在我国春秋战国时期的法家就提出了这种思想。现在，在日常，人们经常说好朋友甚至夫妻之间不是亲密无间（彼此对对方都非常了解）而是亲密有间（彼此之间始终保持一定的神秘感）。换言之，为了真正能够吸引对方，就要进行一种神秘化的表演，让对方觉得好像既了解你，但又没完全了解你，保持一种神秘感，这样方能保持长久。假若两个人了解得非常详细，像是肚子里的蛔虫，就好像是一个人一样，这样恰恰是感情破裂的前提，彼此之间没有神秘感了，就会相互缺乏吸引力，慢慢就互相不喜欢了。

神秘化表演还有一个好处就是让人产生一种敬畏心理。人们不了解，才会有不安全感乃至恐惧感，由此产生敬畏。比如，自己在一个非常熟悉的环境中，这里的人什么样自己都知道、熟悉，那么在这个环境中自己就觉得什么都能够把握或控制，因而不会感到害怕。当进入一个陌生的环境中，人、情景、事物等都不了解，由此就会产生一种神秘感、不安全感，进而产生敬畏之心。

中国古代的法家，尤其是管理学家、领导学家，如管仲、商鞅、韩非等，他们都认为，作为一个国王或管理者，一定要让别人觉得神秘，不要让别人一眼就可以看透你的内心深处。当被别人完全了解了，那么这个国王或管理者就很难管理下属了。所以法家强调法术，通过一种神秘性表演，让人觉得你很神秘，难以捉摸。

4. 补救性表演

补救性表演是采取一定的措施来应付一些未预期的意外情况，如无意动作、不合时宜的闯入、失礼、当众吵闹、出现意外等所导致的表演不协调。也就是说，人们在行为表现不当的时候，采取一种表演，来掩盖自己的行为失当，从而让人产生一种好的印象，所以这个表演叫补救性表演。

比如，两个人正在说一个人坏话，突然这个人闯进来了，那么两人话题一转，“说曹操，曹操就到，我们正在说您呢”。来人一听，就会想“肯定是好事”，也许会问“我有什么好说的？”这样就把尴尬局面掩盖而过了。如果一直说没什么，反而能察觉出问题。再如，老师讲课时说错一个字，老师意识到这个问题后，可以对学生说“同学们，考考大家，刚才我哪个字说错了”，这样就把自己的错误变成了故意要考学生。

补救性表演若表演得好，不仅不会损害形象，反而会增加你在别人心目中的印象，所以补救性表演非常关键，也非常重要。在人际关系中，它也是协调人际关系、促进人际交往的非常有效的途径和方式。

（三）情景认同论

该理论的代表人物是亚历山大。他认为，对于每个社会背景，每个人际交往场合，都存在着一种社会行为形式，它传递着被人们普遍认可的对这个场合来说是恰当的角色行为；个体总是根据具体的互动情境调整自己的角色行为使之与情境中的角色相一致，以使自己处于有利地位。情境不同，人在情境中的角色不同，人的行为表现也不同。其核心是：人们的表现都具有一种情景特殊性。

依据该理论，在印象管理时，应注意以下几个方面：①要认识到这是一个怎样的情景。②要认识到自己在情境中的角色及其应表现出的行为，即角色行为。③要认同自己的角色。若不认同自己的角色，不知道你是谁了，那自己的表现肯定会不得当或失误。所以很多时候，我们要知道自己是谁，我们在情境中是怎样的角色，怎样表现。

三、印象管理的作用

一般情况下，人们在人际交往中，并不是被动地对外界社会环境作出反应，而往往根据情境、交往对象的特点有意无意地选择适当的言辞、表情或动作，从而达到控制他人对自己形成某种印象的目的。恰当的印象管理是人际交往的辅助手段，是个人适应性的重要指标。它为人们提供了社会表现的礼仪样式和规则，是维持尊严的策略，它不仅是必然的，也是被期望的文化与社会现象[7]。

（一）印象管理的积极作用

1）印象管理是社会交往中的一个基本现象，其水平显示了人们社会适应能力的高低。

2）印象管理有助于维护人的真实面目，使他人了解其真实意图、心理特点和个性，进而与他恰当交往，建立起恰当关系。

3）印象管理可以使人掩饰自己，尤其是掩饰自己不愿展露的方面，扫清人际关系障碍。

（二）印象管理的消极作用

1）使人难以真正了解他人。

2）可能被用来做一些不正当的事情。

3）使人们为整饰而整饰，忽视印象管理的目的，甚至本末倒置。

四、自我表现

自我表现是个体有意或无意地通过自己的言语和行为向他人显示自己，以达到印象管理目的的方法或技术。在印象管理中，人们通常通过自我表现来实现给不同人留下不同印象目的。所以印象管理本身虽然是管理别人对我们产生的印象，但实际上主要取决于我们的表现。在表现时主要有以下几个方面。

1. 情境因素

表现首先要看情景，是在什么样的情境中表现的。因为情境不同，在情境中所承担的社会角色不同，表现出的角色行为也不同，人们必须依据情境对角色行为的要求来表现。前已有述，此不赘言。

2. 参照群体的认同

参照群体，是人们心中的理想化群体，亦即人们想加入的群体。它可能是真实的群体，也可能是不真实的或者假想的群体。不管怎样，参照群体是个体想加入的群体或者希望自己的群体变成的群体。

比如，某学生所在班级的氛围不好，他觉得另外一个班级不错，想使他所在的班级成为像这个班级的样子，那么这个班级就是他心中的参照群体。还有一种可能是这个班级不是真实存在的，而是他假想的，如“我们班级要是成为什么样就好了”。这是他对这个群体的期盼，想让自己的群体变成这个样，虽然它不存在，但是他想使自己的班级变成那个样。这也是一个参照群体。

由于是个体想加入的群体，或想变成的群体，因而个体认可这样的群体。由于每个人在这个群体中都扮演一定角色，既然是个体希望的，那么他首先会表现出他在这个想变成的群体中的角色行为。由此可见，参照群体本身对人们的行为具有非常重要的影响。

3. 其他人的影响

如前所述，人际交往是个互动过程，个体不能随意地表现，而应考虑其他人的反应如感受、看法、反馈等，因此，个体的自我表现不可避免地会受他人的影响。

4. 自我表现的障碍

在自我表现时，利益冲突、不恰当的认同观念等可能会成为个体按角色要求恰当表现的障碍，他可能会为某种利益或对角色定位的不恰当认识，而表现失当。

五、印象管理的过程

印象管理的过程分为印象管理的需要与动机和印象建构两个阶段。

（一）印象管理的需要与动机

人们进行印象管理，首先要在一定条件下具有影响、操纵和控制他人对自己的印象的需求或意愿。影响这一过程的因素主要有以下几个方面。

1. 印象与个人目标的相关性

比如，某人想获得领导的提拔，领导是否提拔他取决于他留给领导的印象，为实现被提拔的目标，他是不是要在领导面前好好表现一番？由此就可能表现得不自然乃至拘谨。如果提不提拔无所谓，那他就会在领导面前表现得非常自然，平时怎么表现，现在就怎么表现。

2. 个体目标的价值、实现可能性与个体实现它的意愿

一般而言，个体目标的价值越大越重要，个体就越会进行印象管理。若是个体的目标不重要，就不会太过于自我表现。另外，尽管目标很重要，但是如果个体认为这个目标没有实现的可能性，就不会刻意地去表现。如果这个目标可能实现，能否实现取决于其表现，这时他就越会积极去表现。个体实现目标的意愿越强烈，就越容易进行印象管理。

3. 期望印象与实际印象之间的差异

通常情况下，个体的期望印象与实际印象的差异越大，越要尽力去表现，因为他想通过积极表现，减小乃至消除差异；反之，差异越小，就不用再刻意表现。

（二）印象建构

印象建构是个体有意识地选择要传达的印象类型及有关信息，并决定如何去做的过程。即人们先选择要给别人留下什么样的印象，然后通过在别人面前的实际表现，来控制他人对自己形成的印象。

1. 印象及其表现的选择与确定

在印象建构时，首先是对表现的印象进行确定选择。这一过程实际上体现出两个方面：一是个体要给人留下什么样的印象，或者说他想留给别人什么样的印象；二是这一印象应具有什么样的行为特征。比如，当一个男孩子想在女孩子心中留下个勇敢、讲义气的男子汉的印象，那么他就会想，勇敢的男子汉的形象会有怎样的一个行为表现，然后他就在和女孩子的接触过程中，把这样的一些勇敢的男子汉的行为表现出来。

再比如，某女孩子认为男孩子会喜欢能干的女孩，于是她就想在男孩子心目中留下一个能干的印象，如此她就尽量在穿戴、举止和言语上都表现出非常干练，穿着整齐得体。当然，可能有些女孩子会认为男孩子喜欢的类型一般是比较温柔、幼稚、会撒娇的，那么她就会首先选择这种印象，然后表现出这种印象所需要的行为表现。

确定与选择印象及其表现时，通常会受自我概念、期望或不期望的同一性形象、角色限制、目标价值、现有社会形象、个体与他人的关系等因素的影响。

（1）自我概念

自我概念是人们关于自己的一些看法、认识和评价。它首先表现为“我是个什么样的人”，即对自己的概念和评价。对自己的评价，对我们选择印象非常重要。例如，选择成功之路主要是选择自己的道路，首先人们要认识到自己有什么特点，是什么样的一个人，该做什么，怎样去做，该怎么表现。如果选择了不适合自己的一些行为，就可能不会成功。可见自我概念对于印象管理和成功来说都非常重要。比如，在现代社会，人们都有挣钱的强烈愿望，都想去经商，但有些人会考虑自己有没有这种经商的能力和才能。

在自我概念中要对自己有一个比较客观的认识和评价，既不要过于自负，同时也不要过于自卑，而是要寻找自己的特点，这对选择印象及其表现非常重要。

（2）期望与不期望的同一性形象

比如，老师去上课，期望给学生留下一个好教师的形象，那么好教师是个什么样的形象，这就是期望的同一性形象。另一个是不期望的同一性形象，比如，我不想给大家留下一个坏教师的形象，那我就会推测坏教师在学生中的形象主要是什么。由此，老师通常会按照他期望的好形象去表现，尽量避免表现出不期望的形象的行为。

（3）角色限制

在选择印象时，要考虑自己在社会中主要承担的是什么样的角色，比如，是领导还是下属，是教师还是学生，是家长还是孩子，是男性还是女性，等等，社会角色行为会限制人们的表现。人的社会地位、身份，行为模式和方式也不一样，所选择的印象的行为表现也不相同。男女角色，老年人、中年人、青年人等，表现的行为是不一样的。比如，高校教师评职称，临近退休的人就志在必得，如果没有评上对他的打击就非常大，因为自己在职的时间已经不多了；年轻人觉得自己的任教时间还长，可以再努力。

（4）目标的价值

人们是通过印象管理来达成某种目标的。通常情况下，目标价值越大，就越想实现这个目标，印象管理会越积极；目标价值越小，印象管理的积极性相对来说也比较低。

（5）现有的社会形象

要管理的印象与现有的社会形象的一致性程度对印象选择与确定有很大影响。二者越一致，就不用刻意去选择和表现；越不一致，就要刻意去选择和表现。

（6）个体与他人的关系

如果两个人比较熟悉，大家都了解对方，这时就不用刻意去表现。如果刻意去表现，对方反而觉得虚假。如果两个人不熟，就需要刻意去表现，以期给别人留下好印象。关系很糟糕的人，也不用刻意去表现，反正关系不好，再怎么表现也无济于事。

2. 方法或途径的选择与确定

印象管理的方法或途径的选择通常受个性、个体与他人的关系、要给他人留下印象的性质或类型等因素的影响。

人们通常会选择与自己的个性相一致或者在个性方面善于、容易表现的方法或途径。有人善于以理服人，有人善于以情动人。比如，一个老师可能非常理智，做什么事都三思而后行，在课堂上要形成好老师的形象，他通常讲问题讲得非常透彻，逻辑性非常强，这个时候他就是以理服人。另外一个老师这方面不是很强但感情比较丰富，在课堂上他就会以丰富的表情来讲问题，这时候他就是以情动人。

与印象选择一样，与他人关系好，就不用刻意选择方法或途径，反之则需要。

在方法和途径的选择时，还要考虑给别人留下印象的性质和类型。是要留下什么样的性质或者什么类型的印象，然后根据要留下的印象的性质和类型进行表现。

3. 自我表现

人们通过选择要留下的印象，知道了获得这样的印象应该有什么样的表现，又选择了表现的途径，接下来就是真正的自我表现。自我表现是个体在与他人的相互作用中有意或无意地通过仪表、言语和行为向他人展现或表露自己。在自我表现中，个体应尽量抑制或掩饰与想让他人形成的印象不一致的信息，充分展现与想让他人形成的印象相一致的信息。

首先，自我表现时要考虑情景因素。情境不同，表现肯定是不一样的。比如，在正式场合或非正式场合，尤其是情境中有什么人在场。再者环境因素，比如，在一个安静的环境中，你大声讲话反而显示你心虚，而在一个非常嘈杂的环境中，大声喊，表明你是在引起他的注意。

比如，求婚，若在俩人的天地单独求婚，会是怎样的表现；若是公开场合，又是怎样的表现。通常私密场合会展现真挚的情感，而公开场合会追求一种轰动效应，能引起他人的注意，并让他人对这种求婚方式赞赏，让被求婚者感动，觉得尊严得到满足，同时，因为他人对你的求婚行为的赞赏，实际上会给你追求的对象造成一种心理压力。很多时候运用不恰当，可能也会出现问题。例如，2014 年，河南商丘某大学的一个男生向一女生求婚，由于方式不当，出现不良影响，被学校开除[8]。可见，如果情境因素选择不恰当就会引起麻烦。

其次，要考虑参照群体的认同。前已有述，参照群体是人的心理中理想化的群体，通常是人们想加入的群体，这样就会遵守该群体的规范。

最后，要考虑其他人影响。看看哪些人在场，哪些人会对自己的表现给予积极评价，哪些人会给予消极的评价。

4. 社会互动与印象调整

在社会互动中进行自我表现时，有些自我表现能够达到目标，使他人对自己形成自己想要他形成的印象，但有些自我表现并非尽如人意。在这种情况下，个体会在社会互动中，根据具体情况，适时对自己已经确立的印象及其表现进行调整，以便更有效地给他人留下自己想留下的印象。若个体认为自己的表现不一定真的给别人留下想留下的印象，那么就会一边表现，一边调整。社会互动实际上是指人与人之间的相互作用，相互影响。实际表现过程中，人们通过他人的反应来对自己的行为进行调整。通过调整，然后逐渐能给别人留下自己想留下的印象。很多时候并不是人们想做什么就做什么，关键是别人对自己的表现会作出什么样的反应。如果别人一点反应都没有，说明自己表现很糟糕，没有引起人家的兴趣或注意。比如，老师都想顺利教学，但在教学过程中学生有的睡觉，有的聊天，这时候老师的表现好不好？不好。若不管学生听不听，那教师的讲课还有什么意义呢？就好像和别人说话时，对方对自己的话没一点反应，那就该终止谈话，或者转移话题。由于印象管理是管理别人对自己形成的印象，所以要通过社会互动实现恰当的印象管理。

5. 自我建构

印象建构是一种自我建构。自我建构用一句话来说就是："说自己行，自己就行，不行也行；说自己不行，自己就不行，行也不行。"人们若总是用积极的语言激励或暗示自己，通常会变得越来越"行"。反之，如果总是用消极的语言贬低自己，那就会慢慢变得"不行"。

美国本土心理学创始人詹姆斯等把自我分为主我和客我。主我是主体的我，即作为认识者的我，客我是客体的我，即作为被认识者的我或者说认识的对象。作为主体的我，既存在对别人的认识，也存在对自己的认识。作为客体的我，既可以被别人认识，也可以被自己所认识。在自我认识时，人主要借助外部语言对自己进行肯定或否定。3 岁时，人就开始借助语言对自己进行探索，认识自己。3 岁之后，把成人的思想内化为自己的思想之后，就开始用已经内化的认知或评价确立并不断强化由这种内化的认知或评价所形成的形象。孩子把成人的积极评价内化成自己对自己的积极评价，如自己比较聪明，就会尽力表现出受到积极评价的行为。而这反过来又会增强对自己的积极评价，由此形成良性循环。否则，若把成人对自己的消极评价内化为自己对自己的消极评价，如自己比较笨或愚蠢，就会形成恶性循环。所以对孩子讲话要注意，不能太随便。不注意，太随便，往往容易对孩子心灵造成伤害，留下心理阴影。如家长总是说孩子笨，孩子就会逐渐变笨。这样，"诲人不倦"就变成"毁"人不倦。家长、老师说话要讲究语言艺术，不然孩子会在社会发展过程中逐渐把这些消极语言内化。

六、印象管理的策略

印象管理策略主要有两种，一种是防御策略，一种是提升策略。

（一）防御策略

防御策略是个体为使自己对某消极事件承担最小责任或想摆脱麻烦时所采用的印象管理策略。它主要是避免给别人留下自己不想留下的印象，通常是不良的印象或者消极的印象，这种策略主要有以下 3 种。

1. 解释

为避免自己的消极行为可能造成别人对自己形成一种自己不想留下的印象而找的合理借口或理由，尤其是找一个让人信服的借口或理由。比如，与别人约好了在某时某地见面，但自己没有赴约，或者赴约但迟到了。不管迟到还是没去，人们通常会作出解释，找出原因，找到让人家可以信服并且可以理解的理由。一般情况下，若能按照正常行为表现那是最好了，如果不能，就找出一个合理的理由使人信服。

2. 道歉

有时候解释不行，已经错了还百般解释，那还不如直接道歉。道歉要注意：①道歉要诚恳，至少让对方听起来非常诚恳。②在道歉时要包含一种保证，你可以直接表明这种保证，也可以不直接表明，但是在道歉的话语中已经明确地让人感受到这种保证——“这样的事情以后绝对不会再发生了！”

3. 置身事外

置身事外，即把自己放在消极事件之外。当个体觉察到某件事情难以按时按规定完成，就会推托，使自己置身事外，避免给他人留下不良印象；或者自己与进展不顺利或出现失误的事情无关或无直接关系，尤其是事情不是自己造成的，甚至自己对出现这样的失误事先还进行了提醒，但别人不顾及自己的提醒一定要那样做，可以通过各种途径或措施或明确告知或暗示，使负责人知道自己与失误无关，将自己置身于失误或不顺利之外。比如，领导布置一项任务，让你去做，或者让你带头去做，结果这个事情没有做好，这时候可能会说要我做的主要是哪方面事情。也就是说，我做的方面做好了，导致整个事情的失败是因为别人没做好，把自己置身事外，自己与这个事情做不好无关。还有，我反复强调要求他们这样做，但他们非不这样做，我说服不了他们，没办法。但有些事是无法置身事外的，你必须有所担当。倘若不有所担当，会使别人认为“你做不好还想不负责任”，这样反而更使别人对你有不好的印象。

在日常生活中，我们常会发现有些人乱对别人承诺，不管自己能不能做到，条件许可不许可，在别人请求帮忙时，为给别人留下好印象，总是先答应下来。但到最后履行不了自己的承诺或履行得不充分，结果适得其反，不仅给别人留不下好的印象，反而使别人对自己的印象更糟。许多夸夸其谈或耍嘴皮功夫的人常会如此。造成这种情况的重要原因就是未能恰当使用置身事外策略。

（二）提升策略

提升策略与防御策略恰恰相反，是提升自己想给别人留下某种印象或强化别人已经形成的对自己的印象所采取的策略。概言之，提升策略是指提升或增强自己留给别人的印象策略，或者说能提升或增强自己想对别人留下某种印象的策略。它主要表现在以下几个方面。

1. 揽功绩

在事情做得比较好的时候，尽量往自己身上揽功绩，如自己起的作用比较大，功劳比较大。如果揽功绩不当，会造成坏印象，就是抢功。本来不是你做的，你来抢功，这样就会使别人对自己的印象更糟。通常作为一个领导，不要与下属抢功绩，不要有了功劳都是自己的，下属没起作用，这样不好。越是谦虚，越显得你大方，越是赢得别人尊重。因为领导不抢功劳也抹灭不了其功劳，至少说明他用人得当。

2. 宣扬

以前说酒香不怕巷子深，现在是酒香也怕巷子深。很多时候不宣扬，不张扬，别人不知道，所以有了成绩或功劳的时候，要宣扬。当然宣扬也要讲究技巧，一定要注意别人的感受。比如，高校教师职称的评审结果出来了，出来以后有人欢喜有人愁。评上的人非常欢喜，没评上的人愁。这种情况下，评上的人就不要在没评上的人面前过分炫耀，别人正不开心你不必幸灾乐祸，没必要过于张扬。换言之，宣扬也要适当。

3. 显示艰难困苦

在日常生活中通常情况下，如果取得同样的成绩，一个条件差，一个条件好。那么哪一个人取得的成绩更有价值呢？比如，经营同样的东西，两个人都挣了一百万，一个有父母和朋友的帮忙，而另一个人是白手起家，这时候谁的一百万显得更有价值？当然是白手起家的。也就是说，在同样的功劳或成绩下，艰难困苦的条件，让所做的事情更有价值，更有功劳。由此，显示艰难困苦，也就是为了显示出自己所获得的成绩是巨大的。

如果一般人放在这个条件下不能做成的事情，而自己在这样一个艰难困苦的条件下把这个事情做成，哪怕这件事情好像不太重要，但也能显示自己做这件事情不容易，更能凸显自己能力强，有功劳，付出多，这也是提升策略的重要方面。通过显示艰难困苦，没有人帮，没有人替做，全是自己把事情完成表面上看来不是在表功，但实际上是在表功。这样能给予别人较好的印象，能提升我们在别人心目中印象的价值。

4. 借助

有个成语是狐假虎威，即是说，在日常生活中可以借助一些名人或一些有较高社会地位的人来提升自己。比如，“某某老师对我非常期盼，说我在做某种事情的时候很能干，而某某老师是我们学院比较厉害的老师”。就是借助这位老师来提升自己在同学中的威望和社会地位。又或者，某某跟我是同学，某某是我师姐，某某是我师妹，等等，借助社会地位比较高、社会形象比较好的一些人来提升自己。当然，借助也要讲究方式或场合，否则，如果借助不当，人家就会说你在卖弄。

借助不一定都是借助人，比如，在某种场合和一些有名望的人聚会或举办一个舞会，你说那天我去了，也参加了这个活动，而这个活动都是有名望的人参加的，那你就不由自主地提升了自己的社会地位和威望。总而言之，凡是借助外部的人、事、物等来提升自己在他人心目中的印象的过程，都可称之为借助。

（三）策略使用时应注意的问题

上述策略可以单独使用，也可以联合使用，具体怎样运用，要具体情况具体分析，针对个体自己的情况、所面临的情境和要给他留下印象的人。不过，不管如何运用策略，都要以给别人留下自己想留下的印象为目的，同时在树立和提升自己形象的同时，不要伤及他人尤其不要故意贬低或诋毁他人抬高自己。否则，最终会“搬起石头砸自己的脚”。

第四节　中国人的印象管理[9]

“脸面”是中国人日常交往过程中一种印象管理的手段，影响人与人之间的互动。在印象管理的过程中，“脸”与“面子”既可以起到人际互动的象征符号作用，也能够因使用得当给人们的心理带来满足和快感，并且获得良好的人际关系。

一、“脸”与“面子”的界定

（一）“脸”的内涵

对“脸”，不同的人有不同的解释，可谓众说纷纭。综合各家之言和“脸”在日常生活中的表现，可把“脸”定义为：“在人际关系中形成并表现出来的个体的社会地位，以及个体所认识到并做出评估的对自己的声誉、人格尊严或价值影响。”对这一概念可以从以下几个方面来理解。

1）“脸”是表现出来的他人可以观察到并据此作出评价的行为层面的东西。就像真正的脸裸露在外那样。

2）“脸”是在人与人的社会互动中形成并得以表现，是他人认识并评价的结果。没有人与人之间的关系，也就不存在“脸”。个体的行为表现没有“丢脸不丢脸”“脸上增光不增光”之分，除非这种行为表现为他人所知。

3）“脸”主要是人对其在人际关系中的社会地位及其声誉、人格尊严或价值的认知。凡降低个体社会地位和人格尊严或价值的行为都是“没脸”或“丢脸”的行为。当然，能增进个体的社会地位和人格尊严或价值的行为都是“有脸”或“增脸”的，而社会地位是广义的，既包括经济地位、政治地位，也包括个体在他人心目中的地位或评价。比如，某人把本应该能做好的事情没有做好，就会感到丢脸；凭借自己的能力把事情做得很好，则感到有脸。但“脸”不能等同于人格尊严或价值。前者的标准是外在的，以他人的评价或标准为依据；而后者的标准是内在的，以自己内在的价值为准绳。

4）“脸”不仅是道德层面的东西，它是广泛的社会地位及其影响力，涉及社会给予积极评价的所有方面，如能力大小、权力大小、财富多少、职业贵贱等。比如，我们常会听到有人讲：“我真丢脸，连这样简单的事情都做不好。”这句话中的“脸”指的是做事的能力。不过，道德品行或道德影响力是其重要组成部分。

5）“脸”的形成与维护比较难，它是一个长期的过程，但失去比较容易，一次丢脸的行为就可能会导致业已建立起来的“脸”丢失，且丢失后很难再建立起来。正如人们保养自己的相貌的脸比较难，“毁容”则比较容易，一旦“毁容”再恢复就十分困难。正因为如此，人们尽量维护自己的“脸”。

6）“脸”体现出人对人际关系的认知与态度，是调整人际关系的重要依据。如“唱红脸”“唱黑脸”中的“脸”是给别人看的，是个体在人际互动中表现出的行为。“没红过脸”是对人际关系的认知，认识到两人的关系不一般。“不愿给别人红脸”“不愿撕破脸皮”，是不愿与人闹别扭，试图保持较好关系。“撕破脸皮”就是人们认识到彼此之间关系破裂。

（二）“面子”

“面子”的概念有不同的解释，综合各家之言和“面子”在日常生活中的表现，可将它定义为：“个体在人与人的关系中通过行为表现出来的真实的或想象的影响力和名声，即个体依据自己所认为的他人的看法或评价而表现出的自己认为能提升自己影响力或名声的行为。”对之我们可以从以下几个方面理解。

1）“面子”是他人可以看到的表面化的东西。

2）“面子”表现在人与人的关系中，离开了人与人的关系，离开了他人，“面子”也就不存在了。比如，没有其他人知道某人的行为，就不存在丢面子或有面子，这种行为就不是“面子”行为。

3）“面子”指的是人的影响力，“面子大”是指人的影响力大，易引起他人的注意，对他人的影响大；“没面子”是说个体缺乏影响力，不会对他人有什么影响，他人不会顾及其影响。

4）“面子”可能是个体真实存在的影响，也可能是自己想象或虚构的影响。想象或虚构的影响有时起不到个体想要起到的影响作用，达不到个体的要求，甚至还会适得其反，与个体自己想要的影响相反。比如，有些人认为自己穿名牌衣服会引起他人的关注，使自己有面子，但实际上可能被别人认为是卖弄。再比如，有些人不顾及自己的经济实力大吃大喝，想显示自己有面子，但最终贫困潦倒，被人看不起。

5）“面子”与人的社会地位或身份有关，但本身并不是社会地位或身份，它主要来自于社会地位或社会身份的比较。如一个农业专家或教授在农民面前说错了，他就会觉得很没面子，倘若他说的还没有一个土生土长的农民或土专家说得对，他就会觉得极其没面子。倘若反过来，人们都会认为很自然，双方都不会觉得没面子。再比如，一个平时学习成绩很好的学生没有作出某道题，而另一个学习成绩平平没有他好的学生却作出这道题，或者说前者的解题方法没有后者的好，前者就会觉得没面子，而后者会觉得十分有面子。倘若反过来，双方都不会觉得没面子。可见，“面子”是存在于一定社会地位或身份的人的关系中，但本身并不等于社会地位或身份。

6）“面子”是依据自己所认识到或想象的他人的评价标准而展示的外部行为，其目的是提升自己对他人的影响力。但这种认识或想象可能真实，也可能不真实。

（三）“脸”与“面子”的关系

从上面的分析可以看出，“脸”与“面子”在很多情况下是等同的，它们可以合起来称为“脸面”。二者都是在人际关系中形成并得以表现的，都是人们表现出来的可以观察到的东西，都与他人的评价有关。但二者也存在一些差异。在一些场合只能用“脸”，如“丢脸”；在另外一些场合只能用“面子”，如“给个面子。”“面子”更多时候是别人给的，重在争取；而“脸”更多时候则是人们自己赢得的，重在维护。“脸”与“面子”相比具有更高的稳定性；而“面子”具有更大的情境性。“脸”的获取难而失去容易；“面子”的获取和失去相对来说更经常、更容易。所以，二者相比，中国人更看重“脸”。

二、“脸”与“面子”：中国人印象管理的目标

“脸”与“面子”是中国人印象管理的目标，中国人印象管理主要是为了让他人觉得自己很有“脸”或“面子”。为给他人留下自己非常有“脸”或“面子”的印象，人们通常会根据自己所认为的能够获取“脸”或“面子”的行为来表现。这种表现构成了具有一定中国文化特色的行为和心态。

（一）攀比心态

攀比心态是个体为了使自己比他人有脸面，而与他人进行比较，力图要胜过他人。这种心态表现在人们日常生活中的方方面面，如成就、经济状况、住房、汽车、吃喝穿戴、家具、孩子的成绩、出国留学、长相、父母的职业、自己的丈夫或妻子等，最为明显的例子是比富。在中国历史上，就曾有过著名的“石崇与王恺比富”，现今中国也多次出现“煤老板斗阔比富”“街头扔钱比富”“买瓷器摔比富”“萧山顺德比富”等现象。

攀比并不像很多人认为的那样是一件坏事，事实上，攀比本身没有好坏之分，判断其好坏的关键是看如何来攀比。攀比实际上是一种竞争心理的表现形式，正常的攀比可以成为人们进取的动力，促进人们不断拼搏、进取，取得更大的成就。但不正常的攀比，如远远超出自己经济条件和能力而只追求脸面上的风光、虚假的社会地位或品味的攀比就是有害的，不仅害人而且害己。因此，应要求人们适当地攀比，而要限制乃至禁止不正常的攀比，尤其是浪费纳税人的税金的奢侈性公款攀比。

攀比是一种由脸面决定的经济性心态，它不只是个人层面的心态，而且群体或组织层面甚至地区、国家层面都会如此。其中群体或组织层面的不正常的攀比尤其是浪费公款的攀比最为有害。

（二）做表面文章与敷衍心态

做表面文章就是做一些人们能够看得见的能够在脸面上说得过去或脸面上有光彩或能增加脸面光彩的事情。比如，个体注重仪表，穿戴整洁；领导干部大造声势的“访贫问苦”，逢年过节给贫苦百姓送一些不解决实质问题的物品。敷衍心态是指做一些不愿做而又不得不做的表面上的事情的心理或行为。如表面应酬或应付，在大面上符合规格等。

做表面文章和敷衍心态并不像人们通常认为的那样是件坏事，实际上它们本身无好坏之分，其好坏主要表现在所做的事情上。有些事情是必须做表面文章的，也必须具有敷衍心态。如一些不应做但不做会产生很大消极影响尤其是影响到人际关系或自己的形象的事情就需要敷衍或做表面文章。比如，为人处世、接人待物要注意自己的仪表，因为好的仪表是最好的自我介绍；对人要微笑，说话要好听，善于夸别人等。有许多生意人都认为，做好表面文章，学会敷衍，是非常重要和必要的。其理由是：①连表面文章都做不好的人，其他事情一定做不好；②表面文章是做好生意的基础，试想一个商店店面难看，店员穿着脏乱，其商品会优质？有一篇《善做表面文章》[10]写得好：

老板要做好生意形象很重要。大到每个公司，小到每个人，都要给人留下一个好的印象，即使有些东西不上台面，但也得尽量美化美化，不至于太丑，有些形象不佳者，老板也要注意矫正，要做好表面文章。比如，你公司的营业员。那就要好好挑选，首先要漂亮的，其次要面善的，再次要耐心的。对于公司营业员，当然都要细心。有个“十声”口诀：顾客进店有招呼声，顾客选货有请访声，顾客问话有回答声，顾客换货有迎接声，顾客多问有解答声，顾客交款有唱票声，顾客批评有欢迎声，顾客表扬有道谢声，顾客有错有谅解声，顾客离柜有送别声。

进行买卖交易时，你要尽量达到买卖“七好”诀和“十不”诀。

“七好”诀是：迎接顾客，头句话讲好。出示商品，轻拿轻放好。询问质量，如实介绍好。帮助挑选，耐心参谋好。收找钱票，当面点清好。字迹工整，票据填写好。售出商品，检验并包装好。

“十不”诀是：顾客来店主动招呼——不冷落人，顾客询问耐心答复——不厌烦人，顾客挑选真实介绍——不欺骗人，顾客少买谅解同情——不讽刺人，顾客退货实事求是——不埋怨人，顾客不买自找原因——不挖苦人，顾客意见虚心接受——不报复人，顾客有错说理解释——不漫骂人，顾客失礼谅解帮助——不取笑人，顾客离柜热情道别——不催促人。

这“七好”和“十不”诀看起来简单……但却至关重要，如果处理不好，那么损失的就不是百千来元钱；处理得好，带来的也不是百千来元钱。

当然，也有些事情不能做表面文章或敷衍了事。比如，一些人不孝敬老人，而在老人去世时做表面文章，大办丧事；一些政府官员只做表面文章，敷衍上级检查，而不做实事。这方面最为典型的事例是浪费公款的“面子工程”或“形象工程”。如一些贫困县花费大量资金建豪华办公楼、买豪华轿车等。叶楚华对脸面腐败进行了研究，把脸面腐败归纳为“光宗耀祖与荣归故里”的腐败、公款炫耀性消费、“形象工程”“仪式腐败”“死后的腐败”，“霸占”媒体的腐败等6种类型[11]，这些腐败中有些就是做表面文章。

总之，有些表面文章与敷衍是有必要做的，因为在日常生活中人们总是要用适当的时间与精力来应付一些人或事，且有些事情也非得用表面文章才能够应付得了。但有些表面文章与敷衍是要不得的，它们会对自己、对他人、对社会带来危害。有些事情需要先做表面文章，而后再做实质性的事情，如产品的包装首先要好看，能吸引人，然后还必须把产品的质量搞上去。有些事需要表面文章与实质性事情一起做。

（三）迁就忍让心态

迁就忍让心态是为了顾及他人的脸面同时使他人觉得自己有脸面，而做一些自己不愿意做的事情。主要表现为别人委托自己办的但自己不愿做的事，为顾全脸面而违心地做。

顾及脸面要中庸，即有度，不能太过，也不能不及。太过于顾及脸面会使自己陷入一定的困境之中。所以，有些脸面是应顾及或迁就的，但有些脸面尤其是被他人利用的脸面该拉下的时候就要拉下，否则会使自己陷入矛盾或困境之中。

（四）自我展示心态

自我展示心态是通过表现自己的优势来赢得或提升脸面，满足自己的自我表现欲望的一种心理或行为。如显示自己有钱的露富，穿着时尚服装显示自己的时髦品味，打扮得另类显示自己的酷炫或前卫，购买豪华的房或车显示自己的气魄，等等。自我展示的极端表现是炫耀。炫耀有光耀、夸耀、华丽奢侈等含义，指以张扬乃至挑衅的方式向他人表明自己优势的宣示性行为。这种宣示性行为包括宣示自己较高的社会身份或地位、权势、财富、身材相貌、家庭及其成员、朋友、能力、活力、知识经验、青春等。从本质上讲，自我展示或炫耀并不一定是消极的，适当的非奢侈性自我展示或炫耀是积极的，它可以增强人的信心，给他人以积极的感染，有助于引导人们的追求，为人们的不断进步提供动力。如当代社会中人们常说的“炫起来，炫出你的风采”“炫出青春活力”就是要人们积极地展示自己，使自己在他人看来更有活力或生命力。

但是任何事情都有个度，自我展示与炫耀也不例外。如果超出一定的度，就产生消极的影响。过分的自我展示或炫耀，尤其是奢侈性或力图压倒他人的自我展示或炫耀，不仅不会像个体自己所认为的那样能够使自己更有脸面，反而会有损自己的形象。这样的自我展示或炫耀被人们称为卖弄、哗众取宠、“烧包”、狂妄等，会给他人留下不好的印象，有损自己的脸面。

三、如何正确地运用“脸”与“面子”

正因为“脸”与“面子”既可能起到积极作用，也可能起到消极作用，因此，在日常生活中应恰当合理地追求和运用“脸”或“面子”。那么怎样正确地运用它们呢？

（一）依“脸”与“面子”的性质或价值而定

“脸”和“面子”有不同的性质或价值，有些是涉及个人、家庭、民族、国家尊严的，有的是涉及个人、家庭生活的，有些是满足个体虚荣心的，有些是涉及一些无关紧要的小事的。这几个方面又都可以分为两种情况。

就第一个方面而言，如果所争取的脸面是维护自己、家庭、隶属群体、民族和国家的荣誉或正当权益，那就要去争、去追求，这样做能够扬正气、正法纪、树形象；如果有悖于国家法律、社会道德、群体利益、家庭和个人正当利益或权益的，就坚决不要追求、不要争取。如政府官员为自己的脸面而搞的“形象工程”，拉不开脸面为亲戚朋友谋取私利，等等，这样的脸面就不要追求，否则会害人、害己、害国家。

就第二个方面而言，能够增进个人、家庭乃至社会和谐幸福生活的脸面，要追求、要争取。如通过恰当的脸面尤其是保全他人的脸面处理好人际关系，使大家和睦相处等；而有损于个人、家庭乃至社会和谐的脸面就不要追求。如朋友来向你借超过你能力的钱，你为了脸面还要出去给他借，最后他不还你或还不起你还得由你来还，搞得你家庭不和，友情断裂，这样的脸面就不能追求。很多时候在亲戚朋友找我们办超出我们能力的事情时，我们明知不可为而拉不开脸面勉强为之，结果弄得大家都不开心，朋友变仇人。

就第三个方面而言，如果在满足自己虚荣心的同时又没有对他人或自己造成伤害，就可以追求脸面。如在经济条件许可的情况下穿名牌合身的衣服，住高档房子，开豪华轿车等，会提升自己的脸面。而如果为了满足自己的虚荣心不顾一切，最后弄得自己十分狼狈，这样的脸面就不要追求。如一些人挣不来钱还买名牌、开名车等，使自己到处借钱，将来又不能及时归还，甚至不得已去诈骗或偷抢，轻则会被人骂“穷讲究”，重则会受到法律制裁，最后反而使自己脸面丢尽。比如，为满足自己的虚荣心和使自己有脸面，涉嫌诈骗包括王励勤、张怡宁等体育明星在内的人钱财320余万元的张笑，最后因诈骗罪被判刑，男友离开。在被判刑后，她说：“如果再让我选择一次，我不会追求浮华的生活。”“爱情不是一切，不要被爱冲昏了头脑。”

就第四个方面而言，如果是日常生活中的一些鸡毛蒜皮无关紧要的小事，追求脸面不伤及自己、他人、群体或社会，这样的脸面可以追求、可以争、可以维护。如自己的穿戴打扮适当注意，可以提升自己的形象；一些商品在保证质量的前提下注意包装可以促进其销售；朋友来求我们办一些力所能及甚至很容易办到的，又不违背法律或道德的事，我们就可以顾及脸面尽力办好。当然，如果这些无关紧要的小事会导致人与人之间的纠葛、亲戚朋友的矛盾等，那就大可不必费神费精力非要争得脸面不可。这样做，一会导致人际关系紧张乃至破裂，二会给人心胸狭隘、小肚鸡肠之嫌，反而丢失脸面。如有两个朋友在打乒乓球时，为一个球擦没擦边而争得不可开交、面红耳赤，结果不欢而散，以后再也不相往来。

由此可见，在日常生活中，有些脸面是必须要争、要追求的，有些是可争可不争、可追求可不追求的，有些是绝对不能争、不能追求的。具体要争要追求哪些脸面，坚决不争不追求那些脸面，要看所争所追求的脸面有没有价值，其性质如何。

（二）把握好“脸”与“面子”的度

在日常生活中，对“脸”与“面子”，既不能不追求，也不能过分追求；既不能不重视，也不能过分重视；既不能看得太轻，也不能看得过重，应当适度。不讲脸面，不管是亲戚朋友、同事还是陌生人，一点脸面也不讲，会严重影响自我形象和人际关系；但如果过分地追求，什么都讲脸面，又会使很多事情难办，使自己陷入一定困境，乃至违背社会道德和触犯法律，最终也会影响自我形象和人际关系。对脸面一点也不重视，没有自尊，会为人所不齿，使自己的生活陷入尴尬或不幸福之中；但过分重视脸面，以脸面为中心，什么都以脸面为准则，会疲于应付脸面，为脸面所烦、所累、所困，甚至被别人利用，上当、受骗、受欺负。把脸面看轻了，“不是脊梁断了，就是骨里缺钙”，丢人现眼；把脸面看得太重了，为维护脸面不择手段，在不该争脸面的时候或场合也争脸面，恰恰会丢了脸面。如“鲁迅笔下的阿Q、孔乙己是爱面子的典型，但丢了大脸的正是他们。现实生活中也有不少人，他们因为一句‘丢面子’的闲言碎语而鸡争鹅斗，甚至不惜以命相抵，这更是愚蠢之举。因为无论是说服了别人，还是被别人说服了，或者谁都没能说服谁，都是很丢面子的事。再者，性命都不存在了，面子又放在哪里呢？”[12]

如此看来，脸面是要维护、要争要追求的，只是要有个恰当的度或范围，要看事情、看场合、看时间、看对象。否则，会害人害己，得不偿失。

（三）以人与人的关系和谐为重

“脸”与“面子”在人际关系中形成，又在人际关系中得以体现或表现，其作用是在他人心目中留下自己的好印象，因此，讲脸面、争脸面应在不违反国家法律和社会道德的情况下以人际关系为中心和重心，从保全或给他人“脸”或“面子”，维护人际关系为出发点。常言道：“给别人脸面就是给自己脸面”“保全别人的脸面才能更好地保全自己的脸面。”“脸”与“面子”是可以进行社会交换的，通过社会交换，可以形成良好的人际关系。

当然，在“脸”与“面子”的社会交换中，应当以维护和增进人际关系为中心，而不能以压倒对方为目的。这样不仅不会导致人际关系的增进，反而会使人际关系出现裂痕甚至破裂。如在当今中国许多地方都曾出现过这样的事情，即将结婚的男女青年的家庭为了显示自己的脸面比对方的大，在酒席和财力上相互竞争，最后弄得两败俱伤。还有些亲朋邻里，一家有好吃的送给另一家，另一家就会更多地奉还，结果双方都不愿失去脸面而使大家都难堪。

幸福生活，快意人生，该追求、该争的脸面一定要追求要争，不该追求、不该争的脸面一定要把它抛到“爪哇国”去，不必理睬。是否该争这个“脸”或“面子”，以是否有利于和谐的人际关系，是否有利于自己健康快乐生活为判准，千万不要为“脸面”所累、所困、所烦。“脸”与“面子”作为一种表现在人际关系之中的表面性的东西不完全是由自己决定的，而是以他人的标准和眼光为判准。因此，如果把脸面看得过重，处处、事事、时时都以脸面为行为准则，按脸面来表现，那么就会完全生活在别人的标准和眼光之中，等于把自己的命运交给了别人，失去了真正的自我。这是一件很痛苦的事。另外，由于每个人的标准和眼光各不相同，生活在脸面之中就等于面对不同的人要有不同的表现，具体表现出什么行为才是有脸面的行为会因人而不同。这样脸面就会成为人们生活的沉重负担，使人不堪忍受脸面之苦，承受脸面之累。其实在很多时候，我们在别人眼里看起来多么有脸面，多么风光，但自己却感到不堪重负，十分疲劳或痛苦。如果这样，以牺牲我们的幸福为代价而获得的脸面对我们究竟有何价值？这样的脸面还要它干嘛？

参考文献

[1] 佚名. 首因效应. 360 百科 http：//baike.so.com/doc/386834-409607.html[2014-08-24].

[2] 时蓉华. 社会心理学词典. 成都：四川人民出版社，1988：157.

[3] 车文博. 当代西方心理学新词典. 长春：吉林人民出版社，2001：349-350

[4] 马燕. 浅析“首因效应”. 科教文汇(上旬刊)，2009，11：62-63.

[5] 佚名. 近因效应. 360 百科 http：//baike.so.com/doc/4197796-4398712.html.［2014-07-08］

[6] 佚名. 晕轮效应. 360 百科 http：//baike.so.com/doc/5230035-5462758.html.［2015-08-01］

[7] 宋广文， 陈启山. 印象整饰对强迫服从后态度改变的影响. 心理学报，2003，35(3)：397-403.

[8] 佚名. 河南商丘学院一男生表白被学校开除. http：//gdongw.com/college/26184.html[2014-11-10].

[9] 李炳全. 中国人的心理和行为解密. 广州：广东教育出版社，2016.

[10] 营销协会. 善做表面文章. 广东松山职业技术学院营销协会网[2007-12-13].

[11] 叶楚华. 论中国特色之脸面腐败. http：//3y.uu456.com/bp_2azrs7zqyg25ui718i28_1.html [2016-04-21].

[12] 吕宇强. 面子的价值. 北方人，2006，(5)：7.

第五章　人 际 沟 通

有人说，人生最伟大的成就来自于沟通（communication）。反之，最惨烈的失败，来自于拒绝沟通。这说明，要想获得成功，就需要与人进行有效的沟通。若沟通出现障碍，就会导致事情很难完成。可见，沟通对于成败来说都是非常重要的。松下幸之助认为："企业管理过去是沟通，现在是沟通，未来还是沟通。管理者的真正工作就是沟通。不管到了什么时候，企业管理都离不开沟通。"杰克·韦尔奇指出："管理就是沟通、沟通、再沟通。"充分道出了沟通的重要性。

沟通是信息源通过某种渠道或媒介把信息（信息、观点、情感、技能等）传送到目的地的过程。也有人认为，"沟通是为了一个设定的目标，把信息、思想和情感在个人或群体间传递，并且达成共同协议的过程"。[1]不管如何界定，沟通都包含如下要素：①沟通目的或目标。任何沟通都要有明确的目的或目标，不存在无目的或目标的沟通。②双向流动性。沟通是一定信息的流动，这种流动存在于沟通双方之间。就像在两条河之间挖一条沟使它们之中的水相互流动或互通一样。③沟通双方达到某种默契或和谐。这是沟通的目的，也是双向流动的结果。正如前述的两条河中的水通过流动达到平衡。④沟通内容包括信息、思想和情感等。它们就像流动的水，是沟通双方要交流的东西。

第一节　沟 通 要 素

对于沟通的构成要素，人们一般都采用拉斯韦尔的"5W"模式。"5W"分别代表五个英文单词的第一个字母，即谁（who）、说了什么（what）、通过什么渠道（in which channel）、对谁（to whom）说、取得什么效果（with what effect）。后来布雷多克增加了沟通情境（where 或 what environment）、沟通目的（what aim）两个方面，变成了"7W"模式。

一、沟通者

沟通者是沟通过程中的信息发出者，也是沟通的主导者，因此在沟通过程中起着十分重要的作用，对沟通有着极其重要的影响。沟通者因素对沟通的影响主要涉及可信性、睡眠者效应、类似性。通常情况下，人们在听到一句话或获得一个信息时，首先要弄清是谁说或谁发布的，若不清楚是谁说或谁发布的，就很难判断说的话或发布的信息的对错、真假。比如，说者是上级还是下级，是诚实的人还是不诚实的人，是熟悉的人还是陌生人，等等。

（一）可信性

可信性是指沟通者是否值得沟通对象的信赖。若值得信赖或可信，沟通的效果就会好。反之，若不可信，沟通的效果就会差。直言之，沟通者的可信性是影响沟通效果的十分重要的因素。一般来说，影响沟通者可信性的因素有权威性、社会地位、动机、个性品质等因素。

1. 权威性

一般而言，权威的人说的话或发布的信息比起那些非权威的人而言容易被人们所接受。之所以如此，是因为人都有一种迷信权威的倾向，认为权威懂得多，其看法或观点一般不会错。在日常生活中，人们常常受那些被认为更有特权、更有经验的人的影响，而且这种影响的程度往往超出了人们的想象。

2. 社会地位

沟通者的社会地位也是影响可信性的因素。一般而言，社会地位高的人，如上级，通常不会胡说乱说，越是职位高，越是如此。这是因为：①其社会地位或角色要求他不能乱说胡说，就像以前人们说的“皇帝的话是金口玉言”。由于社会地位高的人的影响力大，他所说的话的作用也大，所以不能随便说。②胡说乱说的社会成本太高，对自己的损害太大。一般人说话可以不负那么大责任，但社会地位高的人说错话所负的社会责任就大。一般人说某人不好他可能不计较，但若有影响的社会地位高的人说他不好，他可能就会十分计较。

3. 目的或动机

（1）沟通者的动机或目的也是影响其可信性的因素之一

沟通者若没有自身的目的或动机，他说的话或发布的消息一般都容易被人接受。若他有自己的目的或动机，尤其是别有用心，人们一般会觉得他说的话不那么可信，即可信度要打折扣。比如，别人有求于你，肯定会说好话，那么别人说的好话，会是真话吗？如果他无求于你，那么他说的话可能没那么好听。

（2）《邹忌讽齐王纳谏》的启示

在故事中，邹忌问妻子自己与徐公谁美，妻子说当然老公美。又问小妾，小妾也是说徐公美。问客人，也是如此。后来他真正见到徐公时，发现徐公比自己更美。后来他自己仔细思考为什么别人说自己比徐公美。思考后明白了妻子这么说是爱自己，小妾是怕自己，客人是有求于自己。这个故事中，邹忌的妻子、小妾、客人的话为什么不太可信，就是因为他们有一定的目的或动机。而邹忌的可贵之处是听到别人夸自己美而没有飘飘然忘乎所以，而是能够正视自己，去分析原因并举一反三劝说齐王纳谏。

这个故事告诉我们，如果说者是有求于自己的，那么他的话就要大打折扣，如果没有关系，又不有求于自己，那么这时候说的话可信度比较高。

4. 个性品质

沟通者的个性品质也是影响可信性的因素。品性好的人，从不说谎的、诚实的人，可信度比较高。反之，那些品行差的人，平时说话不算数的人，可信度一般比较低。

一般而言，能够令人信服的人通常具有如下人格魅力：①胜任所从事的专业和职业岗位；②正直诚实；③言行一致；④始终如一；⑤信守诺言；⑥心胸开阔。

（二）睡眠者效应

睡眠者效应是指沟通者的说服力随着时间而增长。其原因是随着时间的推移，人们往往把信息本身和沟通者分离开来，而且人们遗忘沟通者要比忘记沟通内容更快一些。其实质是人们对说话者因威信等因素产生的影响随着时间的流逝而产生相反效应的现象。在日常生活中，常会出现这样的现象，听到某些信息后，过了一段时间，人们记不清这话是谁说的，但说的内容大致还记得。由于人们通常会相信自己的记忆，因此所记住的内容就开始发挥越来越大的作用。

（三）沟通者与沟通对象的相似性

沟通者与沟通对象的相似性也是影响其可信性的因素。一般而言，人们通常容易相信志同道合或有共同的兴趣爱好、脾气、秉性等的人。“物以类聚，鸟以群飞”说的就是这个意思。因为人与人的共同点可以拉近人与人之间的距离，使人产生一种信赖感。这样，如果信息由一个与听众相似的人来传递，会增加成功的可能性。

二、沟通内容

沟通要有沟通的内容，沟通内容是沟通必不可少的构成要素，也是影响沟通效果的重要因素。一般而言，要使沟通有效，在沟通内容方面应注意以下几个方面。

（一）利用情感

在利用情感时，首先，可以利用人们的好感或恶感，即人们喜欢获取的信息和厌恶的信息进行沟通，如此可以通过调动沟通对象的情绪而取得良好的沟通效果。其次，要选择有情感色彩的内容，这样的沟通内容能够唤醒或激发起沟通对象的情感，使他们产生感情共鸣。最后，要在沟通内容中融入情感，如此可达到以情动人的效果。

比如，在赈灾捐款上，若是引用令人印象深刻的数字，效果通常不会太好；若是讲述一个个悲惨的故事，引发人们的情感共鸣如怜悯同情之心，效果通常会好得多。这说明，内容的情感性是影响沟通的重要因素。日常生活中的电信诈骗、邪教的末日论等之所以奏效，其原因往往是诱发并利用人们产生恐惧、愤怒、愉悦等情绪。

（二）合理组织沟通

首先，要对沟通内容进行充分理解，明白要沟通什么，为什么要沟通这些内容。其次，要选择恰当的符号，并合理安排符号的顺序，即先说什么，后说什么，特别要利用首因效应和近因效应。再次，要提供充分的信息如正反两方面的材料，并要尽可能提供确实的论据来支撑所提供的论点。最后，最好是在明确地呈现观点或系统理解材料前提下，让沟通对象自己得出结论。

（三）符号或语言的选择与使用

在沟通中，信息的传递是通过一定的符号尤其是语言符号来实现的，因此，在沟通时，符号的选择与使用就十分重要。在沟通过程中，塑成、制约乃至决定人的心理活动和行为的因素是符号及其指代或表征的意义。在人们相互作用中，人们既在意别人使用什么符号即“说什么”，更在意他所使用的符号意义即 “说的是什么（意思）”。一般而言，人们容易接受肯定性符号，如竖大拇指、赞扬性语言等，而不愿接受否定性的负面符号。同样的符号，沟通对象所感受到的意义或内容不同，所产生的心理反应或行为也就不同。比如，有人说“你很聪明”，倘若听者把这句话理解为称赞，他就会对说者有积极反应，并可能发出对说者亲近的信号或举动。但倘若把之理解为讥讽，听者就可能对说者不满乃至反唇相讥。这说明，社会中已形成的符号和人们对符号的理解或解释制约其心理和行为，对符号的使用或运用是人的心理的行为表现或体现。

1. 说的内容及弦外之音

说话在沟通过程中很重要。社会地位比较高的人，在跟下级说话时通常不会说谎。

（1）老板是否刁难[2,3]

小丽文秘专业毕业后进了一家广告公司，有优越的工作环境和丰厚的年薪。按说，她应该过得不错，不会有跳槽的念头。但她恰恰产生过这样的念头。

产生这种念头的起因是：有一次，她为老总写演讲稿，但怎么写也不能让老总满意。她硬着头皮改了七八次，可总被老总批得体无完肤。你这里有问题，那有问题，这个词用错了，那个用词也不当，这里有错别字，这个标点符号不对，这个语句顺序错了，该调换调换，总是找她的毛病。还说她完全不是搞文字的料。她委屈地不停地哭，想到了要跳槽。她认定是老总有意为难她。自己怎么碰到这么个挑剔的老板呢？真是命苦啊！一连几天，她都陷入这种痛苦又无法摆脱的情绪中不能自拔，当然，老总的发言稿也没再让她写，而是让比她早一年到公司，跟她毕业于同一所学校的师姐代劳了。对此，小丽很不高兴。一方面觉得老板针对了她，另一方面又觉得师姐代劳她的工作伤了她的自尊，让她觉得有一种无价值感。

此时有朋友劝她，工作上的困难，谁都遇到过。遇到了困难谁都不会高兴，关键是你自己怎么看待这个困难。没有一个老板会无缘无故地处处为难一个员工，他大不了可以开除你。这对你倒是一个磨炼的好机会，我们生活中的很多本领都是在特定的情况下逼迫学到的。你不妨这样想想，老板替或帮你指出问题，你可以去改进自己的问题，改正老板所指出的问题，这样，你就会不断地提高。老板抓住我们的毛病，那么我们就更加努力，尽量不让老板抓住毛病，并虚心一点跟你的师姐好好学习一下。她听从了朋友的意见，改变了她原来的想法，想想老板为什么要刁难我呢？为什么一开始把工作安排给我，没有安排给师姐呢？现在安排给师姐，那么是不是师姐哪点比我做得好呢？在这种情况下，我要跟师姐好好学习。看看她怎么给老板写东西，怎么学东西。

几天后，师姐和她共同完成了演讲稿，老板很满意，并拍着她的肩膀说：小丽，你还是有潜力的，工作的时候要勤于把它们挖出来呀！听了老板这样的肯定，她顿时又觉得老板是个和蔼的老头了。这个女孩的认知改变了，情绪改变了，结果也改变了。

在这个故事中，老板指出小丽的错误是为了让她改进，而不是故意刁难。正像故事中所讲的，老板不满某员工，可以直接炒他的鱿鱼，没有必要故意刁难人。所以，小丽是误解了老板的意思。这就告诉我们，在理解别人的话语时，可以依据别人的身份地位去理解。当自己听得不顺耳时，不妨问问自己，为什么这么不顺耳？是否是自己把有些事情想得太严重了？或是会错了意？换个想法，换个角度理解，就可能有不同的认知或心态，进而会有不同的心情！

（2）弦外之音的捕捉

在分析沟通时，不仅要了解使用语言本身所携带的意义，还有就是语言的弦外之音。这就要用心听，用心看。很多时候不能光注意语言本身，还要捕捉语言携带的潜在信息。

比如，大家熟悉的司马懿与诸葛亮斗智，司马懿围困诸葛亮城池，诸葛亮用空城计骗过司马懿，最为重要的原因之一就是司马懿没有从诸葛亮的琴声中捕捉到慌乱信息。对弦外之音的捕捉，要特别注意说话的语气、语调、语速、语强等所提供信息，它们都能反映出一个人的心理。比如，不敢大声说话的人，通常是比较自卑的；说话故易提高嗓门，虚张声势的，通常没什么本事而想显示自己有本事；说话铿锵有力的往往是有本事的、自信的。说话的语气不同，表明的含义也不同，心理学称为言语表情。

言语表情不是人们说的话本身所携带的信息，而是语气所体现出来的信息。“言语表情是情绪在语言的音调和节奏速度等方面的表现。言语不仅是交流思想的工具，也是传达情绪信息的手段。例如，喜悦时音调高，言语速度较快，语音高低差别较大；悲哀时音调低，言语缓慢，语音高低差别较小，声音断续；愤怒时声音高而尖，且在颤抖。此外，人还能用词来标记自己的情绪，说出自己的情绪体验，这是言语表情的更直接方式。”[4]由语气可以“判断人的情绪状态和性格特征：悲哀时语速慢，音调低，音域起伏较小，显得沉重而呆板；激动时声音高且尖，语速快，音域起伏较大，带有颤音；说话语速较快，口误又多的人被认为地位较低且又紧张；说话声音响亮，慢条斯理的人被认为地位较高、悠然自得；说话结结巴巴，语无伦次的人缺乏自信，或者言不由衷；男声中如带气息声，被认为较年青，富有朝气，富有艺术感；女声若带有气息声，被认为美妙动人，富有女性味；平板的声音被认为冷漠、呆滞和畏缩；喉音使男性显得成熟、世故和老练，判断力强，但使女性失去魅力；女中音和男低音代表暴躁气质；女高音和男高音多属于活泼型的人；音调的抑扬婉转显露活泼的天性，表明气质温和柔顺；旋律可以表达人的欢乐与苦闷，希望与企盼。”“判断人的说话情绪和意图时，不仅要听他说些什么，还要听他怎样说，即从他说话声音的高低、强弱、起伏、节奏、音域、转折、速度、腔调和口误中领会其‘言外之意’。语言交谈能够沟通思想，促进相互了解，语言的声调使语言本身具有更多的感情色彩，从而揭示出人的思想、感情和意向的精微之处，而这非词汇所能完全表达的。任何事物都可以用最体面的语言来讲述，而不至于流于粗俗，问题只在于思想是否丰富，语言是否和谐、比喻是否恰当、礼貌是否周到、时机是否适当。”[4]

2. 少说负面话[5]

有人不自觉地犯有爱讲负面话的毛病。这种人说起话来，总带着不满意的、抱怨的口气。上班一开口，先是说早上的油条不好吃、公共汽车老是等不来，然后又嫌早晨的开水烧得不够开，茶叶没有味儿。打起电话来先怪对方为什么响了好几声都不接，聊起天来必说老公脏又懒，儿子不争气，某某不讲义气，某某太抠门，某某妆画得难看，某某菜烧得难吃，等等。

跟这种人在一起交往，好像世上没有几件能让她称心如意的事。如果你留心统计一下，假如她一天讲了一百句话，大概有九十九句是负面的。

爱讲负面话的人，有时是过于理想化，用自己理想化的模式，去适应生活中的现实，结果常常是事与愿违。还有的人是看问题过于狭隘偏颇，只考虑自己，不顾及其他，凡是不符合自己脾气的，都一概予以否定。另一种便是用放大镜甚至是显微镜看人，将别人的微不足道的缺点放大。

习惯讲负面话的人，很难与人友好交往，即使她并没有直接说对方不好，但她那万事皆不如意的心态，让人很难同她找到舒心满意的共同语言。久而久之，人们还会觉得此人太“刁”，难以相处，常常避而远之，偶有接触，也只好打个哈哈敷衍了事。总讲负面话，最终会成为难以与人相融的孤家寡人。

少说负面话的关键，是要有一个积极乐观的心态。生活中并不缺乏美，而是缺少发现。与人相处，也要热情大度，注意发现对方身上的闪光点。有时还需要用你身上的闪光点去照亮别人，让大家的心境都明亮开朗起来。这样，就会有更多的人愿意同你友好相处。

3. 注意沟通内容的表达方式

在沟通时，说什么，怎样说，非常重要。有人认为，沟通要坚持“三要”和“三不”。“三要”是：“赞美与鼓励的话要说；感激与幽默的话要说；与人格有关的话要说。”“三不”是：“没有准备的话不要说；没有依据与数据的话不要说；情绪欠佳的时候不要说。”

中国有句话叫“逢人只说三分话”，其中的一层意思是说中国人不直截了当、清晰明了地把自己的想法完整地和盘托出，而是婉转、隐含蓄地表达出来。特别是在容易给他人或自己造成伤害的情况下更是如此。季羡林先生有句名言：“假话全不讲，真话不全讲”。这句话充分体现出中国特色，是深含哲理的精品语言。

就可能给他人造成的伤害而言，中国人崇尚不揭短。“打人不打脸，揭人不揭短。”当别人犯了错误或有了失误而必须要给他指出时，或者是劝诫他人注意某些事情时，或者要告诉他人不要表现出某些言行时，中国人通常都要给他人留面子，并不直接指出来，而是以非常婉转含蓄的话语告诉对方。

就可能给自己带来的伤害而言，在为人处事的过程中，如果说话太过于直率，想说什么就说什么，会由于说话不当或表达方式不当引起别人的误解，轻者惹人烦，使他人疏远自己；重者使他人对自己采取伤害性行为或说出伤害性语言；同时还可能透漏出不该透漏出的信息，给自己带来麻烦。因此，为避免他人对自己的伤害，就要说话婉转、谨慎，避免“祸从口出”。

对于中国人的这种做法，许多不了解中国文化的人不理解，但其实中国人这样做是有原因的。其中一个重要原因就是中国语言与中国人的文化心理的相互建构。曾仕强先生指出[6]：

> 不了解中国人的人觉得我们很难捉摸：“我明明听懂了他的话，他怎么还是不高兴？”因为中国人说的话通常包含很多意思，听懂了表面意思却常常听不懂言外之意。有时候，中国人不说话，只是一个眼神、一个动作就包含了很多意思，这当然需要彼此的默契。如果没有默契，要搞清楚中国人到底在说什么，确实很难。
>
> ……中国人要人家不要“听”话，其中含有“中国话不可以用耳朵听”的意思，必须特别小心。“不要听他的”，包含“不要听他的话”，也包含“不要单凭耳朵听他的话”的意思。中国人很少说：“听他说什么。”反而常常告诫我们：“看他怎么说。”也就是说，中国话不适合单用耳朵听，应该配合眼睛看。中国话听起来含含糊糊，“看”起来清清楚楚。中国人不喜欢啰里啰唆讲一大堆，只喜欢简单明了，短短一两句话，含意很深，所以“看”了之后，还要多想。如果不用心想，还是弄不清楚中国人的话意。也就是说，“看”话不能单凭一双眼睛去看，还要动用“心眼”，才能够真正看清楚，才能领悟“话中的话”，以及“话外的话”。
>
> “心眼”要大，才听得真实。“心眼”太小，成了“小心眼儿”，就会“以小人之心，度君子之腹”。如果对方有难言之隐，有说不出来的苦衷，有说出来反而彼此难过的事情，千万不要用不正当的心思去曲解。
>
> 一句“你看着办吧”，究竟是“全权委托你”，还是“猜猜我的用意”，甚至“居然搞成这样子，你自己收拾烂摊子吧！”短短五个字，足够让别人思前想后了。凡是耳朵听不懂的时候，就要用眼睛看，还要动脑筋，结果呢，你看着办吧！

三、沟通对象

沟通对象是接受信息的人，是沟通所不可或缺的要素。因此，要使沟通有效，必须要考虑沟通对象，根据其特点进行沟通。这是人际交往的白金法则的根本性要求。否则，就会出现一头（沟通者）热一头（沟通对象）冷的现象。比如，与一个根本不讲道理的人讲理，能够讲得通吗？不管怎么讲，哪怕你讲得很在理，但他根本就不会在意是否在理，这样，沟通就很难进行下去。换言之，沟通要有效，必须考虑对谁说，说给谁听。说的话要对别人起到重要作用，必须迎合别人的口味。如果不了解说话的对象，再滔滔不绝地说可能亦无济于事，可能就会出现对牛弹琴的情况。比如，推销东西，要先了解对方喜好、性格等方面，去迎合对方来推销。所以说话要看对象，对不同的人说不同的话。

一般而言，影响沟通效果的沟通对象方面的因素主要有沟通对象的态度、与沟通对象的态度的差距及可信性、沟通对象的个性因素等。

（一）沟通对象的态度或心态

沟通对象的态度在沟通中会产生同化效应和对比（异化）效应。

1. 同化效应

同化效应——接受幅度：如果听众的态度与沟通者的观点差距较小，他们愿意接受，他们会把与沟通者观点差距主观上评价得更小。依据同化效应，在沟通时，首先要让沟通对象认识或注意到与他的共同点或一致性，据此他会把沟通者的立场、观点等更多地看成与自己的相同或一致，进而增加他接受沟通信息的可能性。

2. 对比效应

对比效应——拒绝幅度：如果听众的态度与沟通者的观点差距较大，不被他们接受，他们会与沟通者的观点差距评价得更大。依据对比效应，在沟通时，首先要尽量避免让沟通对象认识或注意到与他的不同点或相异性，据此他会夸大这些不同点，进而降低他接受沟通信息的可能性，在心理上产生抵触或拒绝沟通者所传递的信息。

通常情况下，在沟通时，你若首先否定别人的，就会使别人很容易注意到你与他的差异，他也会否定你。他对你的否定，既可能是当面否定，也可能是不当面否定。比如，宿舍同学放假计划出去游玩，甲同学提出去星湖，乙同学否定，要去鼎湖，那么甲同学对乙同学的意见有什么看法？甲同学必然会一样否定乙同学，从而产生矛盾。

3. 应注意的问题

依据同化效应和对比效应，要使沟通顺利进行下去，就需要考虑沟通对象的态度或心态，确立他们的接受幅度和拒绝幅度，据此来组织沟通。不能使他们立刻就拒绝，若拒绝了，在心理上产生了抵触，要再进行沟通就非常困难了。换言之，沟通要取得良好效果，需要使沟通对象能听得进去能接受。如果沟通对象听不进去或在心理上有抵触不愿接受，就算沟通者不厌其烦，没有自己的私心杂念，全为沟通对象好，就像父母对孩子一样，但沟通对象依然不领情，全当耳旁风，甚至越听越烦，越听越抵触。这说明，对于沟通而言，沟通对象接受或听得进去，是非常重要的，这是有效沟通开端。常言道："万事开头难"，所以沟通之前，一定要谨慎，尽可能依据沟通对象的态度或心态设计问题或沟通内容，营建一个良好的沟通氛围，以免徒劳无功。当对象不接受或听不进去时，宁可暂时不说，也不要将局面僵化。缓解气氛，并非完全没有道理。在沟通过程中，虽然不能确保每一句话都说得很妥当，但至少一开始要特别小心，以诚恳的语气和沟通对象能够接受的方式开始，使他了解自己不会采取敌对或者让他没有面子的方式来进行沟通。这样，他才会逐渐放松。最好是站在沟通对象的立场或角度来沟通，凡事以他的利益为出发点，就算你说的话他不接受，至少他会进行思量。久而久之，就能获得对方的信任，这样沟通起来就方便得多。

为了解沟通对象的态度或心态，可以先设计一下似乎与沟通无关的内容。比如，"今天天气不错。""这几天看起来你心情不错。""我们好长时间没有坐在一起好好聊聊了"，等等，先作沟通前的铺垫，试探沟通对象的心情。若发觉沟通对象的心情不错，就可以聊下去。如沟通对象回答说："是呀，确实不错，不冷不热，比较适宜。""这几天还行，没什么烦心事。""确实有好长时间了。"等，就可以逐渐引入沟通。反之，若发现沟通对象心情不佳，要么识趣点，另找时间；要么顺着话题往下说，进一步营造氛围。如若沟通对象回答说："没什么好的，湿气太大。""别提了，最近有些烦心。"等等，就可以接着说："怎么了？有什么事情？能否跟我说说，看看我能不能起上作用。"这样就可进一步营造沟通的条件。铺垫可以缓解紧张情绪，拉近双方的距离，营造良好沟通气氛。

可以这样说，每个人的心灵都是一个独立的系统，进入这个系统有一扇门，只有这个门打开，才能对他们产生有效影响。而打开这扇门的钥匙或主动权掌握在他们自己手里。有效的沟通需要沟通双方都打开自己的心灵之门，向对方敞开自己的心扉。而要做到这一点，最为重要的是双方由相互接触到相互适应与融合，而不是相互排斥与抵触。尤其对于沟通者而言，应明白沟通对象的心灵之门的钥匙不在自己手里，而由沟通对象自己掌握，只有他们愿意打开其心灵之门，沟通才会有效。否则，他不打开这扇门，甚至加厚这扇门（产生心理抵触），沟通就无效，甚至有害。因此，从沟通对象的角度讲，沟通的首要任务是让他们主动地打开其心灵之门。而要做到这一点，关键是了解并融入沟通对象的立场、思想等，用一种对话或交往的姿态与他们平等地对话与交往，并切实学会尊重乃至欣赏他们。在日常生活中，我们经常可以见到沟通失效的情况。究其原因，主要是沟通对象没有打开其心灵之门。有效沟通最为有效的方法是：了解沟通者的需要，并在此基础上采取有效措施。这实质上是“白金法则”的体现。

（二）沟通者与沟通对象的态度的差距及可信性

研究表明，沟通者与沟通对象的观点在中等程度的差距上可以产生最大的态度改变，但这点也随可信性的增加而增大。这告诉我们，在沟通时，不能一下子提出或抛出与沟通对象的态度、立场、观点相差太大的信息，否则会引起他的警觉、戒心甚至抵触。人都有维护自己的立场、观点等的倾向，差距太大，超出了沟通对象的接受范围，他往往就会抵触甚至拒绝，由此就会把这种差距进一步拉大，造成沟通障碍，沟通就难以进行下去。当然，差距也不能太小，差距太小，会由于同化效应使沟通对象觉得与他观点一样，没什么新鲜的，也不会特别认真去听。若他觉得既相似又有差异，就会感兴趣，看看差异在哪，差异的原因是什么。

心理学研究表明，人们都有一种对新异刺激的兴趣，别人说的，自己都知道，肯定不感兴趣。别人说的自己根本不懂，也不能引起兴趣。别人说的自己既知好像又不知，兴趣才会浓厚。

（三）让沟通对象承诺

让沟通对象承诺实际上就是在心理上作出接受沟通信息的承诺。其通常做法有以下 4 种。

1. 公开讲述

常言道：“君子一言，驷马难追”，即人们通常公开讲过的话一般不会违背，其原因主要是为了维护自己的面子。所以，要让沟通对象更好地接受信息，改变其原有的认知或心态，最好的方法之一是设法诱使他公开承诺。

我的一个同学，他和我说，他要做什么事的时候，尤其是大事的时候，他就当众宣布，我一定要干成什么事。包括他考博的时候，在我们全院里面宣布：我要考博士，并且我一定能考上。后来考得不错，还真考上了。当众宣布，是自己给自己一种压力，因为别人都知道你能考上博士，是不是？当然，也有些人通常不当众宣布，而是暗暗给自己加劲，给自己规定任务。自己一天要学多少东西，如一天要背多少外语单词，一天要干什么，看多少书。通过不断给自己加劲，他们也相信自己通过努力一定能考上。我的另一个朋友就是这样。不过，在他博士毕业时，有点得意忘形，在大家毕业欢聚时，喝酒喝多了，就说一些豪言壮语：“我在五年内，一定要买车买房。”第二天，头脑清醒了，有些后悔，朋友们开玩笑对他说："你说了，五年内买车买房。我们可要看你的了。"他说："我什么时候说过这话？"他们说："大家都可以作证。"后来他想，反正说也说了，自己就给自己加劲，多努力。通过努力，在他博士毕业不到五年内，买了车买了房，实现了自己的目标。

2. 采取行动

行动是对自己的最肯定性承诺。一般而言，个体在表现出某种行动后，通常会持与自己的行动一致的态度或认知，否则，就会产生行动与态度或认知的失调。这是因为人们总想为自己的行动或行为寻找合理的借口或理由，即作出合理的归因。因此，若让个体作出与传递信息相一致的行动，他通常容易接受和认同所传递的信息。

3. 登门槛技术

登门槛技术是提出个体能够答应的一个个小要求，通过小要求一步步达到使个体最终接受大要求的目的。倘若一开始就提出一个大的要求，个体通常不会答应。这种个体答应并遵从了第一个小要求而改变了对自己或对活动本身的态度，由此减弱了他对类似活动大要求的对抗心理，使个体更容易逐渐遵从或满足较大要求的方法或技术，就是登门槛技术（foot-in-the-door-effect）。登门槛技术是一个形象的比喻，是说一个陌生人向一个人提出跨过他家的门槛进他家里。若一开始就提出这样要求，他通常由于戒备心理等而不答应。但若先提出在门口停留一会，再到坐在门槛上，再到一脚跨进门槛，再到两脚跨进，一步步提出小要求，最终达到进到门里的目的。既然"一只脚都进去了，何必在乎整个身子都进去呢。"

4. 利用参照群体

参照群体是个体心目中的理想群体，它实际上是个体在形成其购买或消费决策时，用以作为参照、比较的个人或群体。参照群体具有规范和比较两大功能。前者是指建立一定的行为标准并使个体遵从这一标准，比如，受父母的影响，子女所注重的营养标准、如何穿着打扮、到哪些地方购物等方面形成了某些观念和态度。后者是指个体把参照群体作为评价自己或别人的比较标准和出发点。如个体在布置、装修自己的住宅时，可能以邻居或仰慕的某位熟人的家居布置作为参照和仿效对象。参照群体的规范或行为准则通常会成为个体的行为标准，由此起到规范个体行为的作用。参照群体的成员行为、价值观念、认知等通常会成为个体的参照模仿的对象，由此为个体的行为提供标准性信息或证据。参照群体的价值取向或信念等通常会对个体确立自己的价值取向产生影响。正因为如此，应充分利用个体心目中的参照群体的作用。

（四）沟通对象的个性特征

沟通能否顺利进行，也受到沟通对象的个性特征影响。影响沟通效果的沟通对象的个性特征主要有以下 4 点。

1. 可说服性

可说服性高的人，通常容易接受沟通者所传递的信息，沟通效果好；反之，可说服性低的人，则通常不容易接受沟通者所传递的信息，沟通效果差。

2. 智力

智商高的人，尤其是自认为智商高的人，通常不容易接受他人的意见，因为他们认为自己的看法正确。而智商低的人，尤其是认为自己不聪明的人，通常容易接受他人的意见，因为他们认为自己的看法有缺陷。

3. 自尊

自尊心强的人通常不愿接受别人的意见，尤其是与自己不同的意见。因为接受别人的意见意味着自己的见解有问题，会伤害自己的自尊心。相反，自尊心弱的人往往容易接受别人的意见。

4. 个性和社会情景的相互作用

通常个性强尤其是要强的人不愿接受别人的意见。当然，个性与情境是相互作用的。有他人尤其是有影响的人在场的情况下，人们往往坚持自己的看法，力图证明自己是对的。这说明情景不同，个性表现也不同。

（五）沟通对象的知识经验、认知水平等

1.《多看几步》故事[①]

曾收到一个来自微信的故事，故事如下：

王芸是个很漂亮的少女，她到公司工作快三年了，比她后来的同事陆续得到了升职的机会，她却原地不动，心里颇不是滋味。终于有一天，她冒着被解聘的危险，找到老板理论。“老板，我有过迟到，早退或乱章违纪的现象吗？”老板干脆地回答“没有。”“那是公司对我有偏见吗？”老板先是一怔，继而说“当然没有。”“为什么比我资历浅的人都可以得

① 资料来源于网络。

到重用，而我却一直在微不足道的岗位上？”老板一时语塞，然后笑笑说:“你的事咱们等会再说，我手头上有个急事，要不你先帮我处理一下？一家客户准备到公司来考察产品状况，你联系一下他们，问问何时过来。”老板说。“这真是个重要的任务。”临出门前，她还不忘调侃一句。

一刻钟后，她回到老板办公室。“联系到了吗？”老板问。“联系到了，他们说可能下周过来。”“具体是下周几？”老板问。“这个我没细问。”“他们一行多少人？”“啊！您没让我问这个啊！”“那他们是坐火车还是飞机？”“这个您也没叫我问呀！”老板不再说什么了，他打电话叫张怡过来。张怡比她晚到公司一年，现在已是一个部门的负责人了，张怡接到了与她刚才相同的任务。一会儿工功夫，张怡回来了。“哦，是这样的，”张怡答道：“他们是乘下周五下午 3 点的飞机，大约晚上 6 点钟到，他们一行 5 人，由采购部王经理带队，我跟他们说了，我公司会派人到机场迎接。另外，他们计划考察两天时间，具体行程到了以后双方再商榷。为了方便工作，我建议把他们安置在附近的国际酒店，如果您同意，房间明天我就提前预订。还有，下周天气预报有雨，我会随时和他们保持联系，一旦情况有变，我将随时向您汇报。”王芸在一边看的脸不禁发红，不好意思再说什么就退出了办公室。当晚她收到老板发来的一条信息：“王芸，不管你在哪里上班，请记住以下黄金定律！第一则：工作不养闲人，团队不养懒人。第二则：入一行，先别惦记着能赚钱，先学着让自己值钱。第三则：没有哪个行业的钱是好赚的。第四则：干工作，没有哪个是顺利的，受点气是正常的。第五则：赚不到钱，赚知识；赚不到知识，赚经历；赚不到经历，赚阅历；以上都赚到了，就不可能赚不到钱。第六则：只有先改变自己的态度，才能改变人生的高度。只有先改变自己的工作态度，才能有职业高度。第七则：让人迷茫的原因只有一个——那就是本该拼搏的年纪，却想得太多，做得太少！送君三个字：用心干！”

她突然间明白，没有谁生来就能担当大任，都是从简单、平凡的小事做起，今天你为自己贴上什么样的标签，或许就决定了明天你是否会被委以重任。操心的程度直接影响到办事的效率，任何一个公司都迫切需要那些工作积极主动负责的员工。优秀的员工往往不是被动地等待别人安排工作，而是主动去了解自己应该做什么，然后全力以赴地去完成。

2. 启示

这则故事中的主人公王芸在沟通中只是站在自己的角度考虑问题，而没有站在老板的角度。而老板呢，在沟通中就能够很好地看对象，根据王芸的情况组织沟通，从而使沟通十分有效，使王芸不仅明白了自己没被提拔的原因，而且也知晓了自己今后努力的方向。这样，作为下属的王芸不仅心服口服，而且还能得到能力提升，这对于做好工作是十分重要的。

四、沟通渠道

沟通渠道或媒介也是影响沟通效果的重要因素。在日常生活中，一些人要别人道歉时一定要登在有影响的大报纸的显眼位置或者在一些官方电视台公开，因为媒体的影响力不一样，所传递的信息的可信性也不一样。比如，中央电视台发布的消息，一般人们认为不会假。但是地方电视台如县电视台的广告，人们很难相信真假。人们经常说白纸黑字，这是说写出来的东西可以作为凭据，因此通常让人信服。而口说往往无凭，比较难让人信服。

尤其在现今的互联网时代，沟通的渠道或方式有很多，E-mail（电子邮件）、QQ 聊天、微信、手机短信、网络视频等，不同的渠道或方式的影响力是不同的。有些容易使人信服，有些则容易令人生疑。在沟通时，是 E-mail 沟通，还是口头交流？是图片，还是用文字？其沟通效果常常差异很大。

五、沟通情境

情境因素是影响沟通效果的重要因素。同样的信息，在不同的情境下，传递的方式、效果等会有差异。比如，有些信息，单独告诉某个人，既体现出沟通对象在沟通者心目中的地位（只告诉他），又体现出信息的隐秘性。在一些情境中，不用多说，人们就能理解——此时无声胜有声；在另外一些情境中，就需要把信息表达清楚全面；还有一些信息，只有在特定情境中才能被很好地理解。如“来了”，若人们在等公交车时听到这句话，就马上知道是要等的公交车来了。若是人们在等另外一个人，听到有人这样说，就知道要等的人来了。若在等某件事情的发生或某种机会，也马上理解。所以，同样的话，不同的情境，理解也不相同。

六、沟通效果

沟通效果是沟通的最终目标，任何沟通都是想取得好的效果。因此，应根据沟通要取得的效果合理设计或组织沟通。

七、沟通目的

沟通是有目的的，因此，不能为沟通而沟通，而要明确自己的沟通目的，依据要达到的目的来合理选择沟通的手段、情境、渠道、信息的表达方式等。

第二节　有效沟通的艺术与技巧

一、沟通的重要原则

在日常生活中，应该注意沟通的 5 项原则。

（一）平等原则

在沟通过程中，要做到平等待人，不管是上级还是下级，要摆正自己的位置。如果上级部门在沟通过程中，总显示出高高在上的姿态，说话时给人强大的压力气势，就容易造成对别人的压抑感。对别人说的话也一样，如果之前对下属的建议不理不睬，即使事后你知道错了，你也不会承认错误，这时候就会阻塞言论。因此，在沟通过程中，首先是地位的平等。

在人际交往中总要有一定的付出或投入，沟通双方的需要及其满足程度必须是平等的，平等是建立人际关系的前提。人际交往作为人们之间的心理沟通，是主动的、相互的、有来有往的。人都有友爱和受人尊敬的需要，都希望得到别人的平等对待，人的这种需要，就是平等的需要。

（二）信用原则

信用即指一个人诚实、不欺骗、遵守诺言，能够取得他人的信任。人离不开交往，交往离不开信用。要做到说话算数，不轻许诺言。与人交往时要热情友好，以诚相待，不卑不亢，端庄而不过于矜持，谦逊而不矫饰作伪，要充分显示自己的自信心。一个有自信心的人，才可能取得别人的信赖。处事果断、富有主见、精神饱满、充满自信的人就容易激发别人的交往动机。博取别人的信任，产生使人乐于与你交往的魅力。

在说话的过程中要讲信用，这既是沟通的基本原则，也是做人的根基。不要在沟通过程中漫无目的，刚说的话又不算数，那样别人就不愿和你交流、沟通。尤其是领导，说话要守信用，否则无人敢与你（领导）沟通。今天向领导反映某人的问题，明天领导就对被反映的那个人说，“这都是某某说的。”谁还敢向他反映问题，与他交心。下属也许在向他反映情况，让他知道这样一些人，结果他马上把反映情况的那个人出卖了。昨天领导说的是东，今天就说的是西，没人知道哪天说的是真，哪天说的是假，没人敢相信他的话。

（三）互利原则

建立良好的人际关系离不开互助互利。这一原则可表现为人际关系的相互依存，通过对物质、能量、精神、感情的交换而使各自的需要得到满足。

不管是上下级、同事，还是朋友之间的沟通，最好是对大家都有利的。比如，今天我正在忙着什么事，你一个人觉得空虚，就随便找我聊天，打牌，这对你有利，但对我不利。倘若我也没什么事情或没什么重要的事情，我们俩是好朋友，我就与你交流交流，以便于促进我们双方感情。所以不管是精神上的，还是物质上的，总是要使双方尽可能获利，或者精神上的安抚，物质上的报酬，或者想听到一些意见。

（四）合作原则

沟通时，双方互相配合，才能使沟通有效地进行下去。如果在沟通时造成心理上的抵触乃至对抗，形成我不愿听，你也不愿听，我不听你讲，你也不听我讲的局面，这样的沟通就难以继续下去。所以在沟通过程中，要强调合作的原则。

在谈到人际关系的时候，我们已经强调过差异性，我们要实现差异性的互补。这种差异不是坏事，是好事，存在一种互补。

（五）相容原则

相容是指人际交往中的心理相容，即指人与人之间的融洽关系，与人相处时的容纳、包涵、宽容及忍让。要做到心理相容，应注意增加交往频率，寻找共同点，谦虚和宽容。为人处世要心胸开阔，宽以待人。要体谅他人，遇事多为别人着想，即使别人犯了错误，或冒犯了自己，也不要斤斤计较，以免因小失大，伤害相互之间的感情。只要踏实做事、团结有力，作出一些让步是值得的。

二、人际沟通中的措辞

交往中，要注意语言和措辞。尽量少用情绪性字眼批评别人，比如，你这个人怎么这么差劲，你这个人一点不懂人情世故，等等。要避免带着被动的、责备的、不满的情绪批评别人。一般而言，讲话带刺往往导致沟通不畅，沟而不通，甚至会加大沟通障碍或困难。

少用情绪性词语拒绝别人的好意，少讲一些讥笑的话，多讲一些赞美的话；少讲一些批评的话，多讲一些鼓励的话；少讲一些带情绪的话，多讲一些就事论事的话；少讲些模棱两可的话，多讲些语意明确的话；少讲些破坏性的话，多讲些建议性的话。比如，曾经有一个要买房的人。他的一个朋友跟他说，你买房缺钱我可以借你点钱。那人带着傲慢语气说不缺。平时你问人借钱别人还不一定愿意借你呢，现在人家主动给你说你却不要。后来刚好缺了 4 万多，想到当时一下拒绝了，现在想问人家借又不好意思了。如果当时说谢谢，但现在手头上的钱还够用，等不够的时候我再问你借点吧。这样别人听了舒服，现在想借也好开口。

沟通时，用积极语言还是消极语言，造成的心理暗示不一样。积极语言往往会给人或自己积极的暗示，对自己或他人有鼓励作用。反之，消极的语言则往往会给人或自己消极暗示，对自己或他人有泄气或抑制作用。这就告诉我们，在沟通时尽可能使用积极的语言，避免使用消极语言，尤其是要使用肯定性的语言。如“你好厉害！”“你真能干！”“真是了不起！”“做得非常不错！”“你很值得人尊敬！”等等。同样的内容，能用积极语言表达，就不要用消极语言表达。如用“这件事情在……方面还有需要改进的地方”替代“你的错误是……”；用“这件事情这么做比较合适”替代“这件事情当然应该这么做”；用“我建议或我的意见是……”替代“我跟你说或你应该……”；用“这件事情可能是否是……的呢？”替代“肯定是你错了”；用“我等会有急事找你”替代“我叫你马上……”；用“这样就更好了”替代“你为什么总是在这里弄错”。还有一些对比见表 5.1。

表 5.1　消极语言与积极语言对照

编号	消极语言	积极语言
1	我们这次的任务失败了	我们没有完成任务
2	别忘了在下班前把货送到	记住在下班前把货送去
3	我希望你对此满意并继续订货	当你有什么需要时就请打电话给我
4	这次的报告写得好多了	这次的报告写得更好了
5	我们不允许刚刚参加工作就上班迟到	对刚刚参加工作的人保证按时上班很重要
6	免费早餐仅限于 20 元以内，超出部分请自付	你可以免费享用 20 元以内的早餐
7	如果您对我们的服务不满意的话，可终止续约	这次与您合作非常好，受益匪浅，望我们继续合作
8	外派工作本身就是不确定的，困难比较多	外派工作非常有利于你的职业生涯，但也的确需要克服一些意想不到的困难

表 5.1 中，①“这次任务失败了”是消极语气，表明自己有点灰心丧气，甚至自暴自弃；“这次任务还没有完成”却带有一种希望，尽管失败了，但是我可以继续把这个事完成好。②“别忘了在下班前把货送到”是祈使句，有命令指使的口味；“记住下班前把货送到”或“我相信你一定能在下班前把货送到”有提醒或鼓励的语气，易激发人的士气。③“我希望你对此满意并继续订货”有点向别人提要求，给别人一定的心理压力，“要满意，不要不满意”；“当你有什么需要时请打电话给我”是帮别人，满足别人的需要，要“很乐意为你服务”的味

道。④“这次报告写得好多了”有“以前的报告写得不好，这次也不是十分好，只是有进步”的意蕴；“这次报告写得更好了”则表明“以前写得就好”。⑤“我们不允许刚刚参加工作就上班迟到”是对别人的命令和外在要求；“对刚刚参加工作的人保证按时上班很重要”是说这是员工的职责素养或自身应具备的素质。⑥“免费早餐仅限于 20 元以内，超出部分请自付”是对别人的限制，似乎有点设陷阱的味道，与“非买勿摸”一样让别人心里不舒服；“你可以免费享用 20 元以内的早餐”是表明给顾客提供的优惠条件。⑦“如果您对我们的服务不满意的话，可终止续约”有“对别人不在乎，有你没你都行”的味道。若是改成积极的语言，如“这次与您合作非常好，受益匪浅，望我们继续合作。”等，是给予对方肯定。⑧“外派工作本身是不确定的，困难比较多”把困难摆在显著位置，容易把别人吓倒；积极语言则表明是对人的锻炼，有助于人的发展。

三、倾听的妙用

（一）倾听的缘由

之所以要学会倾听，是因为：①在很多时候我们都不善于倾听别人，仅仅让别人倾听我们；②能够认真倾听别人的话，体现出对别人的尊重；③只有倾听，才能捕捉别人说话的对错，从中捕捉有益信息。倾听能鼓励他人倾吐他们的状况与问题，而这种方法能协助他们找出解决问题的方法。认知心理学家米勒提出了“米勒法则”即“你要想理解一个人正在说的话，你必须假定这话是对的并试图想象它正确含义是什么”。因为只有假定别人说的话是对的你才能够去倾听，如果先假定别人说的是没意义的或错的，你还会认真倾听别人的话吗？一些专家如艺术家、发明家等，一般都善于倾听。因为只有倾听，才能做到以下 3 点。①听得全面。若在听时思想开小差了，就可能只听到只言片语，或错失至关重要的部分，不能全面地捕捉到别人所传递的信息。②恰当理解。若遗漏了一些信息，就可能造成对别人的理解偏差。③听懂。听不进要听，还要听进去，还要听懂、听明白。否则似懂非懂，就不能充分体现出听的价值或意义。

（二）倾听的目的

沟通有四大途径，听、说、读、写，其中，听排在首位，之所以如此，是因为人们很多时候是在听别人说话。有人统计，工作中每天有 3/4 的时间都花在言语沟通中，其中有一半时间是用来倾听。倾听别人说话的目的有：①给予对方高度的尊重；②获取信息；③追求乐趣，听别人话，我们也听出一些感兴趣的话语或者信息，使我们获得乐趣；④收集回馈意见，比如，我们做了什么事让大家提意见，当然我们也能恰当反馈意见，因为听了别人的话，弄懂了别人的话，才能够跟人家恰当反馈意见；⑤增进相互了解。

（三）倾听的前提

倾听的前提是四心：耐心、专心、用心、欢喜心。作为一个好听者，首先要具备耐心，不要听别人的时候就心烦。其次要专心，即专心致志地听别人讲，不要心猿意马、心不在焉。这样会表明听者没有真正把别人放在心上，或者即使把别人放在心上，也不会在乎他们的观点和需求。再次，要用心听。只要用心，才能真正弄懂或理解别人说的话。正如前面所言，中国人常常说“看他怎么说”而不是“听他怎么说”。这里地“看”不是用眼睛看，而是用“心眼”看，即去想去思考。正如曾仕强先生的话所言，唯有用心看，才能看仔细、看懂看明白，才能领悟“话中的话”，以及“话外的话”。最后要有欢喜心，即怀着兴趣高兴地听别人讲。只有怀着欢喜心听别人说话，才能十分认真细致地听。

（四）培养倾听的秘诀

培养倾听的秘诀有以下 7 种方法。

1. 培养主动倾听的心态

要使自己能够倾听，首先要具有积极的倾听心态，对倾听有正确的看法，认识到倾听的重要性。这样，自己就会愿意倾听，并对倾听感到快乐。“心态决定一切”，若具有积极心态，就会积极主动地去倾听。

2. 注意练习倾听的习惯

常言道：“少成若天性，习惯成自然。”要能够要在日常生活中有意识地倾听，就需要形成倾听的习惯，而习惯的养成需要经常练习。因此，在日常生活中，首先要有意识地控制调节自己，使自己能去倾听，这样，久而久之，就会把倾听逐渐自动化或无意识化。

3. 创造倾听的环境氛围

倾听也需要良好的氛围，在培养倾听习惯时，可以为自己创设一个好的氛围。比如，就自己不太了解的内容去听别人讲；创设一种安静的私密场合，等等。

4. 多注意自己肢体语言

肢体语言非常重要，运用得好，可以起到语言所起不到的作用。比如，坐直、侧耳、把耳朵倾向或靠近说话者等，都能给人一种你在认真听他说的感觉。

5. 避免仓促判断

在倾听时，尽可能避免仓促地对别人的话作出判断，更不要急着下结论，要在听完整后再发表意见或看法。发表意见或看法时，尽可能肯定，尽量避免否定。

6. 用同理心倾听

同理心（empathy），又叫做换位思考、神入、共情，指站在对方立场设身处地思考的一种方式，即于人际交往过程中，能够体会他人的情绪和想法、理解他人的立场和感受，并站在他人的角度思考和处理问题。其实质是进入并了解他人的内心世界，并将这种了解传达给他人的一种技术与能力[7]。怀着同理心倾听，就是要站在对方的角度，与对方角色互换，这样可以感同身受，真正地理解对方，提升倾听的效果。

7. 反应知会

倾听时，以适当的反应让对方知道，你正在专注地听。主要方法有："目光接触；显露出兴趣十足的模样；适当地微笑一下。""用言语响应、用声音参与。说句：哦！哇！真的？是啊！对！""用肢体语言响应。如点头、身体向前倾、面孔朝着说话者，换个姿势……""记下一些重要的内容。""用说明的语句重述说话者刚谈过的话。如：你的意思是不是说……换句话说，就是……。响应一下。在心里回顾一下对方的话，并整理其中的重点，也是个不错的技巧。例如：你刚刚说的×××论点都很棒，真的值得学习。"

四、沟通行为的改善：SOFTEN 法则

SOFTEN 分别是英语单词的第一个字母，分别代表 Smile（微笑）、Open Arms（张开双臂）、Forward Lean（身子前倾）、Touch（接触）、Eye Contact（眼神交流）、Nod（点头）。这些是告诉我们在沟通时应表现出的行为。

1. 微笑

微笑是沟通的催化剂和润滑剂，可以拉近人与人之间的距离。在沟通中，微笑有助于传递我们自己的诚信程度、吸引力、社交能力等方面的积极信息。其价值主要表现在以下 8 个方面[8]。

（1）赢得信任

微笑是表示我们值得信任的一种信号。真诚的微笑有助于争取他人信任并愿与自己共事。微笑的人被认为更加慷慨、更外向；当人们在和别人分享时，倾向

于展现真诚的微笑。

（2）争取谅解

研究表明，发现犯错后能微笑的人比那些木然的人更能赢得他人的谅解。

（3）为交往中的粗心埋单

若因为粗心或不小心忘了配偶或亲密朋友的生日，想不起熟悉的人的名字，不小心碰翻了别人的东西，摔破了杯子，等等，在这种尴尬场面，微笑即使是尴尬的笑也能引发他人感同身受的体验，并因此不再那么在意你的疏忽，你也能更快地得到原谅。

（4）避免坏心情

即使你遇到不开心的事情，若保持微笑，也会扭转你的心情，使你心情愉快。

（5）驱散痛苦

具身认知研究表明，微笑是摆脱烦扰的一种方式，心理学家称之为脸部反馈假设。即使是强颜欢笑，微笑仍然具有平复心灵的作用。

（6）激发真知灼见

微笑不仅能使人感觉良好，而且能增加人的注意灵活性，以及全盘思考的能力。有人所作考察全局注意能力的研究结果显示，展现微笑的被试表现得更好。

（7）掩饰真实所想

有研究表明，缓慢启动的微笑被人们觉得更可信、更真实，更有韵味。

（8）健康长寿

常言道："笑一笑，十年少。"说明微笑能够使人健康。当然，微笑还能感染别人。

2. 张开双臂

张开双臂表示向别人敞开心扉，积极地去接纳别人，"我愿意和你接触并愿意听你说话""过来吧，我们一起聊聊"。这样就会使沟通更容易。与之不同，手捂着嘴，或手捂着嘴笑，或支着下巴的动作是典型的"思考者的姿势"，会使人远离，谁会去打扰一个正在深思的人呢？或者，交叉的双臂，看上去紧张焦虑、疑惑，他人不愿意靠近你的，或在和你交谈时感到不自在，表明离"我远点""我已经决定了"。

3. 身体前倾

身体轻微前倾表明你正在听对方讲话并对其很感兴趣。

4. 接触

两个陌生人初次见面最容易接受的接触是一个热情的握手，在和他人打招呼时要首先伸出你的手同时加一句友好的"你好"，伴以甜美的微笑，并介绍你的名字，这样你就为打开与他人的交谈通道迈出了第一步。

5. 眼神交流

眼是传情的工具，人与人之间的眼神交流，会使得沟通更顺畅。

6. 点头

点头表示对别人的认可，是对别人的表现的恰当的反应，因此能够增强沟通效果。

五、成功沟通应特别注意的方面

要沟通成功，除了上面的叙述外，还应特别注意以下 10 个方面。

1. 以开放性的话语问问题

在问问题时，不能绝对化，最好不要固定化，而要以开放性的话语来问，这样能够给予回答者以自由选择和发挥的余地，使他们能够充分表达自己的观点。比如，“对于这个问题，你还有什么可以补充的或想告诉我们的？”“是否能从其他角度看这个问题呢？”“你觉得最大的问题是什么？”“你还有什么要求？”“你对我刚才的说法有什么看法？”“你个人觉得××能胜任这项工作吗？”等等。

2. 问题明确，针对事情

沟通时，所提问题一定要明确，且要针对特定事情，尤其要对事不对人。比如，“这件事究竟是如何发生的？”“究竟谁对此事负责？”“什么时候发生的？”“为什么会发生这样的事？”“当时的状况如何？”“会有什么后果？”等等。

3. 了解他人的感受，表现出对他人的关心

比如，“我知道你为什么这样做。”“我能够真的体会你的情绪。”“遇到这样的事情谁都会不开心，我也是如此。”“你特别担心是很正常的。”，等等，这样会使别人觉得你理解他，而你也会有一种感同身受的感觉。

4. 向对方提出明确表达的要求

在听不明白或没有听清时，千万不要不懂装懂，不明白装明白，而可以向对方提出明确表达的要求。比如，“对不起，刚才那句话我没听清楚，能否再说一遍？”“刚才那句话我听得不太明白，能否换句话表述的更清楚点？”“可否告诉我这件事的来龙去脉？”“能否详细说明其原由？”等等。这样，既可以更加准确的获取信息，又体现出对说话人所说的重视，进而体现出对他的尊重。

5. 倾听（前已有述，此不赘言）

6. 积极主动承认自己的错误

在自己犯错时，要能够向对方承认；在遭遇失败或挫折时，也要勇于承认，而不要掩饰。①在犯错误前承认自己会犯错，可以使自己预先作好准备，防患于未然，把可能的错误消灭在未发生之前；②敢于承认自己所犯的错误，说明有改正错误的勇气和决心，由此会对错误进行清醒地认识或分析，防止同样的错误再次发生，并引以为戒，防止其他错误的发生；③及时纠正错误，有助于把错误所导致的消极影响降到最低限度，寻找补救措施，吃一堑长一智。

尤其是错会别人的意思或没有接受他人的建议而犯错时，更要能够向别人承认错误。比如，“确实是我错了，我没弄清楚。”“谢谢你的批评指正，欢迎以后多提宝贵意见。”“你的建议很好，我没接受你的意见，才有了现在的失败。”等等。勇于向别人认错、道歉，既是十分难得的心理品质，是成功的一个重要心理条件，也是搞好人际关系的重要心理品质，又是一个人应该具有的优良品质。其积极意义是：①鼓励别人提意见或建议，广开言路，使别人可以敞开心扉，放心大胆地向自己提出意见或建议；②集中人或群体智慧，更好发展；③使他人帮助自己发现错误，预防错误；④体现对别人的尊重，使他们觉得有尊严和价值，使他人更加积极地、富有成效地工作。

7. 预留余地，具有弹性

沟通时，说话一般不要绝对化，而应留有余地，有弹性。比如，不能“这件事绝对不能这样做！”“你的看法一点都不对！”“我不需要！”“绝对不会听你的！”“若听你的就糟糕透了！”等等。而应“这是一个办法，还有没有更好的办法呢？”“可否换这个角度来看？下次我们可否采用……”“谢谢！我现在暂时不需要，等需要的时候我一定会来找你。”等等。这样会让别人听起来更为舒服，由此也更愿意与你沟通。

8. 弄清真相

在难以判断信息的真伪时，可以通过询问、追问等方式，弄清事情的真相。比如，“你怎样得出这样的数据？”“这消息是从哪里得来的？”“你先放到这里，我再调查调查。”“你说的我都清楚了，我再问问其他人。”“这些是你所知道的全部吗？”等等。这样可以避免偏听偏信和仓促下结论。

9. 循序善诱，以情动人

要体谅别人的感受，不要轻易下结论，作断言，尽可能通过诱导让对方得出结论。在沟通时要善于煽情用情，以情动人。

10. 成熟式理性：我了解这个决定的内在含义

沟通时，尽可能不要用命令式的语气，也尽量不要用儿童式的情绪化的语言，而尽量要用成熟式理性的语言。命令式权威语言，如“我可以理解到，这对你来说实在是一个很大的顾虑”。儿童式的语言，如“我希望没有说错什么，而导致你有被骗的感觉。”“不管你们信不信，反正我信了。”“我就是这么理解的。”“我认为就是这样。”等等。成熟式理性语言，如“这件事我已考虑再三，也查阅了大量资料，依据……应该这样……”“或许我们不必急躁地立即作决定，大家分头思考一下，改天再议可能对我们更有利”。

六、沟通的心态

沟通时，要保持“五多”与“六不”的心态。

（一）“五多”

1. 多一点理解

沟通时，要多理解对方，要站在对方的角度体谅对方，设身处地为对方着想。不要以自我为中心，一直从自己的立场、感受出发。人与人之间最难得的是相互理解，不管是父母与孩子，还是上级与下级，以及朋友之间，由于人与人存在差异，且人们通常都以自己的立场、知识经验、能力等为基础去认识别人的，由此就难免造成人与人之间的理解偏差，从而形成沟通障碍。要沟通顺畅，就要消除这样的障碍，这就需要站在对方的角度去理解。

由于每个人看问题角度、对问题的理解等都有差异，所以会造成对别人的理解偏差。为避免这种理解偏差，就需要站在别人的角度看待问题。唯有如此，才能够对别人的心理有非常恰当的了解，才能真正将心比心，设身处地为别人着想。这就是心理学讲的角色互换。其实质是人际交往的白金法则，而不是黄金法则。在这里要特别强调的是：因为知识层次、思考方式、看问题的角度等不同，所以人们有可能对同一个问题的看法不同。我们认为很难的问题，对别人来说不一定难。换言之，对你来说是个事，但对别人来说就不是个事；或者说这对他来说是个事，但对你来说就不是个事！因此，在日常生活中，要学会站在别人的角度去想问题，能够角色互换。为此，可以这样想：假如我是他的话，我会不会这样想？我会不会这样做？如果会，就不要去责怪别人。就像前面讲的，你问人家借钱，人家没借给你，假如这时候你要生气，你就可以在生气前先想想：“如果他来问我借钱，我借不借给他？”“如果我是他而他是我的话，那么他来问我借钱，我会不会借给他？”这时候就要站在他的角度去想。如果说想了，就像刚才说的，他来借钱，那我会借给他。这时候你还要生气，“平常关系不错，还是老朋友呢！连钱就不借，还算什么朋友！”在这时候，你就继续站在他的角度去想一下：他以前借没借给过我钱？或者，借没借给我一些东西？如果有，那为什么这次没有借给我钱呢？可能这次他真的有难处，或者说他现在手头没钱。这样站在别人角度，就不会产生消极情绪。否则，“这个人真不够哥们儿！我向他借点钱都不借给我！”就可能会产生一种消极的情绪，如生气、愤怒等。

2. 多一点尊重

尊重与被尊重是人的基本需要。尊重包括尊重他人和被他人尊重两个相互联系的方面。懂得并会尊重他人，才会赢得他人的尊重；而被尊重，就更能懂得和会尊重他人。尊重是建立良好人际交往的基础，相互尊重能够形成平等、和谐，安全的沟通心理氛围，使人感到有价值，使沟通的渠道更畅通。由于人人都有人格尊严、基本权利、基本需要等，因此，尊重就要保障、认同并尊重它们。

3. 多一点信任

在沟通中，不要总是用怀疑的眼光看人，这样就会戴着有色眼镜，预先给予人一定假设，从而使自己不能客观恰当地接受对方的信息。

4. 多一点赞美

在沟通中，要学会赞美对方，哪怕是敌人。前面已经提过，赞美别人是一种美德，也是人际关系的润滑剂，对于顺畅沟通来说非常重要。因此，我要快乐，不去想那些不愉快的事情，而去想一些高兴的事情，欣赏美的一切，积极主动发现美，寻找美，尤其是在司空见惯的甚至原来不觉得美的事物中去发现美。比如，现在校园中的花朵，翰墨池中的小鸭子。再如，今天有毛毛雨，我们去想：多么富有情调的天气啊！即使是较为恶劣的天气，我们也要去欣赏，欣赏地上的落叶，欣赏我们身边的人。还要有爱心，要去热爱生活中的一切，热爱别人，并且相信我们爱的人也会爱我，当然不管他爱不爱我，我首先要爱他，就像前面介绍的黄金法则，所以不要为爱而苦恼，要为爱而快乐。至少我们去爱了，我们爱过，不要为这个我爱你而你却不爱我而苦恼，同时也不要像一首歌唱的，“我爱的人他飞走了，爱我的人还没有来到。”不要为这个而苦恼，我们去追求爱就好。在追求爱的过程中我们会享受到快乐、幸福，所以追求的本身就是一种幸福，当然我们也不要带着一种功利性的眼光，我爱你，你就要爱我。爱是相对的，是双方的，你爱他，别人不一定爱你；你喜欢别人，不要要求别人就一定喜欢你。

5. 多一点乐观

凡事都要看得开，即使是面临困境或遭遇到挫折或失败时也要乐观。乐观的心态，不仅会使自己更加积极，显得更有精神，而且也能够感染别人，使别人也振奋精神。对自己的人生、未来等，要进行积极思考，思考怎样使自己的人生、未来等变得更好，思考人生，思考应该做什么事情，思考怎么做事情，而不是思考自己的未来或人生变得多么糟糕。要始终相信，事情会变得越来越好，开心或微笑着去面对未来。既要能够积极、乐观地看待成功的一面，更要积极、乐观地看待挫折、错误或失败的一面，在遇到困境、难处时，想到这只是暂时的，困境、黑夜、难处终究会过去。相信没有克服不了的困难，方法总比困难多，一定能找到克服困难的方法，没有过不了的河。不要总是想着过去失败的经验，要想过去辉煌的成功经验，越想越乐观，思维越活跃，智力水平越能够充分发挥甚至超水平发挥，脑袋转得越快，做事情会越做越好。

（二）“六不”

1. 不嘲笑

在沟通中，不管从自己的角度看别人的看法或行为多么荒谬、幼稚。即使与己不同，也不要嘲笑对方，要去分析对方的合理性。

2. 不悲哀

不要哀叹自己的人生，也不要替别人感到悲哀，要多鼓励或激励。

3. 不怨恨

不怨天尤人，对社会、他人乃至自然充满怨恨，而要有一种感恩之心。要尝试对周围的人尽可能友善，怀有感恩之心，在你的生命里，有他们与你一路相伴，是你的幸运。

如同寝室的同学、同班同学、同事、老乡等，应以积极的眼光看待他们。我的大学生活之所以不寂寞，是因为有他们……幸得有他们与我一起学习、工作、闲侃、商讨、相互鼓励等，我的生活才丰富多彩。如此，我们就能够形成一个好心态，对他们有一种感恩之心。这样做，实际上也能调节我们的情绪，是培养我们调节情绪能力的非常重要的方法。

这种方法告诉我们，不要总是觉得别人亏欠我们什么。倘若你一直这么想，自己情商一定比较低，你就会去怨恨别人。相反，若我们要怀着一颗感恩之心，哪怕是我们的仇人，我们也要怀着感恩之心，正是因为有了仇人，才使我知道我自己是谁，即从反面我知道我是谁，正是他，才使我注意我的行为。你这样往积极方面去想，就可能会有积极的心态。

4. 不批评

为了让别人能够充分表达自己的意见或看法，就要尽量不批评别人，以营造一个令人宽松的氛围，使人能够畅所欲言。

5. 不责备

不要责备尤其是求全责备别人，有了问题往别人身上推。当然，也不要求全责备自己，否则会给自己施加难以承受的压力。

6. 不抱怨

出了问题或遇到失败或挫折不要去埋怨别人，而要去认真分析，寻找原因，这样才能吃一堑长一智，不断提升自我，超越自己，增强自己的实力。若我们在日常生活中都少一些抱怨，大家就可以在一个充满谅解的环境中，愉快地学习和工作。

参考文献

[1] 科比波. 360 百科. http：//baike.so.com/doc/442043-468076.html[2016-06-03].
[2] 网上人大.情绪 ABC 理论的案例分析. http：//www.cmr.com.cn/html/zyfz/ckzl/sygj/6799.html[2016-02-03].
[3] 佚名. 七年级思想品德上册教案“第三单元第六课做情绪的主人”. http：//www.taodocs.com/p-46269651.html[2016-08-28].
[4] Ningli_ren.表情. 360 百科. http：//baike.so.com/doc/5776817-5989596.html.
[5] Bvoaclcasti 少说负面话. http：//www.doc88.com/p-69211531250.html[2016-06-03].
[6] 曾仕强. 圆通的人际关系. 北京：北京大学出版社，2008：4.
[7] 牛小散不着急. 同理心. 360 百科. http://baike.so.com/doc/6384343-6597996.html[2016-06-03].
[8] Summery. 微笑的十种潜在价值. http://www.psyonline.cn/?viewnews-5968.html2016-05-23].

第六章　人际认知及其利用

常言道："知己知彼，百战不殆"，充分说明在社会生活中认识自己和他人的必要性。前面谈到的人际交往和印象管理都涉及对自己和他人的认知，即自我认知和人际认知。本章主要探讨人际认知。每个人都生活在社会中，都不可避免地要与他人打交道，因此就必然要对他人进行认识，并对其行为作出反应。这种认知就是人际认知。它是社会生活中非常重要的认知活动，是人的社会行为的基础，制约乃至决定着个体的行为或行动。

第一节　人际认知的概念

一、何为人际认知

人际认知又叫社会认知，是指人们对他人的认知。详言之，是个体在与他人交往接触时，据他人的外现行为或各种渠道收集的信息去了解、推测与判断他人的心理状态、性格特征、行为动机和意向的过程，是对他人的身体、心理和行为等各方面的认识、判断或评价。人们对他人的认知如何，直接影响他们之间的关系，也影响着与他人的合作或对他人的合理使用。比如，若你认为具有某种品行的人是一个值得交往的人，那么你就会积极地与这样的一些人交往。如果你认为具有某种品行的人是不值得交往的人，那么你通常会对这样的人退避三舍。

人际认知主要揭示人们如何认识和看待他人，即探询人们采用何种思维方式来认识他们所处的社会环境。由于人的社会行为既指向他人，也对他人的表现作出反应。因此人的社会行为首先涉及的就是对他人及其行为的感知和认识，如认识他人的性格特征、需要、兴趣与动机等，分析、判断相互之间的关系，并以此为根据采取相应的交往态度和行为。显然，只有认知判断正确，交往的态度和方法才能得体适宜，因此掌握认知过程的基本规律对提高人际交往的有效性非常必要。

人际认知是认知者（主体）、认知对象（客体）和交往情境等因素相互作用的复杂过程，也是主体对社会刺激加以综合的过程，它是认知主体社会行为的基础。个体对他人所作出的反应，往往取决于对于他人的推测和判断。因此，在社会生活中，每个人都想正确认识他人和自己，据此对他人作出恰当行为，避免人与人之间的认知偏差或误会。

二、人际认知的结构

人际认知包括对他人、人与人之间关系、认知情境等方面的认知。

对他人的认知包括对他人的长相、品性、能力、知识、发展过程、所做的事情等各方面个人情况的认知，所搜集到的是他人自己的信息，以及依据这些信息所作的判断、推论或评价。如是否诚信、是否踏实肯干、是否有能力、是否努力、是否进取拼搏等。实际上它包括对詹姆斯所说的物质的我和精神的我的认知。

对人与人之间的关系的认知是对他人的人际关系如他的朋友、他的敌人或仇人、他经常打交道的人、他希望避开的人等的认知，实际上是对詹姆斯所说的社会的我的认知。

对情境的认知实际上是对他人所处境遇或情境尤其是表现行为时的情境的认知，这是恰当认知或理解人的行为及其结果的前提。例如，取得同样的成就但若所处境遇不同，成就的价值也就不同。处于艰难困苦境遇的价值就大，处于良好条件境遇的价值就小。再如，一个人的行为如辱骂他人是否恰当，那要看在什么境遇或情况下，在有些情况下是恰当的，在另一些境遇则是不恰当的。

第二节　人际认知中的自我服务倾向

一、自我服务倾向的概述

（一）自我服务倾向的概念及其种类

自我服务倾向是一种常见的归因偏向，又被称为自我服务偏见、自我服务偏差或自利性偏差。它是指人们在对人的行为及其结果进行归因时常常作出有利于自己或者说能够维护自己的心理平衡或自尊的归因，即对人的行为及其结果的原因作出有利于自己的判断或推论。它通常表现在对他人和自己的归因两方面。

1. 对他人的归因

对他人的归因的自我服务倾向主要表现为把他人的好的行为及其结果尤其是成功的一面归结为外部因素，而把不好的行为及其结果尤其是失败或挫折的一面归结为他自己的内部因素。

2. 对自己的归因

对自己的归因的自我服务倾向恰好与对他人的归因相反，主要表现为把自己的好的行为及其结果尤其是成功的一面归结为内部因素，而把不好的行为及其结果尤其是失败或挫折的一面归结为他自己的外部因素。它使人们常常从好的方面来看待自己，当取得一些成功时，常常容易归因于自己；而做了错事之后，怨天尤人，把它归因于外在因素，即把功劳归于自己，把错误推给别人。如把成功归结于自己的才能和努力，把失败归咎于“运气不佳”“问题本身就无法解决”“别人的干预或意见不当”等外部因素。

3. 归纳概括

通过上述对自我服务倾向的分析性阐述，可以将其概括为：错的（错误、困境、失败等）都是别人的（事、原因等），对的（正确、成功、顺利等）都是自己的（事、原因等）。换言之，不管是自己的错还是别人的错，是自己的失败还是别人的失败，是别人陷于困境还是自己陷入困境，是自己被骗还是别人被骗，诸如此类，原因都可以归结为他人的因素。别人的是他自己的原因导致的，自己的是别人的原因诱发的。不管是自己正确还是别人正确，是自己成功还是别人成功，是自己做事顺利还是别人做事顺利，诸如此类，都与自己有关。自己的是自身的能力、素养、努力等因素所致，别人的是自己对他影响或给他提意见或建议等。这样的心理倾向对人际认知有很大影响。因此，人们常常把别人的困境归结为他自己的因素，是他咎由自取，他应该对之负责甚至是负全责。比如，一个人家境贫穷，常被人们认为是他懒惰、不积极进取。一个学生学习不好，常被人们认为是他笨、不努力、贪玩等。一个人被骗，通常被认为是他自己贪心、笨、太相信别人等。若是自己，那就正好反过来，归结为他人或外部环境因素。这种归因容易导致人们对陷于困境的人缺失同情心或怜悯之心。如对于乞丐、因贫穷而无法治疗所患大病之人等。当然，社会中的骗子确实存在，碰瓷、假摔等乞丐、钓鱼执法现象等屡见不鲜，这都在很大程度上打击了人们的同情心与怜悯心，强化了自我服务倾向。但现实生活中也确实真的有需要帮助之人。对之，应克服自我服务倾向，进行恰当的人际认知，以便对那些确实需要帮助之人给予帮助。当然，对于自己而言，要振奋精神，尽量自己去努力。同时也要避免在人际认知中的主观性，尽量客观全面地去认知他人，尤其是要认知别人的内心。下面一则故事《人穷还是心穷》[1]有助于增强对这方面的理解。

有一个富人，每天回家下车时，都见一个穷已至极的要饭人，守在路边。那富人开始理也不理，邻人都说这富人心不慈善。富人说我这样恰是慈善，他站在这要饭越是要得着，越不想去致富，因为他还活得下去，富招儿都是被穷逼出来的。邻人摇头，说富人站着说话不腰疼，穷人没路，有了路自会去谋生。富人说咱试试看。第二天富人下车，走到要饭的跟前，给他三张大票，说："我最初就是300元钱做小买卖起家，现在同样给你这么些钱，你自己去谋力，干点什么吧，别在这要了。"

穷人见钱眼开，满口应诺，从此半月没见，邻人正以为富人这钱给对了时，那穷人把钱花完又回来了，还是站在原来位置，伸手讨乞。富人的车开过，从此再也不理这个穷人。

在这则故事中，富人存在自我服务倾向，而那个乞丐的行为又进一步印证和强化了富人的这种认知倾向，也给自己和他人带来了不利的因素，使人们对穷人缺乏积极认知。其实，苦日子能激励人奋进，能否改变贫穷命运，关键取决于自己想不想并是否积极去改变。哀莫大于心死，穷莫大于心穷。像故事中乞丐那样，心穷透了，仅靠别人救济，只乞求别人帮助，那谁也没办法救你。

（二）日常表现

在日常生活中，自我服务现象非常普遍。最为明显的是：当自己与他人发生冲突或矛盾时，常常归结为别人的不是，而认为自己是对的。当自己给别人提建议或意见而别人不听，最终事情没做好时，通常会说："看看，都是没有听我的建议。若听我的建议，肯定不会如此。"反过来，当自己给别人提建议或意见而别人不听，最终事情做好时，通常会想或说："这是他运气好，碰巧做对了。"或者"他虽然表面上看起来没听我的意见，但实际上还是按我的建议做的。要不然，不会有这样的结果。"当别人给自己提建议或意见而自己不听，最终事情没做好时，通常会想或说："这是我×××方面没注意，并不是他的意见对。"当别人给自己提建议或意见而自己不听，最终事情做好时，通常会想或说："看看，幸亏没有按照他说的去做。否则就糟糕了。"当别人给自己提建议或意见而自己听从了，最终事情没做好时，通常会想或说："都是他给我出的馊主意。"当别人给自己提建议或意见而自己听从了，最终事情做好时，通常会想或说："这都是我自己努力的结果"或"这都是我考虑的比较周到"。

戴夫·巴里认为："无论年龄、性别、信仰、经济地位或种族有多么不同，有一件东西是所有人都有的，那就是在每个人的内心深处都相信，我们比普通人要强。"人们大都认为自己在多数主观的和令人向往的特质上强于一般人。有研究表明，90% 的商务经理对自己的成就评价高于对其他同事的评价。一般人都认为自己比他人更诚实、有恒心、独创性，更友善且更可靠；觉得自己比他人聪明、英俊、没有偏见。当有人超过自己时，或倾向于把对方看成天才，或倾向于看成是有人帮助[2]。

人们通常认为自己做事情遇到的困难或障碍比别人大且多，别人做事情通常比自己更为有利条件。这样，自己做事情成功了，即使与别人取得同样成功，但自己的更有价值。自己做事情失败了，也为自己找好了台阶。

比如，1983 年出生的财政部前副部长、中国国际金融有限公司（简称中金公司）前董事长、现亚投行的掌门金立群的女儿金刻羽。许多人都把她取得极大成就（伦敦政治经济学院最年轻的终身宏观经济学教授，入选了“2014 年全球青年领袖”）归因于其父之庇荫，但实际上与她自己的努力、聪明才智等密不可分。所以有一篇题为《出身比你好比你聪明还比你努力》[3]的文章专门对此给予纠偏。肇庆学院 2004 届毕业生陈舒慧，毕业 11 年，公司资产近 2 亿，准备上市。对于她的成功，许多人归结为运气使然。其实，她有什么运气？2004 年毕业时她与自己的同学一样既踌躇满志，也忐忑不安；同期毕业的重点院校同专业的学生也有很多；自己的家庭条件也不比别的同学好。那她凭什么能够脱颖而出？这是仅仅一个“运气”能够说明得了吗？这样的事例还有很多。人们之所以作出这样归因，是自我服务倾向使然。

二、自我服务倾向的机制

自我服务倾向的内在心理机制主要是保护人们自己的尊严或价值，是人的内在的优越情结使然。通过这样的归因，个体会感到自己的自尊心受到保护。这里面既有认知因素，也有动机因素的作用。

（一）认知角度

从认知角度看，自我服务倾向源自于人们加工社会信息模式的某些倾向。它包含两个最基本的但有时又会有冲突的认知假设和一个期望。

1. 认知假设一：每个人都应对自己的行为负责

该假设认为，除自己外，每个人的行为都是自己自由选择的结果，因此，他们都应对自己的行为负责。比如，勤劳和懒惰，每个人都可以选择其中之一。既然是个体自己的选择，当然自己就要承担这种选择的后果。你选择了懒惰，你就要承受懒惰所带来的贫困的代价；你选择了勤快，你就可以享受勤快所带来的财富的愉快。

2. 认知假设二：自己最了解自己

该假设认为，自己最了解自己，自己知道自己为什么会这样做，总是对自己的行为能够进行理性的认知和把握，知道自己的能力，总是能够根据自己的能力或水平、条件等作出恰当选择。因此，当做好或取得成就时，认为是自己内在因素在起作用，是自己恰当选择和表现的结果；当自己做不好或失败时，认为不是自己的失误或过错，而是包括他人在内的外部因素使然。“谋事在人成事在天”就是这种假设的恰当描述。

3. 期望

在进化过程中，人类逐渐形成了对优势的期待和对劣势的恐惧。在潜意识中，每个人不由自主地都期望有价值、较高的社会地位或声誉，都期待得到他人尤其是自己崇拜的人的肯定与尊重，都希望成为一个成功者而不是失败者，都渴望比别人强，比人有优势，而害怕自己不如别人，被别人看不起或遭人贬低，由此在归因时就不愿作出贬低自己抬高别人的归因，而作出相反的提升自己至少是不损害自己而贬低他人的归因。这就容易将自己的肯定的结果和别人的否定的结果归因于个体自己的内部原因，而将自己的否定的结果和别人的积极肯定结果归因于外部原因。

（二）动机角度

从动机的角度看，自我服务倾向源自于人们的自尊需要和成就动机及印象管理的需要。通过它，个体可以保护和提高自尊心，满足自己的成就感，或给他人留下好印象。在前面的印象管理中已有述，此不赘言。

（三）行动者-观察者偏差

行动者-观察者偏差是指人们对自己和对他人归因的差异。通常把他人的行为及其结果尤其是消极行为与消极结果归结为他人的自身因素，而把自己的行为及其结果尤其是消极行为与消极结果归结为外部因素。之所以出现这种偏差，主要是因为自己的行为和他人的行为在认知中的地位或作用不同。

三、自我服务倾向的作用

（一）自我服务倾向的积极作用

自我服务倾向有一定的积极意义：①可维护乃至提升个体的自尊水平，避免使自尊心受到伤害；②可使个体获得心理平衡，维护心理健康，避免心理问题的产生。其实质是自我防御机制中的合理化（文饰作用，即为自己寻找合理的借口或理由）、投射、自居等。所有这些机制在维持正常心理健康状态上起着非常重要的作用。

自我防御机制又叫心理防御机制，是人们自我解决内心冲突的方式或机制，即协调人的内心冲突、维护人内心平衡的机制。它是自我在面对有可能的威胁和伤害时的一系列反应机制。即当自我受到外界对象的威胁而引起强烈的焦虑和罪恶感时，将无意识地激活一系列的防御机制，以某种歪曲现实的方式来保护自我，缓和或消除不安和痛苦。它是无意识的或至少部分是无意识的；借支持自尊或通过自我美化（价值提高）而保护自己，保护自己免于受伤害，维护自己的心理平衡；有一定的自欺欺人，即以掩饰或伪装自己的真正动机，或否认对自己可能引起焦虑的冲动、动作或记忆的存在而起作用。它是借歪曲知觉、记忆、动作、动机及思维，或完全阻断某一心理过程而防御自我免于焦虑。

合理化又称文饰作用，指无意识地用一种通过似乎有理的解释或实际上站不住脚的理由来为其难以接受的情感、行为或动机辩护以使其可以接受。如对儿童的躯体虐待可说成是“玉不琢不成器，人不教不成才”“打是疼骂是爱”“严父出孝子，严师出高徒”，等等。合理化有两种表现：一是酸葡萄心理，即把得不到的东西说成是不好的；二是甜柠檬心理，即当得不到葡萄而只有柠檬时，就说柠檬是甜的。两者均是掩盖其错误或失败，以保持内心的安宁。其实质是为自己的可能引发痛苦的想法或行为寻找合理的借口。孟子所说的“天将降大任于斯人也，必先苦其心志……”“阿Q精神”等实际上就是这种机制在起作用。它可以是积极的，也可能是消极的。

投射是指将自我不能接受的冲动、欲望或观念归因（投射）于客观或别人，认为别人也是如此。例如，一个吝啬的人会说别人爱斤斤计较；一个不愿承认自己满脑子想着性的人可能越容易对别人成天想着性的样子感到愤怒；一个不讲诚信，没有感恩之心的小人总是说别人不讲诚信，缺乏感恩之心。

自居又被称为认同，是指无意识中取他人（一般是自己敬爱和尊崇的人）之长归为已有，作为自己行为的一部分去表达，借以排解焦虑与适应的一种防御手段。其实只是把自己与别人等同化。如高官显贵的子女常以父辈之尊为己尊，遇到挫折则自抬身价，作出坦然自若的神态，以避免在人们面前的尴尬局面。

日常生活中许多心理有问题如自卑等的人，都是因为作了与自我服务倾向相反的归因。

（二）自我服务倾向的消极作用

自我服务倾向也有消极作用。其最主要的缺陷是阻止人们对行为及其结果尤其是成败作客观的分析，以便在此基础上总结经验教训，增长自己的智慧。对别人的成功作出自我服务倾向的归因，会成为人们分析别人成功的原因或条件的障碍，进而阻止他们从别人那里学到或获取成功的经验。就如同上述对金刻羽、陈舒慧等的归因那样。对别人的失败作出自我服务倾向的归因，会阻止自己分析别人失败的原因，从中汲取别人的教训，避免犯别人已经犯的错误。对自己的成功作出自我服务倾向的归因，容易使自己被成功冲昏头脑，会阻止自己对自己的成功作冷静的分析，总结经验教训，使自己做得好的方面进一步保持乃至发展，做得不好或不够好的方面进一步完善或改进。对自己的失败作出自我服务倾向的归因，容易阻止自己汲取失败的教训，从失败中增长智慧，避免同样的失败的发生。

（三）应注意的方面

常言道："吃一堑，长一智。"失败是成功之母，在失败中不断成长与发展，增长智慧。否则，失败永远是失败。这就启发我们，在对人对己进行认知时，在运用自我服务倾向获得心理平衡时，又要预防它所带来的消极影响。下面《没有任何借口》[4]故事能够给我们一些启示。

莱瑞·杜瑞松在第一次奉命前去外地服役时，接到了连长指派给他的一个要做七件事的任务：去见一些人；请示上级一些事；申请一种东西，其中包括地图和当时严重缺货的醋酸盐；等等。

一经委派，杜瑞松立刻向连长保证完成任务，虽然他还没有时间思索应该怎么去做。

果然，像连长所担心的那样，各件事情都不算顺利，其中最关键的环节就是醋酸盐的申请。为了兑现自己的承诺，杜瑞松滔滔不绝地向负责补给的中士说明理由，希望他能够从不多的存货中拨出一点给自己。看中士就是不同意，杜瑞松就一直缠着他讲了下去，最后，不知道是从杜瑞松的讲述中得知了醋酸盐的重要性，还是实在被搞烦了，中士终于批准了他的请求。

当圆满完成任务的士兵杜瑞松前去连长办公室复命时，颇感意外的连长居然一句话也说不出来。因为在他的意识里，在如此短的时间内同时做完那七件事是不可能的。或者也可以说，即使不能完成任务，他也不会怪罪这位下属，时间问题倒是其次，关键是申请到醋酸盐几乎不可能。要知道在此之前，已经有不计其数的申请者"惨败而归"了。

"你是怎么做到的？难道你就没想到不可能吗？"愣了半天之后，连长终于问道。

"不可能？怎么会不可能呢？这是你交给我的任务啊？而且我也已经向您保证了会完成。"杜瑞松回答道。

"我知道这件事很难办，所以早就准备好了听你的任何借口，不想……"

"借口？"不等连长说完，杜瑞松很惊讶地重复道，"我没有想过要找什么借口，我只想怎么把醋酸盐要来。"说到最后，杜瑞松几乎在自言自语了。

"我知道了！"连长忽然明白了，"正因为你没有想过找借口，你才办到了这件事！"

后来，从不为失败找借口的莱瑞·杜瑞松一直升到了上校。

在这则故事中，杜瑞松的可贵之处：①没有受自我服务倾向的影响，对连长委派的任务作"困难"归因，以为自己留下后路或退路。若做得好，显得自己有能力；若完不成，也好有借口，因为难，完不成也理所当然。②更没有把连长委派给自己这么难的任务归因为对自己的刁难或给自己出难题，进而对连长产生不满情绪。③具有积极心态，只是想方设法去完成连长交给的任务，而不是想办法推脱。它启示我们，不要把宝贵的时间和精力浪费在寻找合适的借口上，借口再好，也改变不了你"没有成功"的结局，而且一旦养成习惯，你就难免会一事无成。

第三节 人际认知的途径

人际认知的途径可概括为听其言、观其行、察其态、看其事、知其友、明其志、洞其境、识其识、视细节。

一、听其言

听其言实质上就是通过别人说的话来对他人进行认知。依据别人的言语对其进行认知时，通常应注意以下几个方面：

（一）言语的内容

言语的内容是个体要表达的思想、信息等，是了解言语者的真实想法的重要依据。这在人际沟通中已有所述，此不赘言。

（二）言语的表达方式

在人际认知时，应注意他人的言语表达是否见简洁，用词是否得当，语序是否合适，语气是否适合场景，等等。同样的内容或信息，表达方式不同，给人的心理感受不同。同时，表达方式的好坏，是反映一个人的能力、言语水平、心态等的重要指标。做事干练的人，通常说话比较简练，不会啰里啰唆，拖泥带水。

心态积极的人通常会用积极的表达方式。

（三）习惯用语

习惯用语包含两个方面：社会习惯用语和个人习惯用语。

社会习惯用语可简称为惯用语，是一种惯用的固定的词组，既有三音节为主的固定格式，又有比较灵活的结构和强烈的修辞色彩。它通过比喻等方法而获得修辞转义。它具有如下特点：①人们一般比较熟知，比较大众化；②多用在口语中，用起来自然、简明、生动、有趣；③比较短小、简练；④固定词组，比如，“吃大锅饭”“半瓶子醋”“背黑锅”“穿小鞋”“磨洋工”“泡蘑菇”“吃醋”“炒鱿鱼”“打太极”“八卦”“摆龙门阵”等；⑤表意精练准确；⑥活泼生动，常用来比喻一种事物或行为，相当于一个词或词组，它的意义往往不能简单地从字面上去推断；⑦定型性比成语要差些。人们对社会惯用语的掌握和使用，可以反映其社会文化适应性和掌握及运用本文化语言的水平或能力等，因此可依据个体所使用的社会习惯用语对其进行了解或认知[5]。

个人习惯用语是个体自己经常使用的词语，是具有个体自己特色的语言习惯，体现出个体的语言风格，进而反映出个体的性格特点或做事风格，如有些人习惯说反话。因此，它可作为对说话人进行认知的重要方面。

（四）语误

语误是指不自觉或无意识、半意识的语言失误现象，在口语中称为“口误”，在书面语言中称为“笔误”。这种现象虽然不经常出现，但却能比较真实地反映一个人的内心世界尤其是无意识心理。正因为如此，许多心理学家、社会学家、语言学家把它作为分析人的心灵的重要材料。弗洛伊德认为，人们有时说的在别人听起来好像无意义的东西实际上是在意识疏忽时无意识动机发挥的作用，是由“无意识中被压制的意念入侵到有意识的言语输出中”所引起的，“来自于两种不同意愿的协同或者互相对立的活动”。其中的一个活动是组成说话人的有意识的意愿，而另一个活动则是干扰前者的比较烦恼的想法或意愿。这种烦恼的想法有时可以被压制；但是在其他场合，这种假定的内心冲突的结果是口误，表露一些不为意识所察觉的意愿。荣格把之视为“情结指示词”，反应潜意识中存在的与人的情感、记忆、思维等相关联的各种情结。

通常，语误现象发生在意识控制薄弱情况下，在人们感到紧张不安或巨大压力或者疲惫不堪、焦虑或醉酒、精神恍惚等时候更容易产生语误错误。通过对语误的认知分析，可推测言语者的心理活动和言语表达过程，揭示语言结构的心理表征和语言产生的心理过程。

（五）言语表情

言语表情是通过不同的音调、节奏、速度等来表现人的情绪和情感的方式。例如：喜悦时，其言语响亮、音调较高、节奏快，语音高低差别较大；悲哀时，其音调低沉、吐词缓慢，语音高低差别较小，声音常断续；兴奋时，声音洪亮、慷慨激昂；愤怒时，声音高且尖，常带有颤抖，大声喊叫、语句断续，等等。有时，同一句话，由于说时的音调、节奏、速度、语气等不同，其含义而完全不同。另外，人在处于不同情景时，声音会有变化。当心怀不满或抱有敌意时，语速会放缓，甚至出现语塞现象；当要撒谎时，语速会快起来；当急于辩解时，声调会突然上升试图压倒对方；当害怕别人反驳时，声音会拖得很长。这即是说，言语的不同与变化能体现人内心的真实想法，因此，只要仔细揣摩，就能通过言语探知人的内心世界。换言之，言语是人的“有声自我”，能用以判断人的个性、品味和心理状态，是读心术中不可或缺的一个环节。

比如，通常嗓门大的人性格开朗、心直口快，想让他把话憋在心里很难。他们看似莽撞，却是“大嗓门有大智慧”，头脑和人品都值得信赖，是知心朋友的不错人选。说话声音小的人或许要留神，喜欢凑到耳边窃窃私语者，可能是爱窥探隐私，是飞短流长的高手；左顾右盼的人多半口是心非、气量狭小。语速快的人活泼、敏锐，对他人的言行领悟快，反应迅速。不过，他们有时会在对方话没讲完时下结论，导致误解；或在没有想好如何回答时脱口而出，陷自己于困境。语速慢的人性格沉稳，不会大喜大悲，善于掩饰情绪。他们思维周全，一旦认准目标，绝不轻易放弃。[6]

二、观其行

观其行是通过观察个体的行为去认知人的途径或方式。下面《道德量化法》[7]中的父亲就是用的这种方法。

富翁的儿子与朋友做生意，被骗了。富翁的儿子很懊恼。他说，我没想到“他”是那种人。富翁安慰并告诫儿子，人都有自己的道德底线，当外在的诱惑突破了他的道德底线，他就会颠覆传统的道德准则。儿子听后，一脸迷惑。

富翁说，我们不妨做个实验吧。儿子点点头。

富翁领着儿子找到了商人甲。甲的门面房不大，甲正悠闲地喝着茶。富翁取得了甲的初步信任，富翁说，我有一批货想和你合作，你卖不卖？商人甲转了转眼珠子，一脸狐疑。富翁说，你卖了货再给我钱，反正跑了和尚跑不了庙。富翁装作放心的样子，瞥了一眼甲租来的这套门面房。

生意谈成了。富翁放了 1 万元钱的货在甲的店里。

随后，富翁又领着儿子找到门面稍大的商人乙，和门面更大的商人丙，都放了 1 万元的货在他们店里。

一个月后，丙率先还了货款，并提出要进更多的货。不久，商人乙、商人甲陆续来还货款，无一例外都要求从富翁这儿进更多的货。富翁给了 3 万元的货。儿子说，他们还是蛮讲信用的，应该多给他们货呀。富翁依然只是笑笑。

又一个月后，丙率先来还钱了，提出要进更多的货。随后，乙也来了，也提出要进更多的货。甲却没来。富翁领着儿子到了甲的店铺，却已是人去屋空。儿子说，他真不讲信用。富翁没说什么。

这回，富翁给了丙和乙各 5 万元的货。儿子说，他们还是蛮讲信用的，应该多给。富翁仍笑而不语。

再过了一个月，丙率先还钱，还提出要进更多货。乙却没来。富翁领着儿子到商人乙的铺子，却已是人去屋空。儿子很惊讶，说，他怎么这么不讲诚信呢？看来，只有商人丙到底是做大买卖的，可靠！富翁赊给商人丙 8 万元的货。一个月后，丙按时还钱。

富翁赊给丙 15 万元的货。一个月后，丙按时还钱。再给丙 30 万元的货。一个月后，丙却没来。

儿子说，丙一定有特殊原因，他这么讲诚信的人怎会不来呢？富翁不声不响，领着儿子到了商人丙的铺子，与以前的甲、乙一样人去屋空。儿子更惊讶了，说，人怎么这样呢？

富翁说，我把人的道德底线都量化成了数字，你该明白了吧？商人甲的道德底线是 3 万元；商人乙的道德底线是 5 万元；商人丙相对还是诚信的，但他也有道德底线，是 30 万元。这就是人性。但不用担心，我早料到了他们这一手，现在他们正准备受审呢，人性的龌龊自有法律和道德来约束。儿子大悟。

故事中的富翁通过人的行为去辨别、判断人的诚信，并据此来教育自己的儿子。

三、察其态

察其态主要是观察人的神态、姿态动作等，实质是通过个体的身（肢）体语言来认知他的一种方式或途径。

身体语言又可称为肢体语言，简称体语，指非词语性的身体符号。包括目光与面部表情、身体运动与触摸、姿势与外貌、身体间的空间距离等。人们交流沟通时，即使不说话，也可以凭借对方的身体语言来探索他内心的秘密或真实想法。人们可以在语言上伪装自己，但身体语言却经常会“出卖”他们，因此，解译人们的体语密码，可以更准确地认识自己和他人。比如，“目光接触”表示愿意进行沟通；“小心地坐在椅子边上”表示有点焦虑和紧张；“紧靠坐椅、双臂交叉”表示不愿意再继续讨论下去了；“在人群中脚尖朝向谁”往往暗示对谁感兴趣，等等。

身体语言包括面部表情和身段表情两方面。面部表情是能够表现情绪或情感的面部变化或运动，如眼睛、嘴巴、脸等。眼睛可以反映人的情绪、态度和情感变化。通常，情绪由中性向愉悦改变，瞳孔会不自觉变大；对使人厌恶的刺激物，瞳孔明显缩小。情绪由“晴”转“阴”时，亦有同样反应。俗话说，“眼睛是心灵的窗口”，身体其他部位的沟通也与目光接触有关，人际沟通中如果缺少目光交流的支持，将会使人际沟通过程变得不愉快，而且很困难。除眼睛外，嘴、颊、眉、额是表现愉悦的关键部位；鼻、颊、嘴表现厌恶，如嗤之以鼻；眉、额、眼睛、眼睑表现哀伤；眼睛和眼睑表现恐惧。

姿势是个体运用身体或肢体动作表达某种情感及态度的体语，它是常见的沟通方式，应用范围比较宽泛。身体的触摸常常用来表达某些强烈情感，人在触摸和身体接触时情感体验最为深刻。除姿势外，躯体的动作等都可表现人的内在心理世界。身体运动是个体最易发现的一种体语。

比如，摆手通常表示制止或否定；双手外推通常表示拒绝；双手外摊通常表示无可奈何或不感兴趣；双臂外展通常表示阻拦或困惑；搓手、拽衣领通常表示紧张；拍头通常表示自责；耸肩通常表示不以为然或无可奈何，有时表示不感兴趣；双手举过头顶通常表示暴怒；双手往上伸直通常表示激动；双手枕在头下通常表示舒展；一只手托着下巴通常表示疑惑或沉思；颔首、双手放在胸前通常表示害羞。

表 6.1 列举出一些体语与所表示的心理活动。

表 6.1 非言语信息及其典型代表意义

非言语信息	典型代表意义
目光接触	友好、真诚、自信、果断
不做目光接触	冷淡、紧张、害怕、说谎、缺乏安全感
搔头	迷惑不解、不相信
咬嘴唇	紧张、害怕、焦虑
踮脚	紧张、不耐烦、自负
双臂交叉在胸前	生气、不同意、防卫、进攻
抬一下眉毛	怀疑、吃惊
眯眼睛	不同意、反感、生气
鼻孔张大	生气、受挫
手抖	紧张、焦虑、恐惧

续表

非言语信息	典型代表意义
身体前倾	感兴趣、放松
懒散地坐在椅子上	厌倦、放松
摇椅子	厌倦、自以为是、紧张
驼背坐着	缺乏安全感、消极

人与人之间的身体距离也能反映出人的一些心理活动。由于人与人之间的关系不同，人际距离因而不同。美国学者霍尔根据对美国白人中产阶层的研究提出4种人际距离。①公众距离3.657~7.62米（12～25尺）在正式场合，演讲或其他公共事物中的人际距离，此时沟通往往是单向的。②社交距离1.219~3.657米（4～12尺）是彼此认识的人们的交往距离，许多商业交往多发生在这个距离上。③个人距离0.457~1.219米（1.5～4尺）是朋友之间交往的距离。此时，人们说话温柔，接受大量体语信息。④亲密距离0~0.457米（0～18寸）这是亲人、夫妻之间的距离。在此距离上双方均可感到对方的气味、呼吸、体温等私密性感觉刺激。

四、看其事

看其事主要是对个体所做的事情的认知，主要看个体做了哪些事情，结果如何，是否尽心，等等。下面这则《为什么不竭尽全力》[7]会给我们有益启示。

某青年海军军官走进海曼·里科弗将军的办公室，坐定之后，将军请他挑选任何他所希望讨论的领域进行谈话，青年军官选择了时事、音乐、文学、海军战术、电子学等。

在整个谈话过程中，将军一直在注视着青年军官的眼睛，并不断地问这问那。当青年军官被问得瞠目结舌时，将军微微一笑。顿时，青年军官明白了将军的用意——自己挑选的这些自以为懂得很多的问题，看来都知道得很少，更何况其他的呢？

正当他为自己的无知感到羞愧时，将军问道："你在海军学院的学习成绩怎样？"

"在820人的年级中，我名列第59名。"这个问题让青年军官稍稍释然了一些。这个成绩还算是不错的，但由于有刚才的教训，他的语调和表情依然很谨慎。

"哦，那你竭尽全力了吗？"将军微笑着反问道。

"没有。"青年军官摇摇头回答道。显然，他希望通过这个回答透露给对方两个信息：一是自己很谦虚；二是自己还有更大的发展空间。

谁知将军根本不买账，说："那你为什么不竭尽全力呢？"

立刻，青年军官窘得无话可说了。之后，他便沉默着退出了将军的办公室。

此后几十年，青年军官一直把将军的话当成座右铭，无论做什么事，他都“竭尽全力”。如此这般，数年之后，他成了美国的第三十九任总统，他的名字叫做詹姆斯·厄尔·卡特。

在这则故事中，里科弗将军对卡特的认知比较独特，既看他做了哪些事，又看他的见识，更为独特的是看他尽力与否。正是这样的认知，成就了卡特。

五、知其友

知其友主要是对个体的人际关系的认知，即通过其朋友、敌人等对他进行认知。前已有述，此不赘言。

六、明其志

明其志主要是对个体的志向或抱负及实现它们所采取的行为、努力情况进行认知。

七、洞其境

洞其境主要是考虑或认知个体表现行为的情境（看情境，前已有述，此不赘言）。当然，为了更好地对人认知，可以设置情境，看其在情境中的表现。许多公司招聘人才时，都通过设置一定的情境来考察人。中国台湾忠信高级工商学校校长在大陆演讲时，讲到了美国福特汽车公司创始人福特的故事[8]。

美国有个“福特公司”，福特是一个人，他大学毕业后，去一家汽车公司应聘。和他一同应聘的三四个人都比他学历高，当前面几个人面试之后，他觉得自己没有什么希望了。但既来之，则安之。他敲门走进了董事长办公室，一进办公室，他发现门口地上有一张纸，弯腰捡了起来，发现是一张渍纸，便顺手把它扔进了废纸篓里。然后才走到董事长的办公桌前，说：“我是来应聘的福特。”事长说：“很好，很好！福特先生，你已被我们录用了。”福特惊讶地说：“董事长，我觉得前几位都比我好，您怎么把我录用了？”董事长说：“福特先生，前面三位的确学历比你高，且仪表堂堂，但是他们眼睛只能‘看见’大事，而看不见小事。你的眼睛能看见小事，我认为能看见小事的人，将来自然看到大事，一个只能“看见”大事的人，他会忽略很多小事。他是不会成功的。所以，我才录用你。”福特就这样进了这个公司，这个公司不久就扬名天下，福特把这个公司改为“福特公司”，也相应改变了整个美国国民经济状况，使美国汽车产业在世界占据鳌头，这就是今天“美国福特公司”的创造人福特。

八、识其识

识其识就是对个体的认知、见识等进行认知，即在人际认知时，对他人是如何认知或看待事情或事物进行认知、评判。由于人的认知、见识对行为有决定作用，因此，认识、了解人的认知、见识等在人际认知中非常重要和必要。

心理学中有一种 ABC 理论。A（antecedent）指事情的前因，即诱发性事件或刺激；B（belief）指信念和对情境的评价与解释，即个体针对此诱发性事件产生的一些信念和对这件事的一些看法、解释；C（consequence）指事情的后果，即个体所产生的情绪和行为的结果。日常生活中常说“前因后果”，即“有前因必有后果”。那到底是否如此呢？不一定。同样的前因不一定产生同样的结果。为什么呢？是因为前因 A 要导致后果 C，必须要经过 B，即信念或对事情的评价和解释。人的信念、解释或评价不同，同样的前因 A 导致的结果 C 也不同。这一理论特别强调了人的认知作用。

在人的认知中，人对事、物、他人、社会等的看法对人们对他的认知非常重要。其中，对他人的讥讽、指责及挫折或失败等的认知，不仅影响自己的发展，而且影响人们对他的认知或看法，同时对认知他的人来说也是一种经验，可从中获得启迪。因此，在人际认知时，应特别予以重视。

西藏寓言故事中的爱地巴，“失败时激励自己，成功时感恩别人”[9]。在与别人发生争执时，总是绕着自己的地和房子跑三圈。贫穷时想到的是“哪有时间，哪有资格去跟人家生气！”富裕时想的是“房子这么大，土地这么多，我又何必跟人计较？”这是一种非常积极的认知与见识，通过对爱地巴的这种认知和见识的认知，我们可以从中学到有助于成功的积极心态。

阿里巴巴的创始人马云的大学之旅异常艰辛，他不仅没考上过一流大学，更悲惨的是，他考过三次大学，两次落榜。第一次高考数学只考了 1 分，第二次高考数学只考了 19 分。在他准备参加第三次高考时，一直对他的数学成绩非常失望的余老师对他说了一句话：“你的数学一塌糊涂，如果你能考及格，我的‘余’字倒着写。”马云把老师的话看作激将，通过努力，数学终于考了 79 分。考上大学后，马云并不去与老师计较，而表现出大度和宽容。这成为他的一个品格。后来，对于别人的反对和质疑，他都表现得非常大度和宽容，他说：“对于我们这类人，欣赏我们的（人）非常欣赏，讨厌我们的（人）极其讨厌。我不希望大家都喜欢我，这也不可能。当人们都反对我时，不是一件坏事。”正是把别人的质疑、批评、讥讽当动力，并去感恩，才成就了今天的马云。[10,11]

福特汽车公司的创始人亨利·福特，在年轻当修车工时，有一次到自己渴望已久的五星级餐厅就餐，遭到了服务生的轻蔑、奚落。虽然当时很生气，但过后不久便渐渐冷静下来，而是开始为自己鼓气——他立志要成为上流社会的人物，要成为国家顶尖的富翁，永远不再遭受今天的羞辱。自此以后，他开始坚持不懈地朝着梦想前进。十几年过去了，他已经由一个平凡的修车工人，成为了叱咤风云的汽车大王。[12]

眼镜制造行业里响当当的风云人物莱昂纳多·德尔·维奇奥很小的时候就被送到了孤儿院，年纪还不大时就到一家加工眼镜零件的工厂打工。工作期间，年龄小、身体瘦弱的他成了工人们无聊时捉弄的对象。工人们常常毫无顾忌地拿他开玩笑，还常常让他去干一些不属于他的工作。对这一切他都逆来顺受，从来不说什么。

有一次，寻开心的工人们把他的外套抢来，几个人围成一圈互相扔着玩。他跑向左边，左边的人就把外套扔到右边；他跑到前边，前边的人就把外套扔到后边。他越着急，这些人就越开心，跑着跑着，他的眼睛红了起来，泪水在眼眶里直打转。忽然，他停下脚步，站在原地，冷冷地看着这些捉弄他的人，努力控制不让自己的眼泪掉下来。就在大家都以为他要发火的时候，他却转身离开继续干起活来。

一位老师傅看不下去了，把捉弄他的人训斥一顿，把外套抢了回来给他重新披在身上。老师傅怕他受到什么刺激，就在旁边劝他。他却说："您放心吧，我不会在意的。我现在什么都没有了，也没有什么可以输的，还在乎别人这点捉弄吗？"后来，那些因捉弄他而被教训的人虽收敛了很多，但还是会时不时地揶揄他一下。对于这一切，他就像什么也没听见一样，只是埋头苦干把心思都放在了学习本领上。

几年后，根本不在乎别人捉弄的他因为在工作中的勤奋和努力，已经成为了工厂里最出色的工人之一。当年那些处处捉弄他的人也不敢再捉弄他了，反而因为工作上经常需要他帮忙，从而对他格外客气和尊重。有了多年的磨炼，20 出头的他已经对眼镜制造行业非常熟悉。不久之后，他就萌生了开一家眼镜制造铺的念头。当身边要好的朋友们得知他的想法之后，都不同意他的打算，因为大家都知道对于他这样一个年纪轻轻阅历尚浅的人来说，做生意的困难和风险是非常大的。而他觉得自己没有什么可以输的东西，他的心里特别放松，没有丝毫的压力和负担，反正大不了一切从头再来。很快，他的眼镜制造铺就开张了。正是因为心态良好技术过硬，他的眼镜制造铺迅速接下不少生意，小日子也过得越来越好。没有压力轻松上阵的他在商场大展拳脚，小小的眼镜制造铺在他的经营下，只用了几十年的时间就成长为世界上最大的眼镜制造商 Luxottica 集团，而他本人也成了世界级的富豪。在 2011 年《福布斯》全球富豪榜中，他排名第 71 位。

维奇奥能取得巨大成就，与他对别人捉弄的恰当认知是分不开的。我们从他的故事中可以获得许多有益启示。

九、视细节

常言道：“细节决定成败。”中国古代思想家老子也说：“天下大事必作于细，天下难事必作于易。”这都告诉我们细节的重要性。对于我们自己来说，要注意细节；对于人际认知而言，我们要注意别人的细节。这一点在故事《细节即是修养》[13]中得到诠释。

一位知名企业的总经理想要招聘一名助理。这对于刚刚走出校门的青年们来说是个非常好的机会，所以应征者云集。经过严格的初选、复试、面试，最终一个毫无经验的青年中标。

副总经理对这一决定有些不理解，于是问总经理：“那个青年胜在哪里呢？他既没带一封介绍信，也没受任何人的推荐，而且毫无经验。”

总经理告诉他：“的确，他没带来介绍信，刚刚从大学毕业，一点经验也没有。但他有很多东西更可贵。他进来的时候在门口蹭掉了脚下带的土，进门后又随手关上了门，这说明他做事小心仔细。当看到那位身体上有些残疾的面试者时，他立即起身让座，表明他心地善良、体贴别人。进了办公室他先脱去帽子，回答我提出的问题时也是干脆果断，证明他既懂礼貌又有教养。”总经理顿了顿，接着说：“面试之前，我在地板上扔了本书，其他所有人都从书上迈了过去，而这个青年却把它捡起来了，并放回桌子上；当我和他交谈时，我发现他衣着整洁，头发梳得整整齐齐，指甲修得干干净净。在我看来，这些细节就是最好的介绍信，这些修养是一个人最最要的品牌形象。”

这一故事说明：关注细节的人无疑也能够捕捉创造力火花的人；一个不经意间的细节，往往能够反映出一个人最深层次的修养。所以，在人际认知时，应注意对人的细节的认知。

第四节　人际认知时应注意的方面[14]

尽力避开“与之稍微一亲近就口无遮拦的人”。

在交往中，应“多把‘你听懂了没’换成‘我讲明白了没’”。

别人给你发消息一定要回，就算不想聊也可以告诉他，哪怕是用表情或者标点来委婉的表达，不回消息不是高贵，是没教养。

不要试着用自己的秘密去交换一个朋友。

穿得靓丽帅气的不一定就是绅士，打扮得非常暴露的不一定不是良家妇女，不要以貌取人。

和谁都别熟得太快，不要以为刚开始话题一致，共同点很多，你们就是相见恨晚的知音。语言很多时候都是假的，一起经历的才是真的。

用“谢谢你”代替“谢谢”，虽然只是多了一个字，但是诚恳很多很多。

一个女生在男生堆里受欢迎，说明不了什么，如果在女生堆里玩的开，那是真厉害。

有两种人值得信任：二话不说借给你钱的人，信守承诺还你钱的人。

交浅别言深，情深别刻薄。

麦兜说：有事情是要说出来的，不要等着对方去领悟，因为对方不是你，不知道你想要什么，等到最后只能是伤心和失望，尤其是感情。

大多数人口中的“怎么了”只是满足好奇心，并没有要帮助你的意思。

打破别人的喜悦这是一件很没礼貌的事情。我们应该都有体会。

在拒绝这件事上，越简单越好，明明是别人要求自己帮忙，解释半天变成自己亏欠了别人的感觉，帮得上，想帮就帮，帮不上，就拒绝。人际交往，简单明了有时最恰当，懂得拒绝，才可以洒脱不纠结。

首先要靠自己，永远别想着光靠任何人。

别人在跟你说他喜欢的东西时，希望你不要反驳，因为他们都很认真地在说，而你却说他们喜欢的东西有多么不好，你的直白，只是自私。

去别人家做客，别人让你看电视的时候，你就该走了。面试时，老板脚一直抖的话，说明对你说的不感兴趣，一旦停下抖动的腿，说明你说的他感兴趣了。你在和别人交谈时，别人一旦深呼吸，那就表示他不想听，正在强压下自己对你的态度。

不熟的人别乱开玩笑。熟的人也是。

在最愤怒时忍住最伤对方的那句话。

不说狠话，不做软事。

别人可以自嘲但是你千万不能附和。

别有事没事跟别人诉苦，这世上能感同身受的人很少，大部分人听听也就烦了，还有少部分人会当作笑柄到处去宣传。

你生气或者内心负面情绪满满的时候，不要把负能量带给他人，更不要宣泄愤怒。如果你做不到，难过的时候最好一个人呆着。因为不是所有人都是你的亲人和很好的朋友，在别人看来这都是没有缘由就被你散播了负能量的行为，日子久了，别人就不愿意接近你了。

永远不要对一个人的努力嗤之以鼻。

不要为了人际关系，逼着自己做好人。要做一个经常做好事的坏人，而不是一个不能做坏事的好人。

要善于捕捉别人话的含义：如男女朋友约会，男的先到，给迟到的女朋友说，女朋友回复信息："你就等着吧。"女的先到，给迟到的男朋友说："你就等着吧。"虽然都是"你就等着吧。"但含义却大相径庭。再如，中国足球队和中国乒乓球队："谁都赢不了！"虽说都是"谁都赢不了！"但含义却截然相反。因此，听话要听音，更要捕义。

参考文献

[1] 花花. 人穷还是心穷. http：//www.timetimetime.net/gushi/56112.html[2016-06-03].
[2] 枫羽. 自我服务偏见. 360 百科. http：//baike.so.com/doc/849444-898185.html[2012-09-23].
[3] 佚名. 亚投行掌门的女儿：出身比你好比你聪明还比你努力. http：//mt.sohu.com/20150412/n411147502.shtml[2016-06-03].
[4] 花花. 没有任何借口. http：//www.timetimetime.net/gushi/56112.html[2016-05-26].
[5] Laidge. 惯用语. 360 百科. http：//baike.so.com/doc/5512380-5748143.html[2014-06-15].
[6] 陈琳. 教你通过言语"表情"识人心.http：//health.jwb.com.cn/art/2012/12/11/art_590_1981943.html[2016-05-31].
[7] 花花. 人穷还是心穷. http：//www.timetimetime.net/gushi/56112.html[2016-06-04].
[8] 佚名. 台湾大学校长在大陆演讲：记者边录边哭. http：//mt.sohu.com/20151118/n426825544.shtml[2016-06-08].
[9] 花花. 失败时激励自己，成功时感恩别人. http：//www.timetimetime.net/gushi/33898.html[2016-06-14].
[10] 白山. 马云的人生哲学. 北京：北京工业大学出版社，2011.
[11] 花花. 马云和他的三次高考. http：//www.timetimetime.net/gushi/67441.html[2016--05-31].
[12] 花花. 修车工人与汽车大王. http：//www.timetimetime.net/gushi/54646.html[2016-05-22].
[13] 花花. 细节即是修养. http：//www.timetimetime.net/gushi/57123.html[2016-05-24].
[14] 佚名. 教你如何成为一个高情商的人. http：//www.xinli001.com/info/100015046 [2016-05-16].

第七章　人际关系中的自我

在人际交往中，还存在对自己的认知。对自己的认知，实际上是对自己作的一个认识、判断与评价，而对自己的认识、判断与评价，直接影响着人们与他人交往的态度或心态、方式、途径等。因此，在探讨人际关系时，有必要对自我认知进行探讨。

一般而言，人只有尊重自己，才能赢得他人的尊重。如果自己不尊重自己，毫无自尊心，就别想得到别人尊重。法国思想家卢梭指出："每一个正直的人都应该维护自己的尊严。"俄国教育家苏霍姆林斯基说道："没有自我尊重，就没有道德的纯洁性和丰富的个性精神。对自身的尊重、荣誉感、自豪感、自尊心——这是一块磨炼细腻的感情的砺石。"德国剧作家席勒认为："不知道他自己的尊严的人，便不能尊重别人的尊严。"[1]这都道出自我尊重是尊严的前提。可见，自我不只是只关乎自己，它也影响到人际关系。正因为如此，在建立人际关系时，首先要对自我进行认识。

第一节　自我与自我意识

一、自我的概述

自我是一个人所具有的身心综合体，是个体所具有的有自己独特之处的各方面统一协调的整体或完整系统。它包括物质的和精神的、身体的和心理的等一个人所具有的属于自己的借以与他人分离的或不属于他人的各方面。

（一）詹姆斯的看法及其启示

心理学中最早对自我进行探讨，提出自我概念，并建构较为系统地自我理论的是美国本土第一位心理学家、哲学家和教育家詹姆斯（W. James）。他认为："自我是个体所拥有的身体、特质、能力、抱负、家庭、工作、财产、朋友等的总和"。他把自我分为客体自我（me）即经验自我和主体自我（I）即纯粹自我。

1. 客体自我或经验自我

客体自我或经验自我是包括一切个人可以称为是属于“我”的全部东西，是人们可能经验到的一种对象，即与世界的其他对象共存的存在物，是个体“试图用‘我’来称呼的一切”。它与世界之间没有明显的界线，“我”的身体、服饰、妻子儿女及财产都是自我本身的各种关系，参与了自我的构成。它不断地变化。它是一种被知或被认识的东西，也可以叫做被知的我或被动我。客体自我分为三个方面，即物质自我、社会自我和精神自我。

（1）物质自我

物质自我是指个体的所有物，如衣物、家庭等。由于人一生中总是通过身体与周围的事物发生关系，并依据身体提出各种需求。身体是物质自我的核心，由内向外依次是衣物、嫡亲、家等可以为我占有和使用的各种资产。这启发我们：可从一个人的穿戴、用品等诸方面去分析认识他；要悦纳自我，首先要悦纳自己的身体，不要嫌自己长得丑、个子矮、身体残疾等，并因为这些身体缺陷而自卑；要注意自己的身体在人际交往中的作用，因为我们总是用身体与别人交往的，身体方面的因素如穿戴、身体所传递或表现出的信息等对人际交往有很大影响。常言道：“三分长相，七分打扮”“人是衣服马是鞍”等说的就是身体方面的因素的重要性。

（2）社会自我

社会自我是个体“从同伴那里得到的承认”，即他在别人心目中的形象。由于“别人”范围很广，因此一个人的社会性自我由许多不同的自我组成，即每个人都有许多不同的社会自我，如诚实、害羞等。主要是一个人在群体或社会中的地位或名誉。对个人尊重或重视的人越多，他的社会自我越大。其中，人在他所爱恋的人的心目中的评价和地位，又有着特别重大的意义。这启发我们可从他人如朋友、敌人、同事、左邻右舍等对某人的评价中去认识他。同时，由于人是社会性、群居性的，每个人都要与他人建立联系，因此，应注意别人的评价，依据别人的评价来不断调整、改进自己。不过，又不能太过于重视别人的评价，否则，会为别人的评价而活，因别人的评价而迷失自己。再者，由于不同的人的立场、知识水平、态度或心态、认识水平等不同，他们对同样的事情会有不同的评价，因此，倘若过分在意别人的评价，就会在面临不同的评价时无所适从。这就告诉我们，既要在乎别人的评价，又不要太在乎别人的评价。在乎别人的评价是要避免自我中心，一切以自己为出发点。不太在乎别人的评价是要保持独立的自我，避免受别人评价的左右。

（3）精神自我

精神自我是个人的、主观性的和内在的存在，是个体的心理能力或性情。主要是指道德和宗教观念等。个体的辩论和鉴别的能力、道德心与良心、坚强的意志等，都属于他的精神的自我。其实质是个体所具有的心理品质、心态、精神等。它告诉我们，人活着要有精神支柱、信仰、积极的心态、诚信等品质。

2. 主体自我或纯粹自我

主体自我即纯粹自我，也可称为能动我或主动我，是客体自我的觉知者，是知晓一切（其中也包括自我）的那个东西，是每一个时刻发生的，高于一切思想对象的判断的思想或思想流，也就是每一时刻存在把自己一切对象据为己有的一种心理状态。其理论依据是“个人同一性（personal identity）”，这是“现在的自我与它想起的那些过去的自我相同”的一种特性。纯粹自我由不断更迭和传递其内容的当下思想构成，它接受不同的感觉并影响感觉所唤起的动作；它是兴奋的中心，接受不同情绪的震荡；它是努力和意志的来源，意志似乎从此发出命令。

主体自我或纯粹自我启迪人们要不断地对自己进行认识、思考或反思（反省），科学恰当地认识自己，在此基础上确立自己的发展方向，给自己恰当定位，走出一条属于自己的独特之路。

（二）弗洛伊德的自我论及其启示

弗洛伊德将人格分为本我、自我和超我。本我（id）又音译为伊底，处于心灵最底层，是一种与生俱来的动物性的本能冲动，特别是性冲动。它是混乱的、毫无理性的，只知按照快乐原则（pleasure principle）行事，盲目地追求满足。自我（ego）是从本我中分化出来是受现实陶冶而渐识时务的一部分，充当本我与超我或外部世界的联络者与仲裁者，并且在超我的指导下监管本我的活动。它能根据周围环境的实际条件来调节本我和超我的矛盾、决定自己行为方式的意识，作出理性或正确的判断。它按照“现实原则”行动，既要满足本我欲望，避免痛苦，又要符合超我的要求。超我（superego）是进行自我批判和道德控制的理想化的自我，它是人在成长过程中社会尤其是父母给他的赏罚活动中形成的，是父母作为爱的角色和纪律的角色的赏罚权威的内化。它主要包括良心和理想自我。前者代表着社会道德对个人的惩罚和规范作用，后者是确定道德行为的标准。其主要职责是指导自我以道德良心自居，去限制、压抑本我的本能冲动，而按至善原则活动。

在弗洛伊德的理论中，自我既有可能对本能欲望进行压抑，也有可能对本能欲望进行疏导，使它合理地得以满足。这启示我们：①要有自控力，能够控制自己的欲望，欲望既不能太强烈，也不能太多，否则，若为自己的欲望所左右，就会发展不良，适应不了社会。②要对自己的欲望加以合理疏导，使它成为自己发展或不断超越自己的动力。这样，本能欲望就会充分发挥其积极作用。

（三）罗杰斯的观点及其启示

罗杰斯（C. R. Rogers）认为，自我是人的主观世界的一部分，是一种有结构的、和谐一致的概念的完形，其中包含对主格我（主我）和宾格我（客我）的特征的知觉，对它们与现实世界各方面关系的知觉，以及对这些特征和关系的评价。概言之，自我是个体对自己和环境及其关系的知觉与评价，它具有如下特点。

1. 属于对自己的知觉范畴

自我包括对自己的特点的知觉，以及对与自己有关的人和事物的知觉的总和。在对自我觉察认知时，要特别注意发现自己的独特性，即与他人不同的特点，然后促进自我独特性的发展。不要片面地模仿别人、跟随别人。对与自己有关的人和事物的知觉，包括对朋友、敌人等的觉察和认识。认为是敌人的人，肯定具有与个体自己的特点相反的特征；认为是朋友的人，肯定具有与个体自己相同的他所认可的特征。这就是物以类聚。

2. 具有开放性，是组织化的比较稳定的结构

自我始终对经验保持开放性，是健康的自我必须具有的特征，人格健康的人应积极接纳新经验、迎接新变化。但自我的内心结构总保持稳定。当个体觉得有些观念、有些事物与其自我有冲突时，尤其是冲突比较明显、强烈时，他就会感到威胁，由此拒绝这些观念或事物，使自我保持稳定。这就启示我们既要积极接纳新思想、新观念、新方法、新知识，又要保持自己的特点，使自己前后一致。

3. 只能表征那些关于自己的经验，而不是控制行为的主体

自我是个体在经验过程中逐渐通过自己的体验和认识而形成的，个体要不断地通过自己的体验和提升自己的认识而不断完善自我。

4. 主要是有意识或可以进入意识的东西

自我指通常能够被包括自己在内的人的知觉。对于个体而言，应不断认识自己，挖掘自己的潜能；认识到并不断改正自己的不足或缺陷；认识并充分发展和发挥自己的长处或优点，使自己的优更优，不断发展或进步。

（四）米德的观点及其启示

米德（G. H. Mead）认为，自我是借助于符号互动而产生的过程。在互动过程中，主体把所接触到的一切转变为符号，在自己的想象中加以选择、组合、演

练。自我通过扮演他人的角色把自己置于自己所想象的他人审视或看待自己。他想象别人对自己的行为反应和评价，像一个演员一样想象观众如何看待和评价自己。换言之，就好像他人是一面镜子，个体在他人那看到了自己，并且认为那是真正的自己。自我具有创造性和反思性，个体是有意识的主体，他可以将社会规范或他人的反应或评价内化，但也可以怀疑或质疑甚至反对它们，形成独特的自己，也使社会免于停滞。个体根据对刺激的意义来决定他所采取的行动；人赋予给刺激的意义是社会互动的结果；在任何情况下，人都要经历一种内部解释过程——“与自己对话”（如我这样表现合适不合适？），其目的是给环境确定一个意义并决定怎样行动。

米德的理论告诉我们，既要在乎他人的看法、反映或评价，与他人建立起一种良性的互动关系，这样自我才能健康发展；同时又要形成自己的看法，依据自己的情况对他人对自己的看法、反应、评价等加以适当分析评估，而不要只受他人的影响。

（五）罗洛·梅的观点及其启示

罗洛·梅（Rollo May）对自我提出自己的看法，从其理论中我们可以获得许多积极启示。罗洛·梅所讲的自我，主要是人的存在，它有如下特征。

1. 自我核心

自我核心是指人以其独特的自我为核心。详言之，每个人都是一个与众不同的独立存在，每个人都是独一无二的，没有人可以占有其他人的自我，心理健康的首要条件就在于接受自我的这种独特性。这告诉我们，人的存在，最重要的一点就是发现自己哪些方面与众不同，发现它们，既能保持一种独特性的自我存在，还能够走一条自己的发展道路，而走自己独特的道路，是一条成功之路。这就告诉我们，要想成功，首先要对自己加以分析，发现自己的独特性。

2. 自我肯定

指人保持自我核心的勇气。通常，人的自我核心不会自然发展和成长，它必须经由不断地自我鼓励、督促，才能趋于成熟。这种督促和鼓励就是自我肯定。它是一种生存的勇气，缺失它，人就无法确立自己的自我，更不能实现自己的自我。这告诉我们，首先是有勇气肯定自我存在；其次是能够保持自己的独特性，不要去迎合别人。自我肯定体现在生理、道德、社会、创造等方面。

1）生理（身体）勇气：来自与生理有关的体格的力量，属于最低层次和容易被人发现的勇气。包括对自己的长相、体质等的肯定，要悦纳自己，不能因自己的身体或生理状况而自卑。如不要因为自己的长相不好而自卑，不要因为自己个子矮而自卑，不要因为自己身体缺陷而自卑，我们要敢于去正视我们的问题，我长得就是这样，有自己的特色。下面的这则《做自己的贵人》[2]讲的就是对自己身体的肯定。

33 岁那年，命运和厚德开了个很大玩笑。他因左膝关节疼痛去医院诊治，不幸被查出患了中期恶性骨瘤。医生说，根治的最好方案就是截肢，如果保守治疗，很难保证癌细胞不扩散。厚德痛苦地接受了截肢手术。

厚德残疾了，这使原本贫困的家庭更加雪上加霜。他无法下地干农活，原来赖以生存的木工手艺也逐渐荒废，因为他行动不便，四乡八邻再也不请他上门打家具了。

怎么办？未来的路在哪？望着空荡荡的左裤管，厚德很绝望，真想跳进面前的小河里……

有天，7 岁的女儿姗姗缠着他说想学电子琴。姗姗从小就爱唱歌，有极高的音乐天赋，邻居们都说姗姗唱歌好听，要厚德好好培养姗姗，让姗姗将来当歌星。

厚德拄着双拐去亲戚家借钱，可亲戚说，你连饭都快吃不上了，娃还学什么电子琴？他没说话，出门转身的一刹那，截肢时都没流过一滴泪的他，眼里顿时噙满了泪水。

厚德辗转反侧，一夜未眠。第二天，他留了封信给妻子，说有事出门几天，让妻子别牵挂。

原来，他想到以前在给一户人家打橱柜时，那家在县城打工的儿子回来说，城里人特别爱吃农村散养的土鸡，经常托他代买土鸡。这个信息启发了他，于是他准备去县城农贸批发市场调研。他拄着拐一家挨一家店跑，遭到了不少冷眼，人家不相信他有能力养好土鸡。厚德不气馁，第二天、第三天再去找他们洽谈。他的认真实诚终于打动了一位经销商，他接洽了厚德，并告诉他，目前市场上的土鸡供不应求，绝对存在很大的养殖空间。末了，经销商竟主动跟他签约，说你养的土鸡品质够好的话，有多少我就要多少。

厚德信心大增，销路有了保障，吃再多的苦都不怕！他和妻子从开始的小规模养殖，再到带动全村村民共同养殖，成立了分养到户统一收购的合作社模式，逐渐扩大了养殖规模。厚德始终把土鸡的品质放在第一位，“纯放养、纯杂粮麦麸喂养”是合作社永久不变的经营理念。他每天都会拄着拐不定期不定时地到各放养区域检查土鸡的生长情况。

几年后，厚德出了名，成了附近几个县市有名的养殖土鸡大户和供货商，找他供货的经销商络绎不绝。于是他在邻村再扩大养殖规模。

厚德不仅自己富裕了，而且还带动村民一起致富。不难想象，其成功背后，不知付出了比常人多多少的努力和艰辛。他用智慧用决心用毅力，征服感动了每一个人。当年的那位经销商说，他身上那种坚韧不拔的精神感动了我，他能干实事，敢拼敢闯。所以，我愿意帮助他。

有人说，厚德命好，命里一直有贵人相帮。厚德目光深邃，他点燃了一根烟，点点头说，是的，这一路上，他确实遇到了很多贵人。但是，最重要的贵人是自己，因为生活教会了自己：任何时候，都不能轻言放弃，更不能让别人轻看了自己。

在这则故事中，主人公厚德没有因为自己的残疾而自卑，而是依据自己的身体情况，积极寻求适合自己的事情，这样最终找到了一条适合自己的路。

2）道德勇气：与人类的同情心、正义感相密切联系的勇气。要对自己的道德品质和善良倾向给予肯定和鼓励，肯定自己能够完善自己的道德，能够具有善心，不断鼓励自己去做善事。这实际上是说，行善是人的根本，也是人的存在的基础。所以，我们应当充分挖掘自己的善心，激励自己的善行。

3）社会勇气：是表现在人际关系交往上的勇气，与社会冷漠相反。这告诉我们，要敢于与人交往，鼓励自己积极主动与他人建立良好的关系，相信自己有建立良好人际关系的能力。不要具有社交自卑感乃至恐惧症。应能在保持自己的独特性的同时，主动地与别人交往。其实，人的差异性或独特性是合作基础，假如甲会做的，乙也会；甲不会的，乙也不会；那他们两个能合作吗？当然不能。倘若甲会的乙不会，乙会的甲不会，两个人会的相互补充，就能形成一个有效的合作关系。所以合作最重要的一个条件是差异性，而不是共性。这说明，正是独特性或差异性，个体才有对他人的价值。所以，在人际交往中，不要片面地迎合别人而牺牲自我的独特性。

4）创造勇气：是指创造行为，能发展出一种新模式、新象征的勇气，是最难实行的勇气。这告诉我们，要鼓励自己不断突破或创新，勇于发现或接受新思想、新观念、新方法、新技术等，敢于提出与别人或传统、习惯不同的看法，积极主动地寻求改变。

3. 参与

参与是指在保持自我核心的基础上参与到世界中去。既然人在社会中生活，就必然会参与到其他群体或各种各样的社会活动中，否则就不能适应社会，更谈不上发展。他认为，人的独立性和参与性必须平衡发展。一方面，过分的参与必然导致远离自我核心，现代人之所以感到空虚、无聊，在很大程度上就是由于顺从、依赖和参与过多，脱离了自我核心。另一方面，过分的独立会将自己束缚在狭小的自我世界内，缺乏正常的交往，必然损害人的正常发展。因此，我们应当协调好两者关系。

4. 觉知

觉知是指人与世界接触时所具有的直接感受。它是人在与环境相互作用时所获得的最直接的感觉经验，通常指发现外在威胁或危险的能力。觉知一旦形成习惯，就变成自动化行为，就会在不知不觉中进行，因此，它是比自我意识更直接的经验，是自我意识的基础，人必须经过觉知，才能形成自我意识。

比如，做事情尤其是遇到大事或难事时，先分析哪些因素可能会导致失败。成功最重要的条件就是承认失败，但一般人不愿意承认失败。一般人身上通常都会存在或多或少的承诺终极现象，即不承认自己错误，在错误的道路上越走越远而难以回头。后者从反面告诉我们，要觉察到失败，承认失败，并且从失败中不断总结经验、教训，增长智慧。人们常说："失败是成功之母。"但若不能从失败中总结经验、教训，那失败永远是失败，不会成为成功的台阶。若在失败中悲伤退缩、甚至自暴自弃，那以往的失败永远都会成为成功的障碍。唯有在失败中不断总结经验教训,才能在失败中走向成功。①在犯错误前觉察并承认自己会犯错，就可使自己预先作好准备，防患于未然，把可能的错误消灭在未发生之前；②觉察并敢于承认自己所犯的错误，说明有改正错误的勇气和决心，由此会对错误进行清醒地认识或分析，防止同样的错误再次发生，并引以为戒，防止其他错误的发生；③及时纠正错误，有助于把错误所导致的消极影响降到最低限度，寻找补救措施，吃一堑长一智。但在日常生活中，许多人错了，但却觉察或认识不到自己错，由此就会在错误的道路上越走越远；一些人虽然觉察或认识到自己错了，但由于种种原因,没有勇气承认,并想办法掩盖错误或想尽办法证明自己没有错。这些都不利于个体的健康成长。

5. 自我意识

自我意识是指人特有的觉知现象，是人能够反省自己的能力，即自我领悟能力，这是人类进化而来的独特的本质性特征。它使得人能够超越具体的世界，生活在"可能"的世界之中。此外，它还使得人拥有抽象观念，能用言语和象征符号与他人沟通。正是有了自我意识，人才能在面对自己、他人或世界时，从多种可能性中进行选择。

6. 焦虑

焦虑是指人的存在面临威胁时所产生的痛苦的情绪体验。由于人有自由选择的能力，并需要为选择的结果承担责任，但人的生命和认知能力有限的，不可避免地会遇到各种矛盾、冲突，因此必然会产生焦虑。在现实世界中，人常常感觉到无法完美地实现自己的潜能，这种不愉快的经验会给人类带来无限的烦恼和焦虑。此外，人对自我存在的有限性即死亡的认识也会引起极度的焦虑。这是一件好事，可以使人发现问题，通过解决问题促进发展。换言之，适度的焦虑是必需的，它能使人们觉醒、兴奋，才会想去消除焦虑，从而消除问题，消除矛盾，促进人的发展。这就告诉我们，不管生活多么安逸，也要居安思危，有危机感；同时，也要善于对自己的困惑、困境、紧张、失败或挫折进行恰当觉察和分析，发现自己的问题或不足，在此基础上不断改进或超越。

（六）埃里克森的自我同一性理论及其启示

埃里克森（E. H. Erikson）的自我理论主要是其著名的自我同一性理论。

1. 自我

自我是一种有意识的心理过程；是过去经验和现在经验的综合体，并能综合进化过程中的两种力量——人的内部发展和社会发展，引导人的心理欲望合理发展。

依据该概念，在确立自我发展方向或自我定位时，首先要了解过去和现在的自己，包括自己的能力、知识经验、做事风格、性格气质、人脉关系等，把过去和现在的自己统一起来，依据它们确立自己的发展方向或道路；其次，把自己的情况和社会的实际结合起来，依据自身条件和社会发展条件来确立自己的发展方向或路径，而不是一直抱怨社会，总觉得自己生不逢时，并为之而感到痛苦。

2. 自我同一性

自我同一性是具有建设性机能的健康自我所具有的一种复杂的内部状态。通常理解为“个体尝试着把与自己有关的各方面结合起来，形成一个协调一致的不同于他人的独具‘统一风格’的自我。”即“个体在寻求自我的发展中，对自我的确认和对有关自我发展的一些重大问题，诸如理想、职业、价值观、人生观等的思考和选择。”[3]它包括如下 4 个方面。

（1）个体性

一种意识到的独特感，个体以一种不同的、独立的实体而存在。这启示我们，首先要认识到自己的独特性，并保持和发展自己的这种独特性。这是走自己的独特之路的基础，也是成功的基石。因为这样不会使自己在与别人的比较中迷失自我，自卑、消沉。其次，要注意自己与他人的差异性与互补性，这样才能与他人更好地合作，取得双赢乃至多赢的效果。而这恰恰是当代互联网时代或大数据时代的社会所需要的。

（2）整体性和整合感

一种内在的整体感，产生于自我的潜意识整合作用，健康的自我能把零碎的表象整合为一种有意义的整体。这要求我们，把自己的各方面统一起来，尤其是他人的评价和自己的评价、朋友的看法和敌人的看法、成功之处和不足之处的统一起来，形成一个完整的自我。

（3）一致性和连续性

潜意识追求一种过去和未来之间的内在一致和连续感，感受到个体的生命的连贯性并朝着有意义的方向前进。这要求我们，把自己的过去、现在和未来统一起来，依据过去和现在确立自己的发展方向或路径，而不是一味与别人比较。正如儿歌《蜗牛与黄鹂鸟》中的蜗牛那样，知道自己爬得慢，就按照自己的慢制定自己的行动规划，而不是与黄鹂鸟去比，更不是按照黄鹂鸟的节奏规划自己。

（4）社会团结感

具有团体的理想和价值的一种内在团结感，感受到社会支持和认可 。这是健康的自我所必备的特征。它告诉我们，要把自己融入的社会中，尽可能获得社会支持。如家人、朋友、同事等的支持。而不能“万事不求人”，以自我为中心，把自己从社会中孤立出来。这是成功的重要条件。

3. 故事《把聪明放在褡裢的后面》[4]的启示

明智和厚德是相邻两家的孩子，他俩从小就在一起玩耍，明智是个聪明的孩子，学什么都是一点就通，他知道自己的优势，自然也颇为骄傲。厚德的脑子没有明智灵光，尽管他很用功，但成绩却难以进入前十名，与明智相比，他从心里时常流露出一种自卑。

然而，厚德的母亲却总是鼓励厚德：“如果你总是以他人的成绩来衡量自己，你终生也不过只是一个‘追逐者’。奔驰的骏马尽管在开始的时候总是呼啸在前，但最终抵达目的地的，却往往是充满耐心和毅力的骆驼。”

聪明的明智自诩是个聪明人，但一生业绩平平，没能成就任何一件大事。而自觉很笨的厚德却从各个方面充实自己，一点点地超越自我，最终成就了非凡的业绩。明智愤愤不平，以致郁郁而终。

这则故事说明了个体独特性、一致性和连续性等的重要性。它告诉我们，要获得成功，就要找准自己的方向，弄清自己的特点，按照自己的特点作出规划，走自己的独特之路，不断超越自己，而不是跟随他人。只有不断超越自我的人，才是一个真正的聪明人。人生在世，每个人都有自己独特的禀性和天赋，每个人都有自己独特的实现人生价值的切入点，你只要按照自己的禀赋发展自己，不断地超越心灵的绊马索，你就不会忽略自己生命中的太阳，而淹没在他人的光辉里。

4. 自我同一性危机

自我同一性危机是自我同一性的反面，又可称为同一性混乱或角色混乱。埃里克森认为，自我同一性有两个极端情形：自我同一性过剩和自我同一性缺乏。

自我同一性过剩是指个体过分地卷入特定团体或某种亚文化中的特定角色中而绝对地排他，坚信其方式的唯一性。这类人容易将一些人召集于自己的周围，将自己的信念和生活方式强加于他人而不考虑其他人的感受。他们容易出现自我中心、个人崇拜、狂热主义等不良社会态度。因此，埃里克森又将之称为“狂热主义”。这启示我们，既要尊重自己的独特性，又要尊重别人的独特性，而不要只是要求别人认同乃至顺从自己。反之，自己因接纳不了别人的意见而发展不好，同时也会只是要求别人认同自己而自己却忽视别人的意见而搞不好人际关系。

自我同一性缺乏是指个体拒绝自己在成人社会中应承担的角色，甚至否定自己的同一性需要。如一些青少年将自己融于某一群体中，尤其是那些可提供“同一性细节”的群体，如宗教崇拜组织、恐怖组织、复仇组织、吸毒组织等，将自己从主流社会的规范中分离出来。他们容易卷入和采取某种破坏性的行为，如暴力、吸毒、攻击。他们往往缺乏主见，遵从他人的目标、价值观和生活方式；喜欢有组织、有秩序的生活，尊重甚至迷信权威，盲目崇拜。这启示我们，不要为片面顺从别人或单纯为与他人搞好关系而牺牲自己的独特性，这样会失去自己价值或生命意义，迷失自我。

除此之外，还有一种同一性分散。这类人很难发现并认识自己，不知道自己是谁，不知道想做什么，没有明确的发展方向。因此，他们通常缺乏兴趣，对未来不抱希望，生命意义匮乏，并由此感到孤独、无聊，有时可能很叛逆，易出现反社会行为。他们通常宁可塞着耳塞听音乐或睡觉，也不愿意接触父母和老师。

二、自我意识与人际交往

自我意识有时又被称为自我认知，是个体对自己及周围环境关系的觉察、认识和评价。自我觉察表现在：我与其他人不同，不同在什么地方，我长得怎么样，我叫什么名字，我家住在哪，等等。环境包括自然环境和社会环境，与周围环境关系包括与这两方面的关系。比如，与生活环境的关系，我生活在什么样的环境中，自然条件是否恶劣，等等；与周围人的关系，如我们都是同班同学，我们是哪个学校的学生，我们的父母、朋友，等等。因为有了我自己，所以才有了我的同学、老师。也有人把自我意识定义为：“对自己身心活动的觉察，即自己对自己的认识，具体包括认识自己的生理状况（如身高、体重、体态等）、心理特征（如兴趣、能力、气质、性格等），以及自己与他人的关系（如自己与周围人们相处的关系，自己在集体中的位置与作用等）。”[5]它包括自我认知、自我体验、自我调节等三个方面。

（一）自我认知

自我认知是对自己的认识、判断、评价，包括自我感觉、自我观察、自我概念、自我评价。其中，自我观察是指对自己的感知、思维和意向等方面的觉察；自我评价是指对自己的想法、期望、行为及人格特征的判断与评估，这是自我调节的重要条件[6]。

自我认知是非常重要的，一个人若不能够恰当地认识自己，如以下 3 种情况：①不能清楚地认识自己能做什么，不能做什么，该做什么，不该做什么，就会迷失方向，不能给自己恰当定位。②低估自己就会自卑，消极退缩，缺乏信心和自尊，自己看不起自己，甚至自暴自弃；高估自己则会狂妄自大，盲目乐观，不能理智地分析情况，导致失败或挫折。③低估或高估自己，都会导致不恰当的交往行为。低估自己会使自己不敢与人比较或竞争，因害怕在与人交往中别人把自己与他人比较而不敢与人交往；高估自己会轻视甚至看不起别人，导致与人交往行为不当。

（二）自我体验

自我体验是个体对自己的情感体验，它是个体在自我认识的基础上而产生的对自己的内心体验，即主我对客我所持有的一种态度体验。包括自尊、自信、自卑、自豪感、自我效能感、自我成功感、内疚感等。如我喜欢自己，讨厌自己，我觉得自己很可耻或是很令人讨厌，是悦纳自己还是消极对待自己，在此基础上人们会产生一种心理体验，自尊、自卑都属于这种体验。自我体验不仅是接纳甚至悦纳自己的基础，而且也是影响人际关系的重要因素。第一章中曾提出，连自己就不尊重的人，很难去尊重别人。事实上，爱人与爱己是统一的，善于爱人的人，通常爱自己；如果一个人仅仅爱别人而不爱自己，那他根本不能爱别人。如果一个人有能力爱，那他必然也爱自己，但如果他只爱别人，那他就是没有能力爱。自私自利的人并不是十分爱自己，而是根本不爱自己，甚至还讨厌自己。他似乎对自己十分关心，而实际上只是给自己定下一个难以达到的目标以极力掩盖和弥补对自身本质不关心的悲剧。

（三）自我调节

自我调节是指个体对自己的心理和行为的监督、控制和调节作用，包括自制、自立、自主、自我监督、自我控制、自我教育。自我调节既是影响成功的重要因素，也是影响人际关系的重要因素。自我调节能力强的人，通常会对自己的人际交往行为进行思考和反思，不断调整和改善自己的行为。

第二节 自己与自己关系的处理及其对人际关系的影响

在前面的自我概念和自我意识概念中已经从各种角度论述了处理好自己与自己关系的重要性，以及它对人际关系的影响。这里再综合加以论述。

一、处理好与自己的关系是保持好人际关系的前提和基础

若要与别人保持好关系，就要先同自己保持好关系。与自己保持好关系，首要的是要认可、肯定乃至悦纳自己。只有肯定甚至悦纳自己的人，才能对自己感到身心愉悦，敢于甚至乐于把自己的阳光面或自己的优势充分表现或发挥出来，积极主动充分挖掘自己的潜能，使自己充分发展，并给予他人以积极影响，由此容易建立和谐的人际关系。常言道："知己知彼"，知己在前，知彼在后。若你连自己都不了解，还指望能了解他人吗？所以人首先要了解自己，跟自己相处好，而不只是看到别人优点而忽视自己的优点。认识到自己的优点，可使自己的优势更优；认识到自己的不足，可促使自己积极改进、弥补。不喜欢自己的人，常常给予自己消极的暗示，使自己越来越差，越来越不喜欢自己；悦纳自己的人，会给自己积极的暗示，使自己越来越强。实质只是自我建构。因此，若发现自己的人际关系不好而又想建立良好人际关系时，不妨认真审视或反省自己和自己的关系。先调整自我关系，然后改善人际关系，才是有效的途径。换言之，在人际交往中，人的一切言行，都要先过"自己"这一关。自己认可的，才说得出来；自己认同的，才做得出来。所有接触的对象，也由自己来决定。人，最先也最多接触的是自己，而不是他人。因此，自己先要处理好与自己的关系，这是所有与人建立良好关系的基石或出发点。

对自己的缺陷认识，应注意以下几个方面：①不要因此而自卑；②限制缺陷的发展；③合理利用，比如，若自己腿部残疾，行动不便，就要寻找适合自己的事情；④积极改善，学会补偿，尽可能使缺点变成优点。

发现自己的优点，可使自己自信，但要避免：①自我中心；②自以为是，不接受别人意见；③狂妄自大，甚至自恋。下面《自我中心的大学生》[7]充分表明这种危害。

博学是大三的一名学生。一直以来，他都觉得周围的人都不喜欢他，都对他不满。三年来，几乎没有朋友，同学也鲜有来往，他很孤独，但从内心来讲他却很想交朋友。

起初，他和同学们还是有来往的。一次他在寝室看到几个同学在忙

碌，便问有什么喜事，同学们说晚上有一同学过生日，问是否愿意一起去，每人凑30元。他觉得没有能力承担，要是20元就去了。但这次以后，同学过生日再也没有人喊过他。

还有一次，有一个同学因为得到博学帮助，所以要请他吃饭。在饭馆等同学时，博学觉得很饿，便先点了一份面条。结果同学来后非常生气，并责问博学，是不是以为他请不起。但博学觉得饿了先吃一点，很正常。两人不欢而散。

大二的时候，博学忍受不了同寝室同学的吵闹，就到校外租房住。虽然清净多了，但同学都不理他了。

对博学不满的还不仅仅是同学。博学的姨妈到他家做客，亲自下厨做了一桌子菜。姨妈当时说汤太烫了，要大家慢慢吃。博学却接了一句“正好去毛（死猪去毛开水烫）！”姨妈非常不高兴。而博学觉得只是开玩笑而已。

另外，博学说他和人讲话时总想表现自己的独特性，也想开玩笑，表现自己的幽默。一般人的常用语基本不用，认为太平常，没意思。

这则故事中的主人公博学的主要问题是以自我为中心来思考和看待问题。他在思考问题或做事时，都是从自我立场或角度去想，而缺乏换位思考。致使他对别人的行为不理解，更不能从他人的角度去反思其行为的不合理性。

二、积极发现自己的独特性和优势

不去猜测别人会怎样待你，不与别人比较，因为你是你，所以你很幸福。

（一）保持自己独特性的作用

保持自己独特性的作用主要体现在以下几个方面。

1. 保持独特的自我是人的心理健康的一个重要的方面

人的很多心理包括自卑、嫉妒、为别人的成就感到不安、别人在某方面比自己强而感到焦虑、不安甚至愤恨等，都是心理不健康的根源。别人长得比你帅，你恨；别人比你有钱；你恨；别人比你聪明，你恨；别人比你有成就，你恨；别人的老公或老婆比你的老公或老婆漂亮，你恨……如此，你总有怨恨，就会使自己陷入极不开心的状态中。

2. 不会迷失自我

在与别人的比较中我们知道自己是谁，能够去发现自己的优点。

3. 会更容易成功

成功的一个最重要条件是什么呢？就是寻找自己的特点，然后依据自己的特点来确定自己的发展道路，所以每一个人都有自己独特的发展道路。成功之路就是走自己的独特之路。如果我们每一个人都走自己的独特之路，那么每一个人都有路可走。所以说，走自己的路，让每一个人都有路可走。如果别人在某一个方面比你强，你可能在另外一些方面比他强，所以我们每一个人都是独特的，没必要去羡慕别人。

因此要特别注意：没必要把自己的缺点与别人的优点比。下面这则故事《主宰自己的命运》[8]表明了这一点。

> 上小学时，迪士尼是个调皮机灵的小男孩，他在文学和绘画方面有着惊人的天赋。还不到十岁，便读完了马克·吐温的《汤姆·索亚历险记》等名著，老师布置的绘画作业，他也每每都能出色完成。
>
> 一次，美术老师给大家留下的家庭作业是画一盆花。他把花朵画成了人脸，并赋予各种不同的表情，而花朵下面的叶子则被他画成了人手，最下面的花盆被他变成了一把小椅子。这样，整幅画看上去既像是一盆花，又像是一群坐在小椅子上手舞足蹈的小孩。
>
> 美术老师看后大为生气，他不能理解孩子心灵中的美妙世界，反而认为他是在胡闹，所以当众把他的画撕得粉碎。迪士尼的反抗换来老师更加严厉的狠狠训斥。
>
> 委屈的迪士尼回到家里后，把这件事讲给了父亲。父亲听完后对他说："孩子，不能主宰自己的人，终生都会是一个奴隶。"虽然在当时，年龄尚小的迪士尼还不能理解这句话的深意，但他却模模糊糊地感觉到父亲支持自己，所以就把这种个性保持了下来。
>
> 第一次世界大战开始以后，迪士尼报名当了一名志愿兵。在那段日子里，他一有闲暇就创作一些漫画寄给一些幽默杂志。可惜的是，无人能够欣赏他的作品。这种令人难堪和失落的"碰壁事件"一直延续到一战后的很长一段时间。在某家广告公司任职时，迪士尼甚至遭遇过因为"缺乏绘画能力"而被辞退的尴尬局面。
>
> 1923 年 10 月，四处求职却屡屡碰壁的迪士尼无奈之下与哥哥罗伊成立了"迪士尼兄弟公司"，在好莱坞一家房地产公司后院的废弃仓库里度过了最初的艰难后，他们创作的米老鼠和唐老鸭横空出世，迅速享誉了全世界。此后的数年中，这两个形象为迪士尼赢得了 27 项奥斯卡金像奖，使他成了世界上荣获该奖项最多的人。

故事启示：由于人与人之间存在差异，每个人都有各自对事情的看法、立场、知识水平等，因此，遭遇他人的批评甚至指责就在所难免，谁也不可能一点都不受到他人的批评、否定。受到他人批评或指责时怎么办？是保持自己的独特性如独特见解、做事风格等？还是为避免受到批评或指责而单纯地迎合别人，失去自我？倘若变成他人眼睛和嘴巴的奴隶，那将难以主宰自己的命运，而被别人所主宰，这样就会心随别人转。由于不同的人有可能有不同的看法，因此心随别人转可能会使自己无所适从，最终落个一事无成。因此，我们应像故事中的迪士尼一样，在认真分析的基础上，选择自己喜欢的、擅长的、适合自己的路，做自己喜欢的事情，做自己擅长的事情。

（二）发现并保持自己独特性应注意的方面

1. 肯定并爱护我的身体

我们要爱护或保护身体，要多加运动。爱护身体不仅是锻炼身体，使身体健康，而且要悦纳身体，即愉快地接纳自己的身体。

许多心理学家都强调一个健康的自我，而健康的自我首先来自对自我的身体的肯定。对身体肯定首先要有肯定自己身体的勇气。我们长得高也好，矮也好，胖也好，瘦也好，丑也好，美也好，我都去肯定我的身体，不要说我长得矮，没有人家长得那么高大帅气。我们应这样想，个子矮有个子矮的好处，个子高有个子高的好处，胖有胖的好处，瘦有瘦的好处。

有一个女孩子，年龄二十几岁，个子很大，近一米八，但她感到很自卑。为什么自卑呢？太胖了，胖得不敢出门，每天把自己关在家里面，不敢跟别人打交道，因为嫌自己胖，怕别人因为自己太胖瞧不起自己，所以就不敢出门。这样不出门，不与人交往怎么办？唯一的一个朋友就是电脑。在电脑上玩游戏、聊天，但还不敢用视频聊天。香港著名影视明星沈殿霞，从来不为自己的胖而自卑，而是想着自己的胖很有特点，所以自我解嘲为肥姐，并且充分利用身体的肥，来发挥自己肥的优势，在电影、电视剧中，她都能把自己的“肥”表现得淋漓尽致，所以她表现出自己的特点，肥不仅没阻碍她，反而成了她的资本，成了人们喜爱她的重要因素。

还有一些男性嫌自己丑。丑很好呀，丑很有特点，世界上两种人，一般长得最好看和长得最丑的人都会引起别人的注意，而长相一般的人很少引起别人的注意。人们一看到就会说“这个人怎么那么丑”的人，很容易被别人注意到，没注意到怎么知道他丑呢？看到一个漂亮的：“长得这么漂亮！”“这个男的长得帅呀！”也会马上引起注意。所以说，丑有丑的好处或优势，完全没有必要因为自己丑而自卑。

但是很多人并不肯定自己的身体，而是相反不敢肯定自己的身体。“哎呀，我长得太丑了！”“我长得太矮了！”在我们上大学的时候，身高不够一米七的男人是“二等残废”，不够一米六的是“三等残废”，但我们许多“二等残废”“三等残废”都能够肯定自己，肯定自己的人现在大都有出息。这就告诉我们，要想办法肯定自己身体的优势，而不是去贬低自己。

不管长得丑不丑，高不高，都要健康，健康最好，你长得再美，病怏怏，每天躺在床上，痛苦地直哼哼，直至在痛苦中死去。这样就很不好。所以健康最重要。要想健康，首先就要适当地运动，锻炼身体，学习工作再忙，也要抽出时间锻炼；其次，照顾好自己，珍惜自己，珍惜自己的身体。你不照顾好自己的身体，身体也不会照顾你，在关键时候就会给你掉链子。

2014 年，中央电视台曾播放过洛阳师范学院的一个袖珍女大学生。可能就一米多点的个头，而且还长得胖乎乎的。但她不怕别人瞧不起自己，在学校她利用自己的特点，主动积极跟别人交往。后来因为她的身体很有特点，再加上与人为善，与很多人都建立了良好的关系。由于她学习好，参加各种活动，还经常参加运动会，就逐渐在洛阳有名气起来。后来在河南省高校，人们都知道洛阳有这样一个人。结果怎么样呢？她毕业的时候，很多公司找上门来，让她去他们的公司。这说明，善于分析并利用身体的重要性。长得丑有丑的优势，残疾人有残疾人的优势，只要能够积极去发现并充分利用这些优势，就能够变不利为有利。下面这则《因丑得福》[9]的故事也说明了这一点。

明智是江城大学的一名漂亮女大学生，即将面临毕业。同其他毕业季的大学生一样，每天忙着找工作，投简历，参加各种招聘会。

前不久，巨龙公司来江城大学举办招聘会，为他们的汤总招一个秘书。该公司是江城首屈一指的大公司，福利高，待遇好，进该公司是很多人梦寐以求的。明智也是如此。

可招聘结果出来后，明智落选了，更让她意外的是，成功者竟然是她的同学王力行。力行长得实在太丑了，又矮又胖，还长了满脸的雀斑。好几个系花参加了这次的招聘，但都落选了，反倒是长得最丑的力行应聘上了汤总的秘书。她到底跟汤总有什么关系？

明智找了个机会请力行吃饭，席间，把这个问题抛了出来。力行笑了，说：“我跟汤总一点关系也没有。其实我能当上汤总的秘书原因很简单，因为我长得丑。”

明智愣怔住了。力行解释道，巨龙公司的这次招聘是汤总的夫人亲力亲为。而夫人一直担心汤总原来的那个漂亮女秘书把他给迷惑住了，所以要给他换一个秘书。

说到这里，力行咯咯一笑，道：“汤总夫人因为原来的女秘书太漂亮而换人，她还会再选一个漂亮的吗？那不是前拒狼后迎虎吗？你说，汤总夫人会觉得我这个丑女待在汤总的身边放心，还是你们这些漂亮的美女待在汤总的身边放心？”

明智这才恍然大悟，说到底，力行是因丑得福呀。她真是太幸运了。

大学毕业两年后，明智偶然与力行重逢，问起别后的情况，才得知，力行已经升任巨龙公司的副总经理一职。明智大吃一惊：力行不过是个初入职场才两年的年轻人，怎么就从一个小小的秘书升任到了副总经理的位置？力行也不隐瞒，告诉了明智实情：原来，日本一家大财团对巨龙公司有投资意向，但一直谈不拢。力行经多方了解，得知这家财团的总裁山本先生的一个女儿静子个子矮小，而且长得很丑，因此很自卑，甚至已经严重到了自闭。于是力行向汤总提出，由她去和山本谈判，理由是她同静子一样长得丑，但活得阳光自信，是山本理想中的女儿形象，由她出面谈判，最能打动他的心。汤总接受了力行的提议，让她代表公司和山本谈判。果不其然，力行圆满地完成了任务。这为公司带来很大的利益，让公司再次腾飞。因为力行的突出表现，汤总经董事会同意，任命她为巨龙公司的副总经理……

明智目瞪口呆，感慨万千：力行长得丑，本是缺陷，但却一次次因丑得福，真是太幸运了。力行笑着摇了摇头：“我不否认在特定的环境下，只要运用得当，劣势可以转化成优势，但人生的成功并不仅仅是因为好运气，你只是没有看到我背后的努力罢了。就拿我与山本的这次谈判来说，不错，我是因为沾了他的女儿丑的光。但是，你还记得吗，在大学的时候，我除了完成本专业的学习，还选修了日语，毕业后拿了两个专业的毕业证。要不是因为能在谈判桌上用日语同山本交流自如，我又怎能营造出那一份亲情氛围，打动固执的山本先生呢？没有谁能光靠运气成功，外人所看到的好运气，不过是平日加倍的努力和付出得到的回报罢了。”

咀嚼着力行的话，明智陷入了沉思……

这则故事说明：①身体条件是客观的，难以改变，但它并非绝对的优或劣，其优劣关键取决于人们如何看待或利用。若以积极的心态去对待，对之加以恰当的认识或评估，在此基础上积极主动地加以利用，那么，劣势也有可能变为优势，缺陷也有可能变为成功的条件。②学会补偿，知道自己哪方面不足，就不在这方面与别人比或拼，而想法提升自己，使自己具备别人不具备的优势。就像故事中的力行那样学日语、长知识、增才干。

2. 认可并接纳所生活的社会或时代

有些人，总是抱怨社会，抱怨自己所处的时代，总是幻想若生活在某某时代或某种社会该有多好。这是一种不切实际的消极想法，不利于健康自我的形成、完善。因此应改变这种想法，代之以积极想法。积极的想法应是这样：我们所生活的社会或时代，就是我们应该生活的社会时代。我生活在这个社会或时代适得其所，这个社会或时代为我的发展，为我作出贡献，为实现自我价值创造了条件。而不能总是抱怨社会，怨恨时代。“哎呀，我生活在这个时代太差了，如果我生活在春秋战国时期，我会成为什么什么，我如果生活在三国时期我会成为什么什么。”注意：我们不可能生活那个时代，每个人都生活在当下，所以要想到当下社会或时代为我们创造什么条件。不要总是抱怨社会或时代，这个社会或时代对自己不公平，没给自己提供这个条件，这个社会……我们头脑中应冒出这样的念头或想法：天生我材必有用！英雄有用武之地而不是英雄无立足之地。为此，可以作这样的训练：握紧拳头，信心百倍地说：“我是英雄！”要大声充满力量且十分坚定地说：“我是有用的！这个时代为我提供了发挥我作用的机会和空间！”这样你就会去感激社会，而非对社会不满，抱怨社会。倘若你认为社会还有什么不够的地方，你有能力的话就去改造；如果没有能力就去合理地利用。这就是我们对社会或时代应具有的态度。唯有如此，我们才会对社会或时代有一种积极的心态，才能够积极主动恰当发现、认识并利用它提供给我们的条件。

这就要求我们，对社会或时代，应心存感激，庆幸自己生活在这个社会和时代，不要超越时代，多想时代已经为我们每个人创造了该时代的条件；不要总是说自己生不逢时，而要想生逢其时。

3. 恰当看待别人比自己强的地方

其实，在日常生活中，我们许多人的生活方式都有待改进。如果总是因为工作太忙、太累，因为没钱，因为长相不如别人，等等，而感到郁闷，感到闹心，你就会越来越郁闷，就会被生活所困、所累。

4. 选准自己的道路

人生是场马拉松而不是百米跑，在这场马拉松赛跑中，真正的赢家是按照自己的特点确立自己的节奏，而不是一味跟随别人的节奏而失去自己的节拍。

三、建构一个坚强肯定的自我

（一）建构一个坚强肯定的自我的条件

要建构一个坚强肯定的自我，第一要悦纳自我，为自己是一个这样的人而高兴。这样可以对自己有一个积极的态度和情感。第二，要发现自己的优势或长处，尽量发展它们，扬长避短，以优代劣。第三，要坚信“天生我材必有用”“英雄有用武之地”“生逢其时”。第四，找准自己的特点，走自己的独特之路。第五，相信自己，不断给自己以鼓励，坚信自己能够克服任何艰难险阻。第六，瞄准方向，坚定地走下去。请看《命运就攥在自己手里》[10]。

在初二时，我的成绩很差，尽管我已经用了心，可英语考试成绩总是个位数，数学总是不及格。在当时盛行统考的年代，我这类拖累全班成绩的“差生”是老师的“眼中钉”“肉中刺”，巴不得我们退学回家。要不是怕见母亲辛苦劳作的样子和父亲期待的目光，我早就顺从老师的心愿——退学了。

又快要统考了，英语老师把我和其他几位“差生”单独留下来开会，让我们考试时“消失”，最好以后也不要来上学了，直言我们不是读书的料，不如早点退学学个手艺挣钱，他甚至还讪笑着劝我继承父亲的木匠手艺。受了老师定性的话语打击，我毫无生气地背着书包往回走，脑子里回想着如何回家跟父亲说。没想到在路上遇着了出来买钉子的父亲。

他见我的样子不对劲，就追问原因。憨实的我不会撒谎，也不敢撒谎，就一边流泪，一边叙说了原委。听完我的话，父亲默默无语。我知道又让父亲伤心了。父亲问我：“你还愿意上学吗？”面对父亲的目光，我知道父亲的心思，点了点头。

父亲拍了一下我的肩膀：“好，有种！我支持你上学。你要记住，是不是读书的料，不是老师说了算，而要看你自己。来，你看，”他把我领进他做工的工场，指着一根杉木说:“它既粗又直,就该放到屋上做栋梁；又指着一根榆木说：它既细又曲，除了根部可做个桌腿外，其余的部分只能劈柴烧。杉木、榆木的功用不是木匠定的，而是自身长成的，俺想把它们倒过来都不成。你就像一棵小树苗，能否长成栋梁不在别人怎么说，而在你怎么干，命运就攥在你自己的手里！”

命运就攥在你自己的手里！这句朴实的话让我回到了课堂，开始没日没夜地拼命。尽管初中毕业时我仍未冒尖，但“差生”的帽子终于摘掉了；进入高中，我时时铭记着父亲的话，开始跃居班级前列、年级前茅，最终考入大学，成为全村第一位大学生，轰动了全村。临行前，父亲背着行李送我，很过意不去地说：“孩子，家里穷，实在没有好东西给你。”我说：“你已经送了，你那句‘命运就攥在你自己的手里’使我终生受用，这是最好不过的馈赠。”

这则故事告诉我们，自我是建构起来的。建构包括社会建构和个体的自我建构两方面。

（二）社会建构

社会建构是指社会上他人对个体的建构，其基本原理是“知识是个人与别人经由磋商与和解的社会建构”，其核心是“意义是社会的建构”[11]。概言之，人的行为不是由客观刺激而是由“意义”决定的，而“意义”是人所给予或建构的。“塑成、制约乃至决定人的心理活动和行为的因素是符号所指代或表征的意义。在人们相互作用中，人们不在乎别人使用什么符号即‘说什么’，而非常在意他所使用的符号意义即‘说了什么’或‘说的是什么（意思）’。同样的符号，人们所感受到的意义不同，所产生的心理反应或行为也就不同。”[12]如果把这一原理推及到人的身上，可以说人特别是个性或自我是社会建构的结果。把社会建构概括为一句通俗的话就是：“说你行，你就行，不行也行；说你不行，你就不行，行也不行。”日常生活中人们常说的“好孩子都是夸出来的”就是这个意思。这则故事中，主人公受老师和父亲的言语或评价的影响，实质上就是社会建构。

（三）个体自我建构

个体自我建构是个体自己利用自己已有的知识经验，在理解或解释的基础上对知识或自己心理结构等的建构。其基本观点是：“认知的功能在适应，认知是用来组织经验的世界，不是用来发现本体的现实；每个个体都是非常主观地用自己的经验在建构自己的知识，个体所建构的知识只是用来让其经验得到较合理的解释，而使他或她更能适应于他或她所生活的环境。所以个体所建构的知识基本上与外在的本体现实并无直接的关系，只与其经验有关。”[13]与社会建构主义相同，个体建构主义也认为决定人的心理和行为的是“意义”。不过，它所说的意义是对于个体来说的意义，即个体自己所理解或解读的意义。若把这一理论推及到人的身上，可以说人包括其人格或自我是个体自己建构起来的，个体的信心当然更不例外。个体自我建构可概括为一句通俗的话：“说自己行，自己就行，不行也行；说自己不行，自己就不行，行也不行。”试想，一个常常注意到自己的长处，并不断自我激励或鼓励的人，怎么可能没有信心？怎么可能不优秀起来？反之，只看到自己的无能并不断否定自己的人，怎么能够有信心？怎么能够成功？

（四）重视自我建构

社会建构和自我建构两者缺一不可，自我建构占有更重要的地位。因为，社会建构是外因，自我建构是内因，外因通过内因而起作用。就像上述《命运就攥在自己手里》中说的那样，别人怎么说，虽然对人的发展起作用，但关键还在于人自己如何去看待别人说的。

四、学会补偿

学会补偿是指，发现自己有哪些不足，并积极去改变自己，发挥自己的优势。补偿体现在两个方面：直接补偿和间接补偿。

（一）直接补偿

直接补偿是指哪一个方面不足，就通过努力，消除这些不足。古希腊的时候有个雄辩家，小时候口吃，经常受到别人的嘲笑，于是他就想要改掉口吃。为此，他每天口里含个石子，对着大海练习。这样，他不但改掉了口吃的毛病，还成为了一个雄辩家。这就是一种直接补偿。即认识到自己某方面不足，然后就积极改变它。

比如，在学习方面我们不如别人，那就要努力，争取赶超他。若语文不强，就努力学习语文；在数学方面不足，那就在数学方面多下工夫。即哪里不足就补偿哪里。如果用在失败上，就是在哪里跌倒就要在哪里爬起来。

（二）间接补偿

间接补偿是指，某些缺陷或不足难以通过努力而直接补偿，就通过其他方面的发展或优化来弥补这方面的缺陷或不足。比如，长相不够美丽难以弥补，就通过努力学习，使自己知识渊博和发展自己的聪明才智而得以弥补。例如，某个女孩子虽然长得丑，但她却培养出自己的淑女气质，很有女人味，如像赵传所唱的那首歌《我很丑，可是我很温柔》那样，通过自己女人味、温柔等良好品质，来弥补相貌的不足，靠气质吸引男性，获得属于自己的爱情。

我经常说，成功的最重要的一个途径是每天能够进步。只要我们每天都有进步，每天都作出一定的积极改变，迟早有一天成功会属于我们。

五、战胜自我

（一）刘翔的名言的启示

曾经的奥运会冠军亚洲飞人刘翔有句名言："较量是自己跟自己赛跑。""我觉得根本就不要谈什么较量。彼此之间都不是什么较量，都不是人与人的较量，只不过大家说一定要把较量这个词放在我们中间而已。我们都是自己和自己赛跑而已，就是这样。"虽然有人认为 "刘翔狂妄，看不起他的对手。"但我认为，不是他看不起对手，而是无须与他人比，只要不断超越自己就足够了。当然，与别人比，可以给我们提供动力，我们可以先比弱的强，然后再比强的更强，但是不如自己跟自己比，自己的今天比昨天好，而明天比今天要好，这就可以不断地促使自己进步。

（二）不要事事与别人比

人生不能事事、时时、处处都与别人比，与别人不恰当地比，会带来身心与行为问题。现在有一个比较流行的词汇——战胜自我！不断地战胜自我，在一步一步战胜自我的过程中，让自己变得更强，越来越好，使自己各方面的条件越来越具备。可见，人生最重要的是跟自己比，在与自己比较的过程中，我们会非常开心，我们也会有一种乐观的心态，不断地拼搏进取。

通常情况下，与别人比可能会产生下面几个方面的问题。

1. 自卑

与比我们强的人比，可能会激发我们的斗志和进取精神，我要不断努力超过他；但有可能感到自卑甚至努力无助感，丧失进取精神。

2. 自大

如果与比自己差的人比，可能会骄傲自满、狂妄自大，不求进取。就像龟兔赛跑那样，兔子认为龟跑得比它慢，所以就在树下呼呼大睡。这也是一种消极的心态。

当然与差的人比，我要更努力不能让他追上，或者进一步拉大与他的差距，如此就会更加积极地去拼搏，这样比也会有积极作用。到底起什么作用，关键也是取决于我们的心态。

（三）与自己比

这里要强调的是，始终要与自己比，在与自己比较的过程中，一天比一天更强，一天比一天更好，这样，我们才会感到开心。比如，我们今年的生活比去年的要好，那么我开心；今年我挣的钱比去年多了，那么我开心。这就是说，我们总是能作一个成功的转型，作一个成功的改变。

六、发现并且挖掘自己的潜能

发现并且挖掘自己的潜能，即充分发挥我们自己的潜能和价值，使每一个人的作用都得以发挥。我们成功的最重要条件是什么？就是发现自己的独特性。因为只有独特，才能够走出一条适合自己的道路。所以心理学有句话说“人心不同，各如其面”。也就是说我们来到这个世界，没有完全相同的两个人。只要我们来到这个世界，我们都是独一无二的。既然如此，我们就应该发挥我们的别人代替不了的独一无二的作用。这就是我们的成功之路：走自己的独特之路。我们不要走别人的路，也不要被别人走的路所迷惑。“哎呀，我想干这个，但是有人干了；我想干那个，但也有人干了。”好像自己没什么可做。在这种情况下，我们就会感到焦虑恐慌，似乎别人都有事干了，就自己没有事干。

为什么会产生这样一种情况呢？其中最主要的原因是我们没有发现自己的独特性。当然我们在前面讲过：这也是导致心理不健康的一个重要因素。为什么这样说，因为甲比我强，我心里非常不舒服；看到乙某方面比我强，我心里又不舒服。这样，我们就在与别人的比较中，迷失了自己，不知道自己是谁，不知道自己的能力所在。所以有时会哀叹：“我怎么是这么一个无用的人呢？”进而再想：“无用的人，无用的我，活着还有什么意义呢？”这就有可能导致两种消极后果：①既然无用，活着没意义，不如死了算了，就是毁灭自己。现在自杀的为什么那么多？其重要原因之一就是生命意义缺失。②“我来到这个社会上，为什么你们有用，我没有用？”在强烈的嫉妒心理驱使下，导致对社会的破坏，对他人的极大伤害。为了避免“要么对自己要么对他人造成伤害”这种情况发生，就需要发现自己的独特性。

事实上，每个人来到这个世界上都是独一无二的。如果大家都能够把自己的作用发挥出来，就不会产生心理问题。同时也可以使社会更加稳定健康地发展。因为每个人的作用充分发挥就是对社会最大支持。所以说：“走自己的路，让每个人都有路可走。”因为每个人走的路都不相同，所以我们不会去羡慕别人。我们知道自己能够做什么，该做什么，做我们该做和能做的事。注意：既不要一味地抱怨社会，也不要有意地贬低自己，也不去嫉妒仇恨他人，如仇富、仇官这样的心态，而是自己做好自己的事情。概言之，发现自己的独特之处，这是关键。下面这则《把自己最擅长的事做到极致》[14]的故事充分说明了这一点。

他出生在一个偏僻山村，是一位地地道道的乡下孩子。母亲是普通的农家妇女。父亲是村里的“土秀才”，写得一手漂亮的毛笔字。

父亲不在家，他就偷偷溜进书房。他爬上书桌，拿起毛笔，蘸满墨汁，在墙上涂画了一个人像，这是他生平的第一幅画作。或许是受到这次涂鸦事件的启发，从此，他每天都会痴痴地画三四个小时。

考入初中后，他开始有意识地阅读大量的漫画书，细细品味名家的画作，然后将自己的作品寄给出版社。初二暑假，他收到集英社的聘任书。辍学后的他带着200元钱和一个大皮箱只身来到台北。让出版社老板颇感惊讶的是，画出自己中意作品的，竟然是个孩子。三个月后，他跳槽去了当时最大的漫画出版社。一天，他在报上看见光启社招聘美术设计人才，只有小学毕业证的他，抱着作品集去找招聘负责人。结果，他击败了29名大学生，如愿进入光启社。不久，他成立了“远东卡通公司”。他制作的《七彩卡通老夫子》创下电影界有史以来的最高票房纪录，并由此获得当年的最佳动画片金马奖。

声名鹊起的他并没有停下追求的脚步，而是朝着人生更高的目标迈进。“厚积才能薄发”，为了薄发，他选择了闭关。闭关，就是潜心做一件事，就是疯狂地做一件事。在闭关的日子里，他每天睡眠不超过5小时，吃的都是“东方三明治”——馒头加豆腐乳。

由于他的不懈努力，他创造了一个又一个奇迹。现在，全球每天至少有15部机器印他的作品。他就是台湾的蔡志忠。

在谈到自己的成功秘诀时，蔡志忠说：“把自己最擅长的事做到极致，就会成功。”在人的一生中，你必须充分了解自己的长处与喜好，确定自己的人生目标。全力以赴，疯狂而执著地把自己最擅长的事做到极致。

台湾学者曾仕强认为，过分在意别人的眼光，将丧失自我：每个人都是独一无二的，可是许多人偏偏喜欢按照别人的眼光和说法生活。就像寓言中邯郸学步的人一样，这种人将丧失自我、个性及其所能带来的一切。本色最美，“走自己的路，让别人去说吧！”

七、正视自己，明白自己要做什么样的人

（一）正视自己

自己想做什么样的人，就会建立什么样的人际关系。现代的价值观是，尊重个人的价值取向，把每一个人依自己的特长、志趣而从事的活动，都视为正当。做正当的事，就是正人君子。

正视自己，就要一切从自己做起，这样才有成功的希望。但遗憾的是，现在许多人偏偏“多要求别人却很少要求自己”，要求别人应如何如何，很少反省检讨自己有没有做得不好的地方；总是注意到别人做得不对的地方或所犯的错误，却很少去审视、反思自己所犯的错误；总是告诉别人说这样做会犯错，但却很少去思考自己这样做会不会犯错；总是在别人犯错后告诉别人不要找客观理由，要去反省，但在自己犯错后不去从自身找原因以至于无法在犯错后增长智慧，进而无法防止同样错误的发生。

比如，现代的人都讲爱，但却常常忽视自爱。不自爱的人，心中没有爱，拿什么去爱别人？一个人要先爱自己，让自己的心中充满爱，然后才能去爱别人。爱别人不是爱所有的人，而是爱值得自己爱的人。这就首先要对人值不值得爱作出判断，值得，才去爱。爱其实是一种独特的力量，它推动人与所爱的人或物相联系，结为一体。它指向统一，包括人与自己潜能和世界中重要的他人的统一。在统一中，人敞开自己，展现自己真正的面貌，同时也能够更深刻地感受到自己

的存在，更肯定自己的价值。相爱的人，一定要练习或实践专注感。专注就意味着自己一个人能只身独处。倘若不能自主而依恋另一个人，那么他或她也许是一个救命恩人，自己或许是一个寄生者，但这绝不是爱的关系。真正的爱是“给”而不是“得”，“给”是潜能的最高表现，只有通过“给”，个体才能体验自己的力量、“财富”“活力”。这种增加活力和潜能的经验，会使个体感到快乐。

（二）恰当反省自己

别人交代自己的事，或自己该做的事，没有做，可以找借口暂时敷衍过去，但一定要记住应立即反省或告诫自己，立即去把事情做好，或下次绝不能这样。而不能因为自己敷衍过去了而自认为自己耍小聪明得逞而洋洋自得，不思改进，下次还耍小聪明。要知道，别人不是你想象得那么笨，他不揭穿你只是为了保全你的脸面，让你有反省或反思及改进的机会。

曾仕强先生在《圆通的人际关系》中打了这样比方：

上司问下属:“交代你写的计划书写好没有？”下属心里可能想:“糟糕，晚上忘了写了。”但是碍于面子问题，嘴上却说：“写好了，只是早上急着要准时上班，忘带了。”上司明白，这是下属在找借口，如果说破的话，下属面子上过不去，以后可能处处都要与自己唱反调，所以只是淡淡地说：“哦，那明天别忘了带过来。”下属因说谎暂时保住了自己的颜面，下班后自然会赶快把它写好，放在公文包里，第二天一上班，就把它交上去。下属不但完成了工作，而且吸取了教训：这一次差点惹麻烦，幸亏平时信用还不错，勉强抵挡过去，下一次不可以再犯，以免被拆穿了，不但难堪，还可能受罚。这样，既可以保证计划书尽早完成，又不会伤了彼此的和气，何乐而不为？

说谎话，找借口，有时候是为了保留对方的面子，促使其好好表现，反省改进。有时则是为了保留自己的颜面，促使自己好好检讨，加倍努力，以求表现得更好。

说谎话骗人又保全自己的面子，一般来说，无可厚非。因为骗别人，只要不伤害对方，对中国人而言，原本是平常事。最要紧的，便是暂时保留颜面之后，千万不要忘记赶快检讨反省，以便及时改善，寻求合理的补救。不能骗别人之后，自己也越听越相信，那就会使自己不知反省，不求上进，反而害苦自己。比如，有人问：“你们是同学，而且上学的时候他还不如你，怎么现在他升了经理，你却只是个普通职员啊？”“他呀，擅长阿谀奉承，又会钻营，当然升得快。”用这种话抵挡一番，先保住自己的面子，然后再好好搞清楚原因，以便切实改进，迎头赶上，才算合理。你骗别人，信不信，是他的事，理应由他自己承担所有的后果。

骗自己，岂不自作自受？根本没有人会同情，反而惹人笑话，当然要极力避免。

日常生活中，常见到一些人，自己做错了，要么找各种借口，要么推到别人身上。通常情况下，总是把责任推给别人或找借口的人，往往不会总结经验教训，所以才照样失败。反之，能够意识到并积极主动承担起责任的人，“确实是我，责任在我不在别人”，会积极去分析原因，杜绝此类错误再次发生。比如，有些领导安排下属去做事情，下属做错了，他会认为是自己的错，他没有用好人，或者说用人不当，如此，他下次再安排事情时，就要好好掂量掂量安排谁去合适，用人就会更加慎重。这就是他担当责任所带来的积极结果。

（三）看到积极方面，发现自己的优点

当逆境或挫折发生时，不要第一个念头就是“这下全完了，我被彻底毁了”。那样会使自己看不到自己的优点和挫折或逆境带给我们的积极之处。实际上，任何事情都有正反两面的作用，正如人们常说“有得必有失，有失必有得”，它到底产生什么作用，关键是看人们如何认识和对待它。如果遇到逆境时我们问自己，“现在有什么是可珍惜和可挽回的？”“我现在应该做什么？最需要做的是什么？我应该怎样去做？”“我在这一事件中哪些方面做得较好，哪些方面做得不好？”“这件事会给我有什么样的启示？我应该从中得到什么样的经验教训？”等等，就会使你既保持良好的心态、磨炼意志，又能从中受益，同时还会使你对自己有更清醒的认识，为你今后作出更为恰当的选择奠定基础。这就要求我们在遇到挫折或失败时，多从好处着想，而不要只盯着坏处。例如，突然失业当然令自己难过，但转念想想，它给了自己寻找更好工作的机会与压力，也使自己有机会重新自我认识、自我提高和参加培训，这样就会使自己有大不一样的心情和收获。

凡事都有正反两面，但一些人在遇到挫折或失败时，只是强烈注意到自己的不幸，看到自己的缺点，而没有注意到自己的优点，以至于不能充分利用自己的长处去弥补自己的短处，克服逆境，反而在逆境中越陷越深，对自己越看越低。

（四）做独特自己

做独特自己，既是人的心理健康的需要，也是人的成功之道。正因为如此，许多心理学家对此都非常重视。埃里克森把它作为自我同一性的最基本特征——个体性，即一种意识到的独特感，个体以一种不同的、独立的实体而存在；弗洛姆把它作为健康的创生性性格的重要特征——既保持自我的完整和独立，又与他人建立积极的联系；罗洛·梅把它作为健康人格应具备的基本要素和特征——自我

中心性，即个体在本质上是一个与众不同的独特存在。

保持自我独特性之所以会受到众多心理学家的重视，是因为能够发现自我独特之处，保持自己的独特性并能据此选择适合自己道路的人，往往是心理健康并取得成功之人。①成功之道一定是适合自己的、有自己特色的，成功的人都是选择了适合自己的发展道路的人。相反，一个人不成功的最为主要原因是不根据自己的特点考虑自己能做什么、应做什么、要做什么。概言之，成功之路是适合自己的独特之路。这样不仅自己的成功之路会越走越好，而且倘若每个人都走适合自己独特之路的话，那么都会因走自己的路而让他人都有路可走。②人们心理不健康一个重要方面和原因是伤我、失我，即因与别人比，羡慕甚至嫉妒别人而迷失自我，“操别人心太多”。这些人往往看不得别人有一点好或成功，而总是为别人的一点好或成功而愤恨、抱怨。这样他们就会经常处于心理不平衡之中，与消极情绪为伴，由此会严重影响他们的身心健康。③“具有独立人格的人，既不盲从，也不保留，而是相信自己的能力，尊重自己的选择并有勇气捍卫自己的观点，甚至不惜冒着受孤立、排挤和指责的风险而毫不动摇、勇往直前。”[15]④保持自我独特性，能够使人放弃追求自己力所不及的事情；不为自己做不到的事情而懊悔、遗憾；不嫉妒别人取得的而自己无力取得的成就或事业；量己之力而行，保持一种平和之心；不迷失自我，能够发现自己独特的价值和生命意义及“用武之地”，不会因为认为“别人把路都走过了而感到自己无路可走”而迷茫、焦虑、失落、颓废。

（五）培养批判意识和超越意识

批判意识是对现实中存在的问题能够清晰地觉察、认知、判断和评价并据此对现实或现状进行质疑、批判、反思和扬弃。它包括自觉、批判和转化三个层次。自觉是人的能动性、自觉性的体现，使人能够主动地对自己及存在状况进行质疑、反思，发现并指出自己的问题所在。批判是对问题及其成因及解决问题的方法或途径进行思考、反思，指出问题的症结所在。转化是采取行动解决问题，改变现状的不合理之处，使它们更为完善或合理。人类实践的本性是不断地质疑、反思、扬弃给定性或既定性，唯有如此，才能不断发现问题实现不断超越。因此可以说质疑、反思、扬弃给定性或既定性是批判意识的根本精神和基本内涵。由此，具有批判意识，不仅能够意识到自己的问题所在及其原因，而且能够不跟风盲从，抵制住物质化，不迷失自我。

超越意识是人不断克服自己的缺陷，发展自己的优势，不断战胜自我的意识。“超越意识意味着人摆脱有限性，走向人的自由自觉。人类不仅是自由的和创造性的存在物，同时也是有限的、缺憾的、不完善的存在物。但这种有限和缺憾并不是绝对的，而是相对的，因为人类具有扬弃有限性的本能，人类的发展过程同时也是一个不断超越自我有限性的过程。超越自我是人的自由自觉活动，来自人类内在的自由本性的冲动，只有在自我超越的路径上，人的本质力量才能得到体现，人的主体意识才能真正地塑造起来，才能实现超越文化异化。”[16]正是超越意识，使人可以通过自己所感受到的焦虑、失落、痛苦等体验意识到自己所存在的问题，发现自己的存在正在遭遇威胁，由此激发个体解决问题，实现自我超越的积极性。这是健康人格的重要特征。人本主义心理学家罗洛·梅指出，由于焦虑是个人的人格及存在的基本价值受到威胁所产生的忧虑，也就是人类对威胁其存在或与存在相认同的某种价值时的基本反应，因此，通过它可发现人的存在感和价值观。概言之，具有超越意识的人，在感受到焦虑、威胁、挫折时，着眼于积极主动地发现、分析并解决问题，通过解决问题而不断超越自我，在为社会作出贡献中实现自我价值，既不会麻木不仁、盲目跟从，也不会自卑退缩、自暴自弃，更不会得过且过、一味容忍。

第三节　自我与忘我

上述分析表明，我们应重视自我，强调自我，突出自我。但在日常生活中，很多时候又强调忘我。这是否矛盾呢？如何来处理二者的关系呢？

其实，重视自我与忘我并不矛盾，二者反而是统一的。自我是告诉人们要发现自己的独特性，充分发挥、发展自己的这种独特性。它既包括发现自己的优点或长处及其潜能，使它们得以充分的发展和发挥；也包括发现自己的缺陷或不足，这样既可以学会补偿，改变它们，也可以把劣变优，使看起来似乎是短处的方面变成长处（前已有述，此不赘言）。忘我是由于全身心地投入而忘记自己的存在。它主要表现在：①注重过程；②把自己与包括他人的外部各因素融合起来；③人际关系中从他人而不是从自己的角度去考虑问题，避免自己主观见解的影响。

一、精神贯注，注重过程

精神贯注，注重过程，是要求人们无论做什么事情，都要以事情或问题为中心，着眼于如何做好事情，解决问题，不去考虑成败后果及其对自己的影响，而不是总是想到结果，患得患失，被结果所羁绊。众多研究结果表明，把精神贯注于过程或如何做事情、解决问题，是把事情做好的必要条件。而只去考虑结果，并患得患失，是做事情失败的重要原因之一。这就告诉我们：做什么事都不要去考虑结果，尤其是不考虑失败的结果，而应专注于过程，即专注于怎么去做这件事，怎么把每一步或每一个环节都做得比较好，或者说做得尽可能好。换言之，无论做任何事情，不要先考虑结果，尤其是万一做不好怎么办？不考虑万一失败了怎么办？倘若总是想着失败，通常就会失败，因为会形成一种心理恐惧，使人不能够充分调动身体和精神力量，来完成任务。比如，考研，不去想考不上怎么办，而专注于今天要学什么，把今天要学的学好；明天要学什么，就把明天要学的学好。至于考上或者考不上，跟现在没有关系。这就是专注于学习过程，不去考虑学习将来可能到达什么结果。在这样一种情况下，就会着眼于一步一步地把每个环节每个步骤都走好，如此成功的概率就大大提高了。注重结果，通常表现在做事之前和做事之后两个时段。

（一）做事之前

做事之前注重结果是一种对未来可能的做事结果的考虑与担心，往往是担忧自己做事做不好会对自己有什么消极影响。这时往往想到的是将来可能产生的消极结果。

在做事尤其是重大事情之前，关注结果的人，通常一直关注自己是否能成功，总在考虑万一不成功会怎么怎么样，并为之焦躁不安、忧心忡忡。结果是使自己在进行活动之前就把自己的能量无谓地消耗殆尽。在做完事情之后尤其是失败之后，沉湎于事情的结果之中而不能自拔，为结果而悔恨、懊恼、伤心。这些都会使自己无法静下心来去考虑或寻找解决问题的办法或途径，以至于只好遭受失败与挫折。就像一些运动员参加重大比赛、高中生参加高考那样，不能静下心来全身心地投入到比赛或考试中，影响自己在比赛或考试中的水平发挥。

说到这里也许有人会问：“人们不是经常告诉我们从最坏处着想吗？这是否与你的观点相矛盾？”不错，做什么事情都要从最坏处着想。但从最坏处着想并不是关注结果，而是要求至少做到两个方面。①这件事情最坏能做到什么程度，这个最坏的程度你能否接受？若能接受，就毫不犹豫地去做。因为你已经接受了最坏打算，而实际做的时候总有可能比这个最坏打算要好。这样你会感到更愉快。②充分考虑各种导致不成功的可能性，并为之做好相应准备。除此之外，不要忘了人们在告诫“做最坏的打算时”，还有后半句话，那就是“向最好处努力”。这就是要求我们在做任何事情时尽自己的最大努力，关注并做好过程。

（二）做事之后

做事之后关注结果是指只看结果，而不去分析成败的原因。这样，常常成功了也不明白自己为什么会成功，只是沉浸在成功的喜悦中，而不去总结经验；失败了也不去总结失败的经验教训，而只是一味地沦陷于失败所引起的痛苦之中而无法自拔，致使自己受失败阴影的困扰。这种人在遇到逆境或遭遇到挫折或失败时，十分关注自己，考虑的也都是自己。如“我失败了怎么办？”“我的地位、名声会受到很大影响。”“我做不好别人该怎样看我？”等等都是围绕自己来考虑问题。正因为受到自我的羁绊，才使思维受到抑制，很难冷静下来去考虑如何抛开自我，怎样消除困境。这样，就很容易注意不到改变困境的途径与措施，限制对自己潜能的挖掘和发挥。因为当你过分关注现时的自我时，就注意不到或忘却了你真正的自己，忽视了你的力量，限制了你的能力。有人比喻：“当波浪想着自己是个波浪时，就忘记了自己是海洋；而当波浪知道自己是海洋时，又怎么能够记得自己是个波浪呢？所以只有一种可能性：若不是认为自己是波浪，就是认为自己是海洋。”下面这则禅宗故事[17]充分说明了这一点。

> 巨涛是一位强壮有力而又富有技巧的摔跤好手，平素里，他罕有敌手，甚至能打败自己的老师，但在正式的比赛中，他却连很差的选手如一个年轻学徒也摔不过。带着这份困扰，他去求助于一位住在海边的禅师。禅师说：“你的名字是巨涛，那今晚就待在这里，听一听海的波涛声。忘记你摔跤选手的身份，想象你是那些起伏的浪涛，就是那个能够席卷一切的巨大波涛。”
>
> 巨涛听从禅师的话。开始时他虽在看着听着波浪，但脑海中却杂念繁多；于是他努力控制自己，使自己静下心来。慢慢地，他能够只听涛声而无他想。随着夜色越来越深，海浪翻腾得越来越高，浪声愈来愈洪亮。最后，巨涛的眼睛里只有汹涌的海浪，耳朵里只有涛声，最后似乎整个身心都融入茫茫的海浪之中。这时，他脸上逐渐浮现出微笑。
>
> 第二天，巨涛走上擂台，赢了每一场比赛。从那时起，没有任何一个人能够在任何公开比赛中赢他。

这是一则如何放下或摆脱自我的故事。这则故事告诉我们，每个人都有很大甚至可以说是无限的潜能，但这种潜能在平时受到抑制，无法表现出来。不能表现出来的重要原因是个体太关注自我，以自我为中心。

（三）成功之路与失败之途

1. 成功之路

成功之路是：始终用积极的思考、乐观的精神和辉煌的经验支配和控制自己的人生。

积极的思考是说，对自己的人生、未来等，要进行积极思考，思考怎样使自己的人生、未来等变得更好，思考人生，思考应该做什么事情，思考怎么做事情，而不是思考自己的未来或人生变得多么糟糕。

乐观的精神是要始终相信，事情会变得越来越好，开心或微笑着去面对未来。既要能够积极、乐观地看待成功的一面，更要积极、乐观地看待挫折、错误或失败的一面，在遇到困境、难处时，想到这只是暂时的，困境、黑夜、难处终究会过去。相信没有克服不了的困难，方法总比困难多，一定能找到克服困难的方法，没有克服不了的困难，没有过不了的河。

辉煌的经验是说总去想自己成功的事情。有些只是想自己糟糕的事情，越想越糟糕，由糟糕到愤恨，由愤恨变成怨毒，对自己或别人的仇恨越积越深。与此不同，对成功的人来说，过去不愉快的事情就让它过去吧！他仅想一些过去愉快的事情，如此愉快的事情就使他们心情好，心情越好，就容易把事情做好。包括夫妻之间，为什么有些夫妻总是闹矛盾，因为光想着一些对自己不好的事情，没有想到对方对自己好的地方，所以就越看越不顺眼，越不顺眼就越想起对不起自己的事情，越想越不舒服，越不舒服就越想这个事情，双方肯定就由小矛盾开始走向大矛盾。其实，人生就像一杯清澈的水，水下面有沙子、泥土，在经营人生、爱情等过程中，是要始终使水保持清澈，而不是搅动下面的泥沙使水变浑。本来水有一点泥沙是正常的，但不要只注意泥沙而看不到清水。

想以前成功的事情，除了使自己乐观外，还有以下积极作用。①给人积极暗示，建构积极心理品质：无论做什么事情，在遇到困难时，不要总是想着过去失败的经验。如果总是想过去失败的经验，它会产生一种消极的暗示，而这种消极的暗示会导致做事情失败。因为越想这些事情心理越紧张。所以，要想过去辉煌的成功经验，越想越开心，智慧越活跃，智力水平越能够充分甚至超水平发挥，脑袋转得越快，最终结果是做事情会越做越好。②从中受到启迪：心理学研究表明，当一个事情做不好的时候，如学理科做一个实验没做好的时候，就想想以前做得比较好的实验，想想那个实验是怎么做的。如果做一件事情时，觉得困难，那么这时就想想以前做同类事情做得好的是怎么做的。这样的话，会从以前做的成功的事情中受到启迪，如此事情会做得越来越好。在日常生活中，大家可能都会遇到这种情况，一件事情没做好的时候，再去做同类事情，会感到紧张。为什么心里紧张呢？是因为想到以前的失败，而这些失败造成心理阴影，让人更加紧张，更加不安。这样的话，人的智力水平将严重受到影响。为避免这种情况出现，就要用辉煌的经验，积极的心态，乐观的精神，积极的思维，去充实人生。一些学生高考复习好几年，每年复习成绩都有所提高，平时考试成绩也不错，但就是高考考不好。为什么平时的水平到高考发挥不出来呢？其中最重要的原因就是过去失败的阴影困扰。

2. 失败之途

失败之途是受过去的种种失败与疑虑所引导和支配，由此时常感到空虚、畏缩、悲观、失望、消极颓废，最终只能走向失败。

若总是想着失败，就有可能在失败的暗示下再次走向失败，而再次失败就进一步印证或者说强化了失败的阴影，这样就形成恶性循环，到最后就对自己非常失望，非常自卑。

失败者之所以失败，主要是因为他们容易受悲观的想法控制。悲观想法主要表现在全面化、永久化、个人化三个方面。

全面化是指一旦一件事情出错，所有事情都不对；或者，一个方面出错，整件事情都不对。这实际上是由点及面，把错误夸大化。比如，某个男士找的第一个女孩子（初恋或第一任妻子）不好，就认为全天下所有的女孩子都不好，“天下女人没有一个好东西，都是水性杨花”。或者说，一个女孩子找的男朋友不好，就认为天下所有的男人没有一个是好东西。再比如，某些人在某一方面能力低，就认为自己很笨，在各方面都不行，进而建构一个不行或能力低下的自己，这样他就会认为自己什么事情都做不好。如果这样，他就会遇到困难就退缩，就不会幸福快乐，更谈不上成功。

永久化是指把一时的失败视为终生都会失败。换言之，今天我失败了，我一辈子都翻不了身，都不会成功了。若你因一时的失败就把自己定性为一个失败者，你就会在做每件事之前首先想到的是失败，这样你就真的会失败。这是因为，①在做事情的时候，就不会放开手脚，全身心投入去做这件事情；②光想着失败的时候，就会前怕狼后怕虎，忧虑担心太多，而这种忧虑和担心会消耗我们身心能量。比如，有些人在高考前就担心自己考不好。离高考越近，他们就越感到紧张、焦虑、恐惧（这是心理学上讲的目标恐惧），紧张、焦虑、恐惧到一定程度，就会睡不着觉，吃不下饭，这样就使你的身心被这些紧张等消极情绪所困扰，你身心的能量在高考前就被焦虑和紧张等消极情绪消耗殆尽，你不能集中自己的力量来学习；③以失败者自居，就会戴着有色眼镜看自己，由此对自己出现认知偏差，总是看到自己不行的一面，忽略自己有优势或长处的一面，这样你就会越来越自卑，越来越不行；④以失败者自居，还会起到自我预言、自我验证作用，你后来的每一次失误，都会进一步强化你的不足，从而使你丧失信心。

个人化是指把所有的过错都承担起来，都是自己的不是。“全部都是我不好，都是我的错。”其实质是一种自我归因，就是说所把所有的事情都归结为自己的过错，由此对自己不满甚至愤恨。当然，在出错的时候，勇于承担责任，分析自己的过错，是正确的。但是，承担责任和分析错误，是为了纠正自己的过错。这样的话，亡羊补牢，未为晚矣。但是，①不能因此归结为自己笨或无能，产生自卑感；②不要认为是自己的错，就拿这个错来折磨自己，始终停留在自怨自艾之中；③只是想着如果我不去犯这个错那会怎么样？我怎么会犯这样一个错误？而不是对这个错误进行一个恰当的分析；④有些错不是自己的错而是别人的错，但却认为是自己的错，拿别人的错来折磨自己。比如，两个人谈恋爱，女人嫌男人没钱就跟别的男人跑了，这时候这个男人心里想："都是我的错，谁叫我这么没用，挣不来钱呢！"由此折磨自己，自暴自弃，而不是积极考虑怎么去挣钱。这实际上是女方的错，而不是男方的错，但男方却用女方的错来惩罚自己。事实上，男方现在没钱，不等于将来没钱；只要不断提升自己，使自己有能力，就足够了。这就告诉我们，不要用别人的过错来折磨自己！当然，也不要用自己的过错来折磨自己！把这两句话概括起来就是，不管是谁的错，都不要拿这个错来折磨自己，最恰当的心态是在过错中振奋起来，勇敢前行。

（四）专注

上述分析表明，成功需要专注。要专注事业，把全部精力投注于事业中，不要受外面的功名利禄等各种东西的引诱，更不要受到担心失败的困扰。首先要专注自己认准的事，不要跟从别人。有些人可能看到别人赚大把钱了，现在自己没钱，就不专注自己所做的，不能沉下气来做自己要做的事，跟从别人，结果一事无成。可能别人所做的事赚钱时，你做的事的价值还未体现出来，或者那个事情不适合你，若你放弃自己的事情，做别人做的事又做不好。其次，不要受到担心失败这种情绪的困扰。（前已有述，此不赘言）

二、把自己完全融入环境之中，物我两忘，天人合一

荀子说："君子性非异也，善假于物也。"（《荀子·劝学》）这告诉我们，人的聪明与否，主要取决于人对自然的顺应与利用。中国人常说：成功取决于天时、地利、人和，其实质就是要求人应把自己与环境、他人统一起来。前者是天人合一，后者是人与他人合一即形成良好关系，使自己处于恰当的关系之中。

人与自然和谐是指人与自然和谐相处，顺应自然、保护自然、合理利用自然，而不是凌驾于自然之上滥用或破坏自然。遵循自然规律，依据自然条件正确合理地保护和利用自然条件，即保护与开发利用相结合。在人与自然的关系中，适应使人幸福，保护得到尊重与尊严。不管在身体上，还是在心理上，人只有适应环境，恰当利用环境提供的条件即善假于物，才能更好地生存与发展，进而获得幸福。否则，不能适应环境，就无法生存，就更谈不上发展与成就。人们常说的"靠山吃山，靠水吃水"，就是这个意思。当然，要使人们更好地生存与发展，不只是对自然的开发与利用就够了，更重要的是对适合人生存的自然的保护与改善。只有保护好自然，改善自然状况，维护生态平衡，才能使人有更适宜的生存环境。正因为如此，保护和改善环境的人，容易得到人们的尊重，获得人生尊严；而破坏环境的人，则不仅会遭到自然的报复，而且会遭到人们的不齿与唾弃。

不仅如此，天人合一还表现在忘却自己的功名利禄、烦恼忧愁，积极主动地关注、欣赏自然，凝视并欣赏鱼虫花草等所处的自然的一切；用心感受自然的神奇力量、活力，以及你理解的或不理解的一切，把一切都视为自然。听凭欣赏、感受所带给自己的内心喜悦、宁静、畅然、平和、舒缓，以及由此引发缓慢的涌动和心灵振荡，听凭这样的感觉席卷而来，听凭心身轻轻地战栗，激动和欣喜，忘却自己的欲望、追求、仇恨、竞争、攀比等。

总的来说，忘我式的天人合一包含以下方面：①与自然保持一致，根据气候、季节等自然变化对自己加以调整；②模仿自然，从自然现象中得到启示或启发，找到养心或保持健康的理念、途径与方法；③顺其自然，对什么事情都能看得开、想得开，做到“气顺”“心顺”“耳顺”，心不烦、气不躁；④不“逆天行事”，把自己难以控制或改变的东西尤其是自然的东西视为合理，按照客观规律安排自己的生活与工作；⑤不要把自己凌驾于自然万物之上，随心所欲，为所欲为，不合理地对待或滥用自然，这样会害自然、害人、害己；⑥合理利用自然界中的东西，用它们来调理自己的身心，如食疗等；⑦按照生理与心理活动的规律处理问题；⑧不要与自然过不去，用消极或不良的心态看待自然。如认为阴雨天不好，一遇阴雨天就心烦。这种心态本身又会成为一种心理暗示，形成心理与环境因素的恶性循环；⑨做到“人神”与自然的息息相通，使机体外环境与内环境保持动态平衡。

三、人际关系中的忘我

人际关系中的忘我指建立人与人之间的和谐关系，在心理上与他人相融、相和、相互亲近、帮助与尊重、关爱，和睦相处。这是要求把自己置于人与人之间的关系中，在关系中存在，在关系中发展，而不是把自己独立于关系之外，突出自己而破坏关系。有人认为，这种忘我是“人与人交流和相处的默契和融洽，善于‘宁人’。所谓‘宁人’，指‘自宁宁人’和‘自娱娱人’，善于主动积极和理智地化解人际矛盾，让自己和他人都得到心灵上的安静和幸福。”[18]任何人在社会中生活，都不可避免地要与他人发生关系。良好的人际关系，可以满足人的多种需要，使人体验到幸福与尊严。它不仅可以为人创造良好的心理氛围，使人获得成功，更是人的幸福与尊严之源。中国人常说的“和气生财”“家和万事兴”“同舟共济海让路”“和则利，离则损”，等等，都是对人际和谐的表现与强调[19]。人际心理和谐，不仅能缓解各种压力，对维护健康、预防心理问题和心理治疗也十分有益；而且能使个体更有动力和积极性，有助于个体成功，避免挫折或失败，从而降低产生心理问题的可能性；也能使个体心里踏实，感受到关怀与温暖，而这些是预防和治愈心理疾患及体验到幸福的良药。

在中国的成功三要素中，“人和”最为关键和重要，起决定作用。“天时不如地利，地利不如人和”说的就是这个意思。“人和”实质上是人与人之间心理和谐、和睦相处、荣辱与共。人与人的心理互融和谐，使大家都有一个幸福安康的环境，在这样环境中生活的人都能够体验到幸福。同时，人与人的相互尊重与帮助是“人和”的重要组成部分，而相互尊重可以使人感到有尊严。另外，“人和”又是繁荣昌盛、兴旺发达的重要条件，而无论是国家、地区或群体还是个体，繁荣昌盛和兴旺发达都会给人带来幸福与尊严。

要实现人和，就需要个体忘掉自我，换位思考，善于站在他人的角度去看待、处理事情或问题，照顾他人的感受，而不是一直只强调自己的感受、利益、想法等。质言之，忘我是建立人和的必要前提。

四、重存在

重占有的生存方式和重存在的生存方式是法兰克福学派的重要代表人物弗洛姆对人的存在的划分。

重占有或占有式的生存方式关注的是对物、人、精神的占有。这种人把占有作为存在目的或人生目标，甚至视为人的美德[20]，追求对人和物的占有而不是和谐相处，这样就会导致人与自然、人与人之间关系紧张与恶化。从人和自然的关系来看，重占有造成人对自然的征服和掠夺，对自然资源无节制的开发，导致生态环境破坏和自然资源枯竭。就人与人的关系来看，人人都想占有或征服他人，忽视他人的感受和独特性，必然导致人与人之间的疏离、冷漠、竞争、对抗和恐惧甚至战争[21]。这说明，以占有物或他人作为自己的人生追求或存在目标，必然会导致无法与物和他人和谐相处、相互促进。由此，这种人以自我为中心，无法忘却排除自我，因而无法走向更加自如、自我和自由的状态，相反，却容易滑向普遍性的焦虑感、压抑感和危机感的困境[22]。

重存在的生存方式与重占有的生存方式相对，是对社会有益的健康性格，关注生命的存在本身，即以爱和工作的潜能的实现为生存的目的。这类人追求爱、奉献，不占有也不想占有什么，追求与他人、社会、自然的和谐相处。在处理人与人的关系时，不强求他人按照自己的想法作出改变或想办法去改变别人，而是大家都保持自己的独特性，而且各自的独特性相辅相成、相互吸引、相互欣赏。在处理与社会的关系时，能够对社会恰当地认识，既能认识到社会所提供的条件，也能认识到社会存在的问题，所以能够积极主动适应社会，并依据自己的能力或条件对社会做力所能及的改变或完善，而不是一味地抱怨和机械被动地适应。在处理与自然的关系时，不是对自然的掠夺和仅依据自己需要以自我为中心不加节制利用，而是根据自然情况可持续地开发利用自然条件，在满足自己需要的同时，促进自然的改善与发展。这样的人能够积极地忘却自我，对生命、物质财富等持一种积极态度，正因为如此，更能发现生命意义和人生价值，能找到恰当实现自我价值的方法或途径。

第四节 人际关系中的自我情感及其影响

自我情感是自我的重要组成部分，是自我中的动力因素，对人际关系有很大影响。

一、情商及其对人际关系的影响

情商（emotional intelligence 或 emotional intelligence quotient，缩写为 EI 或 EQ）又称为情绪智力或情绪商数。它是相对于智商而言的，反映一个人把握和控制自己的情绪，驾驭和利用情绪，揣摩和驾驭他人的情绪，在外界压力下不断激励自己、把握心理平衡的能力。它主要包括以下几个方面。

（一）把握和控制自己的情绪

1. 成为情绪的主人

要想成功，过上幸福快乐的生活，就要能够控制和把握情绪，成为情绪的主人。由你来驾驭情绪，而不是让情绪控制你。

2. 善于表达自己的情绪

在现实生活中，要使情绪有积极作用，除控制情绪外，还要善于表达自己的情绪。这是因为：①只有善于表达情绪，才会对别人产生感染；②只有善于表达情绪，才会使别人理解自己的情绪；③通过情绪给他人提供恰当的信息，与他人进行恰当地沟通交流。在日常生活中，很多人就是由于不善于表达自己的情绪或者说表达情绪不恰当，才造成人与人之间的矛盾和冲突。

3. 故事：妻子应如何表达自己对老公晚归的情绪

有一对夫妻，妻子下班回到家，丈夫还没回来，妻子很累，但还是赶快去做饭。做好饭后，丈夫还没回来，就给他打电话，手机没人接，连续打了几次，都是如此。一直等到晚上十一点多，丈夫才回来。这时候，妻子难不难受呢？那么累，还要把饭做好，还要等着丈夫。难受不难受呢？当然难受！生气不生气呢？当然生气！那她该怎么表达自己的情绪呢？一般情况下，妻子通常会对这个丈夫进行指责：“你这个人怎么这么差劲呢，我把饭做好了，你还不回来吃！也不打个电话说一声。”甚至有些人连丈夫一家都骂了。那么在这样一种情况下，丈夫如果脾气好的话就不吭声。你说你的我不生气。但是不生气有些女的也不依不饶。“我说你，你还不理我！”就更加生气。那么如果脾气不好的呢？就会吵架。“我回不回来关你什么事？不就是做做饭，没什么大不了！”吵着吵着，若双方火气越来越大，就有可能发生家庭战争，夫妻两人打起来。出现这种情况就是因为妻子没有善于表达自己的情绪。如果妻子说：“我工作一天也很累，我把饭做好了，你不回来，我心里感到非常难受。你不回来，打电话你不接，我感到非常担心。”这样把自己的内心感受合理表达出来，而不是对丈夫加以指责。①表达自己内心的痛苦，我感到难受；②表达一下自己的担心，“你看看你一直不回来，我打电话也打不通，没人接，你也没个电话，我心里很着急，很担心。”这种担心体现出对丈夫的挂念和关怀：“我心里忐忑不安以为出什么事情。”③希望和丈夫一起吃饭，这样吃饭才感到开心。在没有丈夫陪的时候，心里感到非常的失落。

在这种情况下，妻子表达自己的痛苦，对丈夫的关心，希望丈夫陪她，希望丈夫爱她，并把这种爱表现在日常生活中，哪怕是吃饭这样的小事儿。倘若像这样善于表达自己的情绪的话，那么丈夫可能就会道歉：“对不起，我一忙工作就忘了，也没听到手机响，以后我会尽量回来，一起和你吃饭。如果我有事回不来的话，一定给你打电话。”在这种情况下，他们的沟通会畅通，感情会得到强化。否则，一味对对方进行指责，尤其是把你的痛苦不堪发泄在对对方的人格侮辱上，这样，不仅你的情绪无法平息下来，而且双方的关系也会越来越紧张。

4. 注意情境

合理表达情绪，要注意所处的情境，要表达与所处情境相一致的情绪，即在这个场合，要表达什么情绪。假如很多人都在叹息非洲出现埃博拉病毒造成的很多人的死亡，在这种场合应表现出对非洲人的同情之心。倘若有人没有表现出大家都表现出的同情之心，还幸灾乐祸，就与这个场合或氛围很不协调。如此可能会造成大家对他有别样看法。再比如，别人在结婚的时候，有人号啕大哭，哭得很伤心、很悲痛，如丧考妣。这与结婚的喜庆场合极不搭配。用一句话说就是“扫大家的兴”。这就是说表达情绪要符合情境。

（二）利用情绪

在日常生活中，情绪是一种极其有效的工具，若利用得当，能取得神奇的效果。在日常生活中，可利用情绪烘托气氛、以情动人、传递信息等。例如，情绪是传递信息的有效途径或方式，因此要通过情绪恰当地传递信息，把自己的喜怒哀乐，如对什么不满，对什么事情感到满意，对什么事情感到愤懑，等等，恰当表达出来。比如，通过眼睛、嘴巴、肢体等的活动来表现个人情绪。这时可以起到“此时无声胜有声”的独特作用。

（三）把握和驾驭别人的情绪

把握和驾驭别人的情绪，要注意以下几个方面。

1. 理解别人的情绪

比如，在别人感到痛苦的时候要感同身受。在理解别人情绪时，要站在对方的角度而不是站在自己的角度。因为经常站在自己的角度的话，可能就会造成对别人情绪的理解偏差。

在日常生活中，人们总是站在自己的角度去看待别人。由于每一个人与其他人所站的角度或立场都与他人不完全相同，这就极容易造成人与人之间的理解偏差。比如，人家感到很痛苦的时候，你还不觉得什么。我曾经见过一个人，说话很难听。别人听了以后心里很难受就给他说，他却说：“你觉得很难受吗？我没说什么呀？”

理解别人的情绪不是站在自己的角度，而是站在别人角度。假如，你是一个服装店的销售员，一位女士进店，你该怎样做才能让她开心地把衣服买走呢？你不能“王婆卖瓜，自卖自夸”，如“这衣服很新潮、很好看”，最好的办法就是“投其所好”。“这位女士，一看你就很会穿衣服，我们店里刚进了很多新款，您去给我们参考参考。” 她可能盛情难却，就会仔细看看。你可以跟随她，与她的反应保持一致。若她的眼睛在某件衣服上停留，就可以马上说：“您真是内行，眼光真好，这是我们店里刚进来的新品，款式、颜色都很时尚，被您一眼就给看上了，取下来试试？” 若她不想试，就说：“麻烦您帮一下忙，穿上让我也看看这款衣服的效果。” 若她穿上了，就可以进一步说：“哎呀！真漂亮，人长得漂亮，衣服也非常合身，就好像给您专门定做的一样！要不您帮忙拿走一件?” 若她不想买，就可以深有体会地说：“其实女人买衣服很难，很难遇到自己看上的。有时想买一件衣服，转了很多地方也没有看上的，是不是?”若她犹豫，就说：“别犹豫了，一看您就是‘白富美’，只要相中了，就会果断买下来。您是付现金还是刷卡?” 若是刷卡，就接着说：“您真是有品位，有品位的人一般都不带现金，都用卡。请给我卡，我帮您刷。” 这样投其所好，通常都能达到目的。

最好的营销策略就是投其所好。所以对销售人员进行营销训练时，都非常注意这一策略的培训。比如，以前销售人员在推销产品时，大都给客户详细介绍产品的优良性能，这样做作用通常不明显。因为客户一般对产品性能不了解，也不太愿意听，只是听自己关心的，如是否节电，是否安全，等等。例如，保险营销员：“你买吧，我们这个保险怎么怎么好！”有些人说着说着，人家就不爱听了：“你不买，万一出了事，怎么办？”人家听了，或许会说：“你怎么说话呢？不买！”这就是没有投其所好。

2. 驾驭别人的情绪

驾驭别人的情绪实际上是影响别人的情绪，即怎么通过情绪感染人，使人产生一种自己想要的情绪。要影响别人的情绪，首先要跟随别人的情绪，然后再去理解别人的情绪。前面讲营销策略时，提到投其所好，而不是营销者自己夸夸其谈。投其所好是配合对方，配合对方非常重要，但仅有它还不够，还要影响别人的情绪。

在日常生活中，你让别人帮你办事，如果你不让别人高兴，别人会帮你忙吗？因此，不管做什么事情，要通过影响别人的情绪，使别人产生你想要的情绪。当然，如果你想惹别人生气，你就要想办法要让他生气。这就是揣摩和驾驭别人的情绪。

除此之外，更为恰当的方法是，不仅影响别人的情绪，而且双方要通过沟通达到情绪的相互融合，即情绪的相互交融。这样，彼此情绪就会形成一个合力，产生一种整体效应。这是影响他人情绪的最高境界即相互作用。其中，既有我对你的影响，也有你对我的影响，在这种情况下，俩人感情才会越来越好。就好像两个人谈恋爱一样。女方要影响男方的感情，男方也要影响女方的感情，两个人感情交织在一起，形成一种你中有我，我中有你，并不断升华。这就是掌握和驾驭别人的情绪。

（四）不断激励自己

情商内涵的第四个方面就是不断激励自己，即不断给自己加油。“我能行！”“我一定能把这个事情做好！”“我真了不起！”通过不断鼓励自己，增强自己的信心。这就是“要相信我们的目标能够实现！我们的需要能得到满足！”而不是不断贬低、责备自己。“这个事情我怎么做得这么差呢？没做好呢？这没做好，那也没做好。”“这下完了！”这样毁灭自己的信心，给自己泄气，使自己做事情越来越做不好。换言之，无论做什么事情，要想把事情做好，就需要不断给自己加油鼓气。“再加把劲！”“再努力一点！”“再做认真一点！”非常肯定、铿锵有力地给自己鼓励！这是确立自信心的一个非常重要方面，也是情商非常重要的一个方面！

二、情商对人际关系的影响

上述分析表明，情商对人际关系有很大影响。在某种意义上可以说，人际关系是情商的重要组成部分。因为人与人之间的沟通首先是情感沟通，情感是人际关系的基础。这主要表现在以下几个方面。

（一）人际关系的好坏由情感来衡量

人与人之间的关系好坏，首先是看他们的感情是否深厚。两人感情越深厚，那这两个人的人际关系就越好；两个人的感情越薄，那么这两个人的人际关系就越差。所以情感是人际关系的基础，没有情感就没有人际关系。人际关系的紧密程度、好坏，都是由情感的深度和厚度来衡量的。这就告诉我们，要处理好人际关系，就要加强平时的情感沟通和交流，以深化友谊或情谊。对于中国人来说，情是非常重要的。既然如此，那么是否善于与别人进行情感的沟通，就直接制约着我们的人际关系。

（二）良好人际关系的三个方面

好感或反感，反映了人们的社会需要，以及是否得到满足时的情感体验。

1. 相互认同

相互认同就是，你认可我，我认可你；我觉得你够朋友，你觉得我够义气。双方志同道合或情投意合。

2. 情感相容

我见到你感到高兴，你见到我也感到高兴，我们在情感上建立起一种比较紧密的联系。我的一颦一笑或一个细微的举动，你就能够知道我内心的所想。

3. 行为近似

两人在很多习惯，对问题的看法等方面，都极为相似。

（三）人际关系需要由情感来维系

情感既然是人际关系的基础，那么人际关系也要由情感来维系。不善于与别人沟通或情感交流的，有了脾气就对别人乱发脾气的人，通常不会建立起良好的人际关系。不管是在班里，还是宿舍里，你容易对同寝室的同学乱发脾气，高兴时非常亲密，发脾气时吵得很厉害，喜怒无常，人家会怎么评价呢？“神经病一个”。

不管对人有好感，还是对人有反感，都反映了人的社会需要如爱的需要、归属需要、尊重与自尊的需要等，是是否得到满足的一种情感体验。我们交了一个好朋友，见到好朋友，心里感到非常喜悦，就像孔子所说的“有朋自远方来，不亦乐乎。”为朋友高兴的事而高兴，为朋友悲伤的事而悲伤，为朋友的难处积极想办法帮他去排忧解难。在这种情况下，我们的人际关系才会越来越好。前面讲到的白金法则就是要求以情感为中心，满足别人的需求。满足别人的需求，别人会产生一种积极的情感体验。尤其是在别人需要帮助时想不到你来帮助他，这时他会对你感激，并且将这样的美好情感记在心。有些人在别人家好的时候，跟人家关系挺好；但在人家受难的时候就不理人家。如此会使人感到一种世态炎凉。这种人通常是不可交的。没有感情的人，通常不要跟他交往。尤其是那些本来应该有深厚感情但却恰恰没有的人，更不应该交往。比如，某人和自己的兄弟姐妹为一点小利益就打得头破血流，能与这种人交往吗？他与自己的本该有深厚情感的兄弟姐妹为一点小的利益还打到头破血流，更何况我们跟他没有血缘关系呢！在没有利益冲突的前提下看起来挺好，但若有利害冲突，他会不会想办法损害你？

第五节　人际关系中的自我控制与调整

自我控制与调整是自我意识的重要组成部分，它主要表现在人可以根据具体情况控制和调整自己。自我控制和调整可以在日常生活中通过训练不断提升。

一、自我控制与调整的概念

自我控制与调整是个人对自身的心理和行为的主动掌握，是个体自觉地选择目标，在没有外界监督的情况下，适当地控制、调节自己的行为，抑制冲动，抵制诱惑，延迟满足，坚持不懈地保证目标实现的一种综合能力，表现在认知、情感、行为等方面。良好的自控能力是当今社会所需要的创新型人才的必备素质。它主要表现在以下几个方面。

（一）境随心转

境随心转，是指环境、事物、他人等都跟随人的思想、心态来旋转、变化。通常情况下，没有智慧的人心随境转，跟着环境转，随别人的境界去转，所以常常受环境左右，被别人控制。而有智慧的人，则有较强的自我掌控能力，其心情或情绪由他们自己掌控，不受环境、他人的左右和控制。他们特别容易看到环境、事物、他人的积极面，从积极方面去理解、解释、归因，从而有积极的情绪。

是命运掌控我们还是我们掌控命运，关键取决于我们有没有一个积极的心态。在这里就是境随心转。无论是鲜花盛开，还是阴云密布，这个情境本身都无关紧要，它们都会随着人的心来改变。心是积极的，那么这个情境的作用就是积极的；反之，心是消极的，情境影响就是消极的。情境对人到底产生什么影响，主要取决于其心态。这就是说，只要掌握了自己的心态，就掌握了情境或事件对自己的影响。例如，现在很多退休人员，觉得退休了就没事做，心情不愉快；而另有一些退休人员却认为“退休了好，正好能休息休息，能够去做我想要去做的事情，不再受到时间的羁绊，单位任务的约束”。

对待挫折或失败、困境也有这样一个心随境转和境随心转的问题。若心随境转，情境影响或左右着人的心理和心态，那么挫折或失败、困境就容易导致消极情绪，人就容易受情绪的控制，受别人的控制。如果因为别人的话而伤心、苦恼、恼怒，人生是不是就会跟着别人来跑呢？如果是这样，你什么也做不好，什么也做不了。因为不同的人看问题的角度和方法是不一样的。

（二）不怨天尤人

我知道我自己，所以我不会去埋怨别人，即不怨天尤人。怨天者，相当于把自己的前途命运交给老天，所以才埋怨老天。那怨人的呢？无能。你埋怨别人是你无能的体现。你总是抱怨别人，这个不好那个不好，是别人叫你这么做的，那么这就是你无能的体现。比如，你炒股，听了别人的，结果赔钱了。那么你为什么不对这个股票进行分析呢？如果没有认真分析，你就不要去炒股。你如果没有判断力，没有决断能力，也不要去炒股。要认识到炒股就有可能赔钱，如果每个人说的话都是对的，那么股票不早就被人给人炒疯了。所以说，怨人者无能。如不要仅埋怨骗子骗了自己，要想想：自己为什么会被骗？要思考的问题是：在下次遇到同样的或类似的骗局时，有什么办法？有很多人上当了，上了第一次当，第二次还会上当。因此，不要怨天尤人，而是自我分析，自我改进。通过自我分析，自我改进，不断提高自己的能力。这样的话，我们最终才能够转败为胜。

（三）积极改变与承担

可以改变的，就要努力去改变；不能改变的，就去改善，让它变得好一点；不可改善的就去承担；不可承担的就结束。所以很多时候不要总是埋怨这个埋怨那个。就像学校一些老师和学生，总是埋怨自己学校不好。一位老师在工作单位受到了一些不公正对待。这时候，他首先想到的一个办法就是要离开这里。这里的人文环境太差，既不能够感情留人，也不能够事业留人。于是，就去考博士。考上以后，原来一个处长，后来就成了副校长，跟他关系不错，见到他说：“老×，不管以前学校对你怎么样，你受了什么委屈，毕竟你是这个学校人，毕业后回来。”他不说不回来，也不说回来，只是说“毕业后再说。”包括原来他所在学院的书记、院长，年龄都跟他差不多。他每次回家的时候，他们都请他吃饭。他们说："老×，你回来吧，咱们在一起好好干。"他不说行，也不说不行。但是他心里有一个坚定的信念，不会回来。好不容易离开这个地方了，怎么可能回来。但他们的盛情很难推脱怎么办？他就提一些条件，提的条件他们根本答应不了，所以他就顺顺当当地离开了原来的工作单位。

这是他考上了博士，然而，若是考不上，改变不了呢？改变不了时，就想办法去改善。改善一下你与周围人、同事、领导的关系。那么如果改善也改善不了怎么办？那么就去接受。否则，在这个环境中总是去埋怨别人，埋怨学校，指责领导，越指责，越抱怨，越批评，越埋怨，心里就会越不舒服。这就是说，倘若改变不了所生活的环境，那么就去承担，去忍耐，或者改变自己，尤其是改变自己的心情。倘若你不能改变，也无意改变，你还为此生闷气，那肯定是越生闷气，越身心疲惫。换言之，你可改变你的认知或看法，环境是什么样，就什么样！你不再去抱怨，只考虑如何把自己的本职工作做好就行了；你也不必勉强自己非要去与别人尤其是你不愿打交道的人建立良好关系，只管走自己的路，让别人去说。若觉得这关系我改变不了，那我就去终结。

二、日常生活中的自我控制和调整训练方法

自我控制和调整可以在每天的生活中得以训练。具体方法如下：如果早上起床不知道今天怎么过，晚上睡觉前不知道明天怎么过，那你可以这样做：下定决心，就试这么一天，用一种全新的方式去为人处世，积极乐观一点，也许你就能使自己的所作所为有所改观。

（一）对人友善

尝试对周围的人尽可能友善，把他们当恩人来看待，好像你能拥有的成就、快乐，都是他们的功劳；在你的生命里，有他们与你一路相伴，是你的幸运。（前已有述，此不赘言）

（二）不再吹毛求疵

不再吹毛求疵甚至鸡蛋里挑骨头，处处、事事、时时挑剔，要求完美，总是用一种挑剔的怀疑的眼光来看待别人，而是想法找出每一件事物的优点，找出每一个跟你一起工作或者学习的人值得称赞的优点。比如，"你今天穿的衣服挺好看！""你的发型挺漂亮的！""你挺有精神！""你的气色非常好！"今天你怎么怎么样的。总是从积极的方面去看别人的优点，学会去欣赏别人，而不是去贬低别人。

例如，一个宿舍的六个人，每个人都应积极寻找其他五个人有什么优点，哪

一个优点值得我学习，哪一个优点值得我欣赏。这一方法可以扩展到同班同学、环境、动植物、地理位置、时代、社会等多方面。比如，阴雨天有阴雨天的好处，我们积极去说出阴雨天的好处，这样你在阴雨天特别是长时间持续的阴雨天中，就不会纠结、烦躁、忧愁等，而会具有一种积极的情绪，愉悦的心情。

（三）尽量以幽默的方式告知他人错误或不足之处

如果发现了别人的不足或错误，尽量以幽默的方式善意地告诉他，不要使别人难堪、尴尬，更不能出口伤人，讽刺讥笑，要设身处地替被告知人考虑，就像别人告诉或纠正自己的不足或错误一样。这实质上是黄金法则在起作用。倘若我们无意中做错事了，别人来纠正我们，我们希望别人怎么纠正我们呢？我们希望别人怎么来告知并纠正我们，我们就那样去告知或纠正别人。比如，今天有一个人穿的衣服有一点破了，通常不要说“你怎么总是马虎，你看这个衣服都破了，你还把它穿出来了，不怕别人笑话！”你可以说：“唉，你今天是不是想换一种生活，想过一下丐帮的生活呢？”或者，“你看看你这个衣服这一块很有特点，很有个性！”这时候人家就会注意到。

再比如，别人吃饭嘴上有一个饭粒，没有擦干净，不能说：“你的脸上有一个饭粒哟，难看死了。”或者“你总是不注意，总把饭弄到脸上。”可以说：“你吃什么好东西了，还想让别人发现你吃好东西是吗？留下点痕迹，怎么不给我留点？”或者“不能光嘴巴吃饭，脸也想吃呢。”再比如，早上见到朋友脸上有脏物，不能说“脸都不洗干净，怎么这么邋遢？”而应说“昨天又熬夜了吧，不要工作那么辛苦，要注意下身体。”或者“你今天这脸上好像多长出了什么漂亮的东西。”语言幽默，别人心里会感到舒服，自己心里也会感到舒服。

（四）不要过分追求完美

不要求自己所做的事情都尽善尽美，也不再尝试打破纪录或做得更好，对自己求全责备，只是称职地做好眼前工作，不强自己所难。

许多研究表明，患抑郁症的人，通常是追求完美的有本事的人。实际上人的生活中不可能十全十美，就是因为不可能完美，有缺陷，我们才去追求完美，并在追求完美的过程中体验到快乐。虽然我们不一定能达到完美，但我们有所追求就已经心满意足了。所以在某种意义上可以说，“缺陷本身就是一种美”或者“因为缺陷才美”。这样，我们就会以一种积极的心态对待我们的缺陷、不足，我们会获得快乐或幸福。相反，倘若总是求全责备，要求自己这方面做得好，那方面做得好，比如，事业好、人际关系好等各方面都好，长相好、生活好、有钱、朋友多等，对自己要求太高，往往会使自己焦虑，给自己带来不快。

缺陷才是美。可以看一下艺术作品，真正有艺术价值的，往往是有缺陷的东西。比如，如果一个布或一张纸，全部充满色彩，画满了画，这个画美不美呢？一定不美。一副有价值的画一定是有空缺或空白的，一部好的文学作品也是如此。如钱钟书的《围城》，有人认为他没写完，要给他加续集。钱老先生认为不需要，正是没有对人物命运作最后交代，才给读者留下想象空间，遐想的余地，也正是因为这个空白之处更能够吸引读者，读者可以想象方鸿渐、唐晓芙、苏文纨等的命运，这才是一种真正的美。这部小说有句名言："城里的人想出去，城外的人想进来。"这就像现在人们说旅游一样，"从自己待厌了的地方跑到别人待厌了的地方。"这说明一个浅显的道理："我们得到的东西通常不珍惜，没有得到的东西反而想方设法得到。"这就是说，不要去完美地要求自己，人不可能完美。如果一件事情，一个东西表现很完美的时候，它就没有发展地余地了，而正是因为有了残缺，它才有发展的余地。

有这样一个故事，说是有一个年轻人去买种子，他父母告诉他说"人家都到那个老教授培育的种子站去买，你也去他那里买"。这个年轻人到那一看，种子长相不好，他就没听父母的话，转身到旁边的一个种子店去买颗粒饱满的。结果种出来的庄稼收成不好。他觉得奇怪，就去问那个教授。老教授对他说："你买的那个种子已经长得很完美了，它再长也长不好到哪去了，它开始走下坡路，所以种出来的庄稼肯定不行。而我的种子呢，它还不完美，所以它尽量让自己长得完美，这样，它反而长得颗粒饱满。"这个故事也说明，残缺就是一种美！我们不要求全责备自己，非要自己做得非常完美，这样会给我们带来无穷的心理压力，同时也导致我们无穷的痛苦和烦恼。

（五）不考虑做事回报

如果心有余力，就不再不停地反省，我的表现是否得到应有的回报呢？而是去思考一些高兴的事情，不要仅想着回报，而是只想做什么事，怎么做。

（六）认可并接纳所生活的社会或时代

对社会或时代，应心存感激，庆幸自己生活在这个社会和时代，不要超越时代，多想时代已经为我们每个人创造了该时代的条件；不要总是说自己生不逢时，而要想生逢其时。前已有述，此不赘言。

（七）积极发现自己的独特性和优势，悦纳自我

前已有述，此不赘言。

（八）不计较事情"对我有什么好处"

不计较我做这个事情对我有什么好处，只想自己在每件事情上能帮什么忙。

这主要是克服自己的功利性。通常，很多人就会这样想，我做了这件事情能得到什么好处呢？别人将来能给我带来什么回报？这种功利心会使我们不能安心地去做事。很多时候，我们帮了别人，我们做了事情，虽然现在可能没有好处，也不去想有什么好处，但实际上将来可能有好处，这就是老子所说的“不争之争”。在做事情或帮别人时光想着好处，可能有如下问题。①创造性不足。研究表明，带着功利心做事，人们的创造性通常是不足的。②做事情时可能会患得患失，如此就会不能安心去做一件事情。③功利心会迷失眼睛，使光看到一点利益，并为一点利益就去做了一些不应该做的事或不去做应该做的事。

（九）一天结束时，对自己今天所做的一切都感到欣慰

一天结束时，不再想今天还有什么没有做，而是去想今天做了哪些有价值的事情，对自己所做的一切都感到满意和欣慰。

这一天结束了，倘若我们仅想着自己什么事情没有做，“哎呀，这一天我白活了！”如此心里就会不安、忧愁、烦闷。相反，如果我们只是想今天哪些事情做得好，想一些好的事情，那我们会非常安心，并且晚上睡觉时有可能做一个好梦。因为日有所思夜有所梦。换言之，我们每天只看到自己的进步，看到自己做的有价值的事情，就会很开心。

参 考 文 献

[1] 幽野千寻. 尊严. 百度百科. http：//baike.baidu.com/view/54178.htm[2015-11-04].
[2] 花花. 做自己的贵人. http：//www.timetimetime.net/gushi/40404.html[2016-06-08].
[3] 汁缘messi.自我同一性. 360百科. http：//baike.so.com/doc/5328514-5563686.html[2015-08-01].
[4] 花花. 把聪明放在褡裢的后面. http：//www.timetimetime.net/gushi/36098.html[2016-06-18].
[5] Jxy1983cn. 自我意识. 好搜百科. http：//baike.haosou.com/doc/5034701-5261215.html[2012-10-19].
[6] 佚名. 自我认识. 好搜百科. http：//baike.haosou.com/doc/5451246-5689617.html[2016-09-01].
[7] 佚名. 心理案例. http：//www.docin.com/p-506493224.html[2016-05-24].
[8] 花花. 主宰自己的命运. http：//www.timetimetime.net/gushi/59182.html[2016-06-03].
[9] 花花. 因丑得福. http：//www.timetimetime.net/gushi/56680.html[2016-06-11].
[10] 花花. 命运就攥在自己手里. http：//www.timetimetime.net/gushi/52722.html[2016-06-12].
[11] 杨丽萍. 社会建构论心理学. 上海：上海教育出版社，2006：22-300.
[12] 李炳全. 文化心理学. 上海：上海教育出版社，2007：92.
[13] 张静誉. 何为建构主义. 建构与教学，1994，(3)：1-4
[14] 花花. 把自己最擅长的事做到极致. http：//www.timetimetime.net/gushi/37612.html[2016-06-06].
[15] 罗松龄，尹保山. 文明社会呼唤独立人格. http：//news.southcn.com/dishi/foshan/content[2012-03-15].
[16] 张莉华. 文化异化的症状及其超越取向——基于历史唯物主义的视角. 社会科学家，2012，(11)：147-150.

[17] 李炳全. 中国人的心理和行为解密. 广州：广东教育出版社，2016：117.
[18] 石国兴，高志文. 心理和谐结构探析. 光明日报， 2007-07-19.
[19] 汪凤炎，郑红. 中国文化心理学. 广州：暨南大学出版社，2004：76-77.
[20] 彭冰冰. 社会性格与意识形态. 湖州师范学院学报，2010，2(5)：62-66.
[21] 徐艳. 弗洛姆的生存思想对我国转型时期社会建设的启示. 前沿，2008，(12)：48-50.
[22] 彭洲. 飞现代人的焦虑、现代性反思、现代文化建构——西方马克思主义对现代性文化危机的探索及其当代启示. 兰州学刊，2012，(2)：15-20.

第八章　中国利他心理[1]

近些年来，人尤其是青少年的利他行为表现得似乎越来越少，相当一部人以自我为中心，奉行“只扫自己瓦上雪，哪管他人瓦上霜”“多一事不如少一事”的行为观念，对陷入困境或痛苦中的人不愿伸出援助之手，甚至即使是自己很容易做到的情况也不去帮助别人。他们只考虑自己的感受，想做什么就做什么，很少甚至根本不考虑自己的行为对他人所造成的伤害。如有一些学生很容易离家出走乃至自杀，而不顾及自己对他人的责任，不考虑这些行为给父母、老师等造成的创伤。这与和谐社会的建设要求极不一致，不利于社会的稳定有序与和谐发展。因而，为建设和谐社会，有必要强化利他教育，培养人们的利他心理品质，养成他们的利他行为习惯。那么应如何培养人们的利他品质呢？这一章就对这些问题加以探讨。

第一节　利他心理概述

一、利他、利他心理、利他行为、利他思想或利他主义

（一）利他

利他，顾名思义，就是有利于他人，指在任何情况下用任何形式帮助他人或使他人获益而似乎对自己无益或不指望得到回报。

（二）利他心理

利他心理是指帮助他人或做对他人有益的事而不期望得到任何回报的心理，如态度、需要、情感、意念、动机或心理倾向等。

（三）利他行为

利他行为指作出或表现出有利于他人而似乎对自己没有益处甚至有害的行为或活动。它表现为三个相互联系的方面：利他行为和目的是有益于他人，是一种自觉自愿的行为，是不期望任何形式的报答或奖励的行为。

在现有的社会学和心理学等学科中，通常都把利他行为理解为在他人陷入困境或痛苦时所作出的帮助他人的行为，同时帮助的对象与帮助施予者无关。在此，我们不完全同意这种看法，而对利他行为作更宽泛的理解。首先，从对象上来看，帮助承受者与施予者的关系可以是任何一种关系，只要是某人作出对他人有利的行为而没有在主观意识上要求回报的，都可以是利他行为，而不管被帮助者是否是自己的亲人。其次，在行为表现上，不再局限于个体直接作出利于他人的行为，而把个体自己的似乎与他人无直接关系但却会对他人有积极作用的行为，也可以看作利他行为。如学生学习好而使父母身心愉悦；某个人自己创业成功而使其他人就业并过上较为幸福的生活，等等。

（四）利他思想或利他主义

利他思想泛指为了他人或社会利益而自己作出某些牺牲的思想、生活态度和行为准则。

利他、利他行为和利他主义的英语单词通用，都是 altruism，指一切以他人的幸福或快乐为前提或原则。它源于拉丁语 alter，意为他人的[2]。《中国大百科全书》（1999 年版）把它定义为一种形式上与利己主义相对立的道德原则和道德理论。其特点是：从某种所谓人的本性，如从爱心出发，或者为了更有利地实现个人利益而要求关心他人利益，甚至为他人利益牺牲某些个人利益。我们这里所说的利他主义泛指有关利他的思想或理论体系。

二、影响个体表现出利他行为的因素

影响个体是否作出利他行为的因素有很多，归纳起来主要有情景因素和利他者的个人因素两个方面。

（一）情景因素

情景因素主要包括旁观者效应、情景的模糊性、榜样人物的作用、需要帮助者的特点等因素。

旁观者效应是指，个体对于紧急事态的反应，在单独一个人时与同其他人在一起时不同，他人在场会抑制个体表现出利他行为，它实际上是一种社会阻抑和社会懈怠现象。

情景的模糊性是指，任何增加情景模糊性的因素都会起着抑制在场他人对求助者采取有效的利他行为。比如，在人们弄不清是故意表演的、碰瓷等，还是确实遇到了麻烦或困难的情况下，不会出手相助。尤其是当前社会的碰瓷等一些不正常的行为使人们对需要帮助的人如摔倒的老人的真实情况认识不清楚，由此，伸出援手的概率就大大降低。

榜样人物的作用是指，利他行为的榜样人物一般会引起或激发其他人的助人行为。

需要帮助者的特点是指，被帮助者的特征会对他人是否给予他帮助产生影响。这些特征主要有：需要帮助者的依赖性与独立性、对他人的吸引力、与帮助施予者的关系和类似性、陷入困境的原因等。一般而言，人们通常愿意帮助那些依赖性强、自己认为需要帮助的人，尤其是妇女、儿童、残疾人等那些弱势群体，如人们在公共场所相对而言愿意把座位让给残疾人、孕妇等；愿意施舍或帮助那些失去劳动能力的人。人们一般愿意帮助那些对自己来说有魅力的人，如长相好的人、有人格魅力的人等。与利他行为者关系越密切、越熟悉，越有可能得到帮助，如在公共汽车或火车上，人们通常愿意把座位让给自己熟悉的人。陷入困境或痛苦中的人与在场的人越相似，如同地区、说相同方言、穿着相同、性格特征类似等，越有可能得到帮助。通常情况下，如果个体所陷入的困境或痛苦是自找的，他自己负有相当大的责任，一般较难受到帮助；但倘若所遭受的困境与痛苦是由与自己无关的因素导致的，自己没有责任，则容易受到帮助。

（二）利他者个人因素

利他者个人因素包括利他者的心境、利他者的同情心与内疚、利他者的责任和承诺、利他者的个性因素等。

利他者的心情好坏对是否作出利他行为有影响。一般而言，人们在心情好的时候容易帮助人，而心情不好时则不容易帮助人。当然，心情对利他行为的影响比较复杂，有些人心情不好时更容易帮助他人，尤其帮助那些与自己有同样不幸遭遇的人，所谓“同病相怜”就是这个意思。他们不愿别人与自己同样痛苦。

如果个体感觉别人陷入的困境或痛苦与自己有关，自己要负一定的责任，如自己建议不当所致，他会因此感到内疚，从而增强他表现出利他行为的可能性。另外，富有同情心的人容易表现出利他行为。倘若个体对看到的他人遭受到的困境或痛苦产生了同情，就会增强他作出利他行为的可能性。

个体觉得负有责任和作出过承诺会影响利他行为：个体的事先承诺和责任感易导致利他行为；亲眼目睹他人的困境与痛苦并感到只有自己能够而其他人不能提供帮助时容易表现出利他行为；有帮助他人摆脱所遭遇到的困境或痛苦的专长时，容易觉得帮助他人是自己的责任，进而容易表现出利他行为。

利他者的个性因素主要表现为获得社会或他人认可或赞同的需要和公正世界假设两个方面。一般而言，个体获得社会或他人认可或赞同的需要越强烈，越容易表现出利他行为。公正世界假设是指，世界或老天是公平的，“恶人有恶报，善人有善报”，常做好事总有好报。坚信这种假设的人，在别人需要帮助时更容易表现出利他行为。

三、利他思想溯源

（一）西方利他思想溯源及主要理论观点

在西方，利他思想可以追溯到古希腊时期，苏格拉底、柏拉图等都对之作过阐述。不过，最先使用利他主义一词的是社会学和实证主义的创始人孔德（A. Comte）。他认为利他是一种动机，“人类的道德就是用利他的情感来控制利己的、自私的本能，一句话，用利他主义来约束利己主义”。[3]随后，英国社会学家、进化论的倡导者斯宾塞（H. Spencer）沿用了该词，葛德文（W.Godwin）和边沁（J. Bentham）在其功利主义伦理思想中把它加以发展，由此逐渐构成社会学与心理学的重要研究内容。许多学者从多个视域对之进行了探讨，提出了各种理论，如本能论、社会关系理论、社会规范理论、经济学理论等。

本能论，又被称为社会生物学论，其代表人物主要有罗伦茨（K.Z.Lorenz）和威尔逊（E.O.Wilson）等，主要思想是利他行为是先天决定的，目的是保存基因。威尔逊认为，利他行为是遗传得来的，它是“人类的本性”的天生的部分，在我们的生存中起着十分重要的作用，但却是无须学习的。这种思想与罗杰斯（C. Rogers）和珀尔斯（F. Perls）等人本主义者的思想相吻合。

社会关系理论又称为社会交换与公平理论，其代表人物有霍曼斯（G.G. Homans）、布洛（P. Blau）、埃姆森（R. M. Emerson）、凯利（H. H. Kelley）等。该理论的基本思想是互惠利他，认为人们之所以表现出利他行为，主要是为了他人同样也能够表现出利他行为。换言之，人们在他人遇到困境或痛苦时帮助他人，主要是因为他们认为他们自己在遇到困境或痛苦时别人也会帮助他们。只有大家相互利他，才能够更好地生存与发展。用现在的一句话来说就是“我为人人，人人为我”。

社会规范理论主要代表人物有卡尔蒂尼（Carldini）和艾森柏格（N.Eisenberg）。该理论认为，人们表现出利他行为，主要是一定的社会规范作用的结果。促使人们表现出利他行为的社会规范主要有社会责任规范和回报规范。社会责任规范是指帮助陷入困境或痛苦中的他人是有能力的社会公民的责任，即人们对于需要帮助的人负有社会责任，应该帮助需要帮助的人。回报规范也被称为互惠规范，指人们应该帮助那些曾经帮助过他们的人，不应该伤害曾经帮助过他们的人，即“有恩报恩，有仇报仇”，而不能“恩将仇报”。

经济学理论的代表人物主要有斯密（A. Smith）、李嘉图（D. Ricardo）、弗里德曼（M. Friedman）、哈耶克（F. A. von Hayek）、布坎南（J. M. Buchanan）等，其中心思想是利他行为可以产生经济效益尤其是对血缘传承有益的经济效益。换言之，人们表现出利他行为是期望得到某种利益回报尤其是经济回报。

（二）中国利他主义思想溯源

在我国，利他主义思想由来已久，可以追溯到尧舜禹时期，到春秋战国时期，已经形成比较完善、系统的理论思想，随后在中华民族发展的历史长河中，不断发展成为中国文化的中心和中国人最为基本的行为规范。中国文化是道德至上的文化，而利他又是最基本的道德规范和最普遍的道德要求，因而利他主义自然成为中国文化的最为重要的组成部分。无论何家何派，都对之认同并作为行为准则。中国传统的行为规范“仁义礼智信”和“忠信孝悌礼义廉耻”，基本上都属于利他主义范畴。关于中国的利他主义思想观点，将在后面详述，此不赘言。

第二节　中国传统利他思想

中国利他心理，源自于中国文化，是对中国传统利他思想的传承或者说是中国传统利他思想在中国人的心态上的表现。因此要了解中国利他心理，需要了解中国传统利他思想。中国传统文化，主要是一种道德至上的文化，或者说是德本位的文化，而中国文化中的道德，则主要是利他的行为规范、准则或要求。从这一意义上说，利他主义是中国传统文化的重要组成部分。因此，为了解中国传统文化和中国人传统的文化心理和行为，有必要对中国传统的利他主义思想加以探究。

一、中国传统的利他主义思想

中国传统的利他主义思想主要成形于春秋战国时期，那时的思想家为了寻求拯救社会之道，经过苦苦探寻，不约而同地把利他作为一剂良药。尽管他们的思想有所差异，但在对利他的强调上是一致的。当时主要的利他思想有儒家、墨家、道家。后来随着佛教进入中国，它逐渐吸收中国文化因素，形成了自己独特的利他主义思想体系。现分别对它们加以论述。

（一）儒家的利他主义思想

儒家的利他主义思想可以用孟子的一句话“老吾老以及人之老，幼吾幼以及人之幼”（《孟子·梁惠王上》）来概括，意思是“由赡养孝敬自己的长辈推想到要赡养孝敬其他与自己没有亲缘关系的老人，由抚养教育自己的孩子推想到要抚养教育其他与自己没有血缘关系的孩子”。由此及彼、推己及人。这种思想与孔子的思想一脉相承，是对孔子的思想的继承和发展。孔子曾说：“人不独亲其亲、不独子其子，使老有所终、壮有所用、幼有所长、矜寡孤独废疾者皆有所养。”（《礼记·礼运篇》）意思是“人们要孝敬自己的父母，要抚养关爱自己的子女，使社会上的老人都得以安享晚年，壮年人都能发挥自己的作用，小孩能够健康顺利成长，使死了妻子的丈夫、死了丈夫的寡妇、失去父母的孤儿、失去儿子的独老、有残疾的人都能够得到供养。”

儒家的利他主义思想是“仁爱”思想，其根本是“爱人”，正所谓“仁者爱人”。“仁”的表现是多方面的，有不同的层次。从低级的爱怜到仁爱再到更高级的亲爱，从范围较小的亲爱到博爱，等等，这些都体现出爱的广度与深度的不同。在孔子看来，最为高尚的爱是“博爱”，即“博施于民而能济众”（《论语·雍也》），“修己以安百姓”（《论语·宪问》），其实质就是“利他”。由此可以说，儒家思想的核心，说到底也就是“利他”。

“利他”不仅是儒家思想的核心，也是儒家所追求的理想的社会目标，也是儒家所认为的拯救社会的良药。对儒家的利他思想进行分析，可以看出它有以下几个基本特点。

1. 等级性或差序性

在儒家看来，虽然都是利他，但人们对待与自己远近不同的人是不完全相同的，越是与自己近的人，表现出的利他行为越彻底，爱得越深越亲。正如孟子所言：“亲亲而仁民，仁民而爱物。”（《孟子·尽心上》）“越亲近的，爱得越深、越多；越是疏远，则爱得越浅、越少。对于万物，因为它们不是人，只需要爱惜，不需要仁德（君子之于物也，爱之而弗仁）。对于民众，只需要仁德，不需要亲爱（于民，仁之而弗亲）。亲爱谁？亲人，而且首先是父母，即‘双亲’。”[4]

2. 推己及人

即由自己想到别人。每个人想到自己需要他人的帮助，因此就应该想到他人也需要别人的帮助，这样在他人遇到困境或痛苦时自己能够提供帮助就要伸出援手。

3. 利他不求回报

儒家非常反对谈“利”，反对把“利”与“义”结合在一起。孟子说：“何必曰利，亦有仁义而已矣。”（《孟子·梁惠王上》）在儒家看来，“利他”是道德，“回报”是“利”，二者不能相提并论。

（二）墨家的利他主义思想

墨家的利他主义思想可以概括为“兼爱”，用墨子的话来说就是“兼相爱，交相利”。墨子认为：“视人之国，若视其国。视人之家，若视其家。视人之身，若视其身。是故诸侯相爱，则不野战。家主相爱，则不相篡。人与人相爱，则不相贼。君臣相爱，则惠忠。父子相爱，则慈孝。兄弟相爱，则和调。天下之人皆相爱，强不执弱，众不劫寡，富不侮贫，贵不敖贱，诈不欺愚。凡天下祸篡怨恨，可使毋起者，以相爱生也。是以仁者誉之。”（《墨子·兼爱中》）“必为其友之身若为其身，为其友之亲若为其亲。”（《墨子·兼爱下》）“夫爱人者，人必从而爱之；利人者，人必从而利之；恶人者，人必从而害之。”（《墨子·兼爱中》）

综观墨家的利他主义思想，可以看出它有如下特点。

1.“兼爱”

“兼爱”即无差别无等级地爱他人。这与儒家的思想是不同的。从墨家的思想来看，墨家强调“人人平等，四海一家，天下大同，所有人都得到同样的爱，所有人也都同样爱别人。没有矛盾，没有怨恨，没有战争，大家都相亲相爱，团结互助，亲如兄弟。”[4]

为什么要“兼爱”呢？因为“兼爱”使大家都受益。这从墨子与巫马子的争论中明显可以看出。

巫马子谓子墨子曰：“子兼爱天下，未云利也；我不爱天下，未云贼也。功皆未至，子何独自是而非我哉？”子墨子曰：“今有燎者于此，一人奉水，将灌之；一人掺火，将益之。功皆未至，子何贵于二人？”巫马子曰：“我是彼奉水者之意，而非夫掺火者之意。”子墨子曰：“吾亦是吾意，而非子之意也。”

巫马子谓子墨子曰：“我与子异，我不能兼爱。我爱邹人于越人，爱鲁人于邹人，爱我乡人于鲁人，爱我家人于乡人，爱我亲于我家人，爱我身于吾亲，以为近我也。击我则疾，击彼则不疾于我，我何故疾者之不拂，而不疾者之拂？故有我，有杀彼以利我，无杀我以利彼。”子墨子曰：“子之义将匿耶？意将以告人乎？”巫马子曰：“我何故匿我义？吾将以告人。”子墨子曰：“然则一人说子，一人欲杀子以利己；十人说子，十人欲杀子以利己；天下说子，天下欲杀子以利己。一人不说子，一人欲杀子，以子为施不祥言者也；十人不说子，十人欲杀子，以子为施不祥言者也；天下不说子，天下欲杀子，以子为施不祥言者也。说子亦欲杀子，不说子亦欲杀子，是所谓经者口也，杀常之身者也。”子墨子曰：“子之言恶利也？若无所利而言，是荡口也。”（《墨子·耕柱》）

这两段话翻译成现代文分别是：

巫马子对墨子说：“您博爱天下，谈不上什么好处；我不爱天下人，谈不上什么害处。都没有产生什么效果，您怎么能认为只有您对而我不对呢？”墨子说：“现在有一处失火，一个人端来水，要浇灭它；一个人举着火，要使它烧得更大。都还没有产生后果，您更赞同二人中的哪一个呢？”巫马子说：“我赞同那个端水者的意愿，而否定那个举火人的意愿。”墨子先生说：“我也是赞成我的理念，而不赞成您的理念。”

巫马子对墨子说，“我和先生不一样，我可不能兼爱。我爱邹国（邻国）超过爱越国（非邻国），爱鲁国（本国）超过爱邹国（邻国），爱家乡人超过爱鲁国的其他人，爱我自己家族的人超过爱家乡人，爱我自己的双亲超过爱本家族的人，爱自己超过爱双亲。谁离我越近就越爱谁。别人打我，我会疼；打别人，那就痛不到我身上。为什么疼痛的我不去防卫，而不会疼痛的却去防卫呢？所以我只有杀彼以利己，没有杀己以利彼的。”墨子说：“你这种想法，是准备私自藏下来呢？还是要告诉他人呢？”巫马子说：“我为什么要隐藏自己这种想法呢？我将准备告诉他人。”墨子说：“那么若是有一个人听信你，这个人就要杀死你以利己；十个人听信你，就有十个人要杀你以利己；天下的人听信你，天下的人都要杀你以利己。反之，一个人不听信你，这个人也要杀你，因为你是散布恶言的人；十个人不听信你，这十个人也要杀你，因为你是散布恶言的人；天下的人不听信你，天下的人也要杀死你，因为你是散布恶言的人。倘若如此，听信你的人，要杀掉你，不听信你的人，也要杀掉你，这叫做言出你口，祸杀你身啊!”墨子说；“你说的话究竟有无利益呢？倘若无利益还要喋喋不休的话，那就是白费口舌了。”

这两段话明确指出了墨家的利他与儒家的利他十分不同，儒家是有差别的，即差别地对待远近不同的人，而墨家则是对远近不同的人一视同仁。这种思想虽然在日常生活中难以完全实现，但却体现出墨家的宽广胸怀。

2.“爱”与“利”的统一

个体表现出利他行为，可以从中获利，倘若人人都利他，人人都可以得到“利他”的益处。当然，这里并不是说墨子强调利他要有回报，而是可以得到实际好处。其实墨子是反对利他要求回报的，他只是认为人人都利他，就可以使大家团结起来，获得自己一个人难以获得的益处。

3. 互惠性

即我帮助你，你帮助他，他帮助我，人与人之间相互帮助，共同受益。

4. 利他是治愈社会混乱的良药

墨子认为，人与人之间互爱，就可以使社会稳定，人们安居乐业。

（三）道家的利他主义思想

道家崇尚“法道自然”，道家思想家从自然界中看到不同事物的相互依靠、相互帮衬、团结力量大，由此要求人们相互间应当相互帮助、相互爱护。

《老子》中充满了“利他”方能“利己”，欲“利己”先“利他”的思想。“天地之所以能长且久者，以其不自生也，故能长生。是以圣人，退其身而身先；外其身而身存；不以其无私欤？故能成其私。”（《老子·第七章》）老子显然洞察到“利己”和“利他”是生命存在和种系存在的两个最重要前提，因而强调人之行为既要有利于自我存在即个体生存与发展——“利己”，也要有利于种群或他人存在即种群的生存与发展——“利他”。如果每个人都一味与他人“争利”，人人就由于不能“无私”，而终于不能“成其私”；结果是不愿“利他”反而不能“利己”，社会就难以维系了。所以人要通过“利他”实现“利己”，才能实现双赢，既“利己”又“利他”，也才能构成相辅相成、互助协作的社会群体，促进社会和谐健康地发展，即“不争之争”。道家的这种观点，主要来自于对自然的观察。自然界中存在着大量的“众存独亡”现象，如“大雁离群难过关，独条鲤鱼难出湾”“独花不成春，独木不成林”“单弦不成音”“孤掌难鸣”“饿虎不敌群狼”，等等[5]。道家把观察到的这些现象类推到人类社会，认为“二人同心，其利断金；同心之言，其臭如兰”。（《周易·系辞上》）自然就会强调利他的作用。这也是道家“法归自然”的表现。正因为如此，道家从互惠的角度强调责任道德，突出人对他人或社会的责任。

综观道家的利他思想，可以看出它有如下特点。

1.“利他”与“利己”的统一

在道家看来，不“利他”，难以“利己”；要“利己”，需要“利他”。若每个人都是自私自利、损人利己，甚至损人不利己，那么每个人都不会有一个好的生存环境。道家崇尚夏代以前的中国远古社会，之所以如此，是因为他们认为那时的人们相互谦让、相互友爱相待、平等相处，夜不闭户、路不拾遗，人与人之间不相互侵害。在这样的社会中，大家都能获得更有利的生存条件，共同发展，实现既利己又利他的目标。

2. 团结力量大

在道家看来，之所以要利他，是因为利他可以使人团结起来，而团结起来可以增强力量，使人们更好地抵御自然灾害和外地侵扰，获得更有利的生存与发展条件。

3. 利他是社会和谐的途径或措施

在道家看来，只要人与人之间相互谦让、关爱，社会就会和谐稳定。正如《让世界充满爱》这首歌唱的那样："只要人人都献出一片爱，世界将变成美好的人间。"

（四）佛（释）家的利他主义思想

佛家的利他主义思想概括起来可以用"慈悲"来表示。我们经常说佛家是"慈悲心肠""佛家以慈悲为怀"，等等，就是说佛家有慈悲之心。那么何谓"慈悲"呢？就是慈善和怜悯，使众生获得真实快乐、远离痛苦。佛家预设尘世间充满了痛苦，由此把帮助世人摆脱痛苦作为自己的责任。另外，佛家假定人人都有佛性或佛根，只是自己没有发挥出来而已，因此佛家的另一个重要任务是"普度众生，使人成佛。"由上述两个假设我们可以推出，佛家认为人人都有助他人摆脱痛苦之心。

"慈悲"可分为两种，一是日常生活所经验到的"慈悲"，二是作为各修习禅定业处的"四无量心"。这两者密切相关，且后者是前者的深化，"四无量心"其实是慈悲的四个层面，也是佛与菩萨为普渡无量众生，使其脱离苦海，获得无上快乐的四种道德精神：慈、悲、喜、舍。《阿毗达摩俱舍论》卷二十九有云："无量有四：一慈，二悲，三喜，四舍。言无量者，无量有情为所缘故，引无量福故，感无量果故。此何缘故唯有四种？对治四种多行障故。何谓四障？为诸嗔害、不欣、慰欲、贪瞋，治此如次建立慈等。……此四无量，行相别者：云何当令诸有情类得如是乐？如是思惟，入慈等至。云何当令诸有情类离如是苦？如是思维，入悲等至。诸有情类得乐离苦，岂不快哉！如是思惟，入喜等至。诸有情类平等，无有亲怨。如是思惟，入舍等至。"依此，努力使无量众生获得真实快乐为"慈"；使无量众生远离痛苦为"悲"；为无量众生离苦得乐感到由衷的快意为"喜"；视无量众生平等，怨亲不二为"舍"。此四无量的核心就是"慈悲"。其中，"舍无量"指出发扬慈悲精神时面对众生的态度，而"喜无量"表明发扬慈悲精神的感动，慈悲乃是出自对众生真诚的关怀，并非为慈悲而慈悲，更不是为自己而慈悲。

《大智度论》说："一切诸佛法中慈悲为大。"慈悲是对众生整体存在状态——“苦”的一种深切的关怀，对于苦难众生的同情与悲悯[6]。

综观佛家的利他主义思想，它具有如下特点。

1）“利他”为人的天性。每个人天生都有“佛根”或“慈悲心肠”。

2）平等对待每一个人。即对所有人都给予帮助。

3）人人都有“利他”之心。应善于激发每个人的这种心理。

二、中国传统利他思想的特点

通过上述分析，综合各家之言，可发现中国传统利他思想具有如下基本特点。

（一）本性论

在上述的利他思想中，除墨家外，其他几家都把利他看作人的本性。儒家把利他作为人的本性；道家把利他作为人的自然特性，是“道”的一种表现；佛家把利他视为佛根。在此主要以儒家为中心在对之作进一步论述。

体现儒家思想的中国传统的少儿教育读本《三字经》开篇题首写道：“人之初，性本善”。这里的“善”指对人慈善、友善、和善或做善事、善行、善举。通俗地讲就是对他人有利，使他人高兴。在中国历史上，尽管存在性恶论、性有善有恶论和性不善不恶论，但作为中国文化的主干和基础的儒家的性善论一直占优势，即使是性有善有恶论，也认为善是天生的。这说明中国传统文化主要把利他看作人的本性。在这一点上，与西方的本能论或生物学观点基本一致。

中国传统文化以儒家思想为主要构成和中心，而儒家思想基本上持性善论。儒家思想的创始人孔子最早表达了善与生俱来的思想，随后孟子明确提出了性善论或善端说。他指出：人生来就有“恻隐、羞恶、辞让、是非”等善心，“恻隐之心，仁之端也；羞恶之心，义之端也；辞让之心，礼之端也；是非之心，智之端也。”（《孟子•公孙丑上》）孟子的思想被后来的儒者所发展。宋代的程颐、程颢认为，善是天生的，“仁义礼智信五者，性也”（《二程集•遗书》）。[7]儒家思想集大成者朱熹认为，善是先验的理形成的天命之性，包括仁义礼智等，是天理的表现。中国文化的重要组成部分道家也基本上认为，“善是天生的，是自然之本性”，由此要求“道法自然”。佛家也认为利他是天生的，人生来皆有佛性、佛根。孟子曾说过这样一段话：

> 赤子匍匐将入井，非赤子之罪也。且天之生物也，使之一本，而夷子二本故也。盖上世尝有不葬其亲者，其亲死，则举而委之于壑。他日过之，狐狸食之，蝇蚋姑嘬之。其颡有泚，睨而不视。夫泚也，非为人泚，中心达于面目，盖归反蘽梩而掩之。掩之诚是也，则孝子仁人之掩其亲，亦必有道矣。(《孟子•滕文公上》)

在这段话中，孟子明确指出“利他”是人的天性，但这并不表明爱无差等。

婴儿在地上爬，就要掉到井里面去了，这不是婴儿的错误。什么意思呢？就是说，一个婴儿眼看就要掉进井里，任何人都会上前去救。这个时候，处于危险之中的婴儿是谁家的孩子，已经不重要了。只要是人，就不会见死不救。救这个婴儿，不是因为“兼爱”，而是出于“天性”，这就是人人都有的“恻隐之心”。天性是道德的基础，它比礼仪更重要。比方说，礼仪规定“男女授受不亲”。但是，如果嫂子掉进水里了，还不赶快拉一把，那就是畜生（嫂溺不援，是豺狼也）。因此，只要是人，都会去救，与性别没关系，与亲疏也没关系（《孟子·离娄上》）。这也不是什么“兼爱”。比方说，你能够因为救了嫂子，就说爱嫂子和爱老婆一样吗？[4]

这种“利他是人的本性”思想有一定的合理性。从生物学角度讲，生命存在有个体存在和种族存在。个体存在指个体生命的延续与发展，种族存在指整个种族的延续和发展。由于个体生命的有限性，因而对于任何生命体，在某种意义上可以说种族延续与发展比个体延续与发展更为重要。正因为如此，形成了动物界和人类世界的为保存种族而牺牲个体的利他现象。从人的生命存在的实际看，人是一种群居性动物，每个个体不能脱离其他个体而存在。单个个体生活，既不可能，也无意义。当今心理学研究表明，离开了人类社会，个体就不能发展成为真正意义上的人，就不具有人的心理。正像中国人常说的“大河无水小河干”。另外，人是两性动物，这就决定了每个人的生命既来源于人与人的相互作用，其生命延续也必须依靠与他人相互作用。换言之，每个人的存在必须以他人的存在为前提，每个人要想更好地生存、发展和延续，就首先要能使他人也一样生存、发展和延续。这就使得利他成为人类存在的某种必然，由此每个个体似乎必然具有对他人和社会的某些责任。从这一意义上讲，责任道德是维系社会和个体存在的必然要求和前提条件，是每个个体所必须具备的品质。

（二）准则或规范论

在中国，利他思想是由一系列传统道德意识和行为准则构成的体系，以春秋时期“仁”的产生为标志而出现的。它肇始并内在于儒、墨、道等家思想，一直持续到现在，渗透到世世代代中国人言行举止的方方面面，体现着中国人生存和发展的基本理念与传统。从上面对各种利他思想的分析来看，上述各思想流派都把利他看作人的行为准则和规范。

儒家的思想核心是“仁”。“仁”就是爱他人（《论语·颜渊》）。儒家所倡导的伦理规范是“仁义礼智信”。“仁者人也，亲亲为大”（《礼记·中庸》）；义是利人，对人讲道义、讲义气；礼指尊重、敬重他人和遵守社会规范，“齐之以礼”（《论语·为政》），朱熹注：“礼，为制度品节也。”智是知道好坏美丑，该做什么，不该做什么，所谓“知者，智也”；信指诚信，对人讲信用，童叟无欺。儒家所强调的行为规范是“忠信孝悌礼义廉耻”。忠是对国家、民族和领导者的忠诚、忠心、尽心尽力；孝是善事或奉养父母，“子爱利亲谓之孝”（《新书·道术》），“夫孝，始于事亲，中于事君，终于立身。”（《孝经·开宗明义章》）“悌，顺也。”（《孟子·滕文公下》）即敬爱兄长，引申为关爱兄弟姐妹；廉是廉洁、不贪，做事公正，光明磊落；耻是知耻，以损人利己为耻。所有这些，一言以蔽之，就是利他。

墨家极为张扬“利他”精神，将其作为基本的行为准则。这方面与儒家没有什么区别，甚至比儒家更鲜明、具体。在墨家看来，利他实际上是一种保险或投资，它会得到补偿。换言之，通过利他，自然也就实现了利己。所以，社会只需宣扬“兼爱”，使人人有“利他”之心，就会人人获利，而且是最自然且最大的利。这样，墨子对利己利他的关系作了辩证解答，并说明了利他的必要性。这种思想，与西方的社会交换论和互惠理论有惊人的相似。

以利说义，恰恰是墨家比儒家高明的地方，也是墨家比儒家深刻的地方。为什么呢？因为说到根本，义，就是利。只不过，在墨子那里，可以称之为“义”的“利”，不是个人的“小利”，而是全人类、全社会的“大利”，即“天下之利”(《墨子·兼爱下》)。天下之利也是利嘛！更何况，人类为什么要有道德？难道是为了让大家都权益尽失？当然不是。说到底，还是为了人类的幸福。所以，以利说义，并没什么不对，也没什么不妥。

可能有人会说，不对！墨子……讲的可不是什么“天下之利”，而是“爱人者必见爱也”（《墨子·兼爱下》)。这可是个人私利。没错，墨子是这么说的，但这也没什么不对。什么叫全人类？什么叫全社会？什么叫普天之下？人类、社会、天下，都不是什么空洞的抽象物，而是由一个个活生生的个人组成的。没有个人，就没有社会，也没有天下。因此，没有个人的“小利”，也不会有什么全人类的“大利”。如果有人说，一件什么事情，对全人类是有利的，但对每个人都是不利的，那这个所谓“大利”就一定是谎言[4]。

与儒家和墨家类似，道家也把利他作为道德行为规范，突出利他的重要性（前已有述，此不赘言）。

中国佛教也把利他作为人的行为准则，认为佛的职责就是普度众生，与人为善，劝人向善。表现在日常生活中，就是只利他而不考虑利己，只强调对他人的责任而不对他人提出要求。佛家尤其是禅宗认为，佛不用向外求，而应求诸于内心，即“求诸于外不如求诸于内”，实际上就是发现或培植自己内心中的善性或佛性。心中有了善性或佛性，自然就会表现出善行或佛行，而无须刻意地去表现。

而经常表现出善行或佛行，就会使自己逐渐成佛。虽无意成佛但却真正成佛。所以说，在佛教的利他思想中，责任道德居于非常重要的地位。

综上所述，中国传统文化把利他作为极其重要的伦理规范或行为准则，因此，必然把责任道德放在突出位置，强调用责任道德规范人的行为。前述“仁”“孝”等都是要求人应有责任道德意识，必须履行自己应该履行的责任。这对于责任道德教育很有启发意义。

（三）日常行为论

中国哲学是一种生活哲学，其思想和价值观念表现在人们的日常生活中，要求人们在日常生活中践行。利他思想也是如此。中国传统的利他思想既来自于自然和人们的日常生活，又在人们的日常生活中得以体现。因而可以说，利他不是空洞的说教，而是人们的日常实践，是人们的一种日常行为。儒家、道家、墨家、佛家等，都主动地在生活中践行自己的思想，并用自己的行为去影响他人，使他人把自己的思想作为行为的准则。比如，孔子尽管生活颠沛流离，但他始终坚守自己的利他信念，并教育自己的学生承担起对他人的责任，积极做利他的事。道家的肇始人老子不做对人不利的事，并劝谕他人与人友善、和睦。墨家的创始人墨子更是践行利他思想的典范。他曾经为消除一场楚宋战争，使许多生灵免遭涂炭，冒着生命危险亲临险地，规劝楚王罢战（《墨子·公输》）。所有这些都说明中国传统利他思想是人的日常的行为规范，由此也说明责任道德更应是人们基本的日常行为准则，在日常生活中应该被践行。

> 孔子认为，人不能无为，也不能只讲天道，不讲人道。甚至明知事不可为，他也主张去做。……社会既然总要有人做事，就得提倡做事的精神。而且，为了把话说透，说到底，还得提倡“知其不可而为之”，至少也要肯定、支持、敬重。因为只有当“不可而为”都受到敬重时，那些“可为之事”才会有人去做。实际上，人的一生不可能什么都不做，他总是有所为有所不为，问题是何所为，何所不为。如果选择的标准只是可与不可，那就只有功利没有道德了。前面说过，道德是必须有超越性的。在这里，人们需要超越的，便正是那个“可”字；而“知其不可而为之”的精神，就恰恰具有这种道德的超越性[4]。

（四）人生目标论

中国传统利他思想既把利他作为日常行为规范，又将其作为崇高的人生目标。以儒家思想为主干的中国文化把人生的最高目标确定为“内圣外王”，内圣指个人的内在修养，尤其是对以“仁”为核心的道德的领悟与把握，其基本途径是“格物、致知、诚意、正心和修身”；外王指做出一番对社会有益的事业，其表现与途径是“齐家、治国、平天下”。内圣与外王是密切联系的，内圣的目的最终在外王，而外王是为家、为国和为天下人造福。为家也好、为国或天下人也好，实质上都是利他，只不过是利他的程度、层次或范围不同而已。由此可以说，中国传统是把利他作为人生的目标。孔子认为，“圣”比“仁”层次更高，而“圣”是“博施于民而能济众”（《论语·雍也》），“修己以安百姓”（《论语·宪问》）。其实质是范围更广、伦理价值更大的“利他”，突出的是人的更大的社会责任。由此可以说，责任意识一直为中国传统利他思想所强调。

墨家崇尚“侠义之道”，把行侠仗义、替天行道、除邪扶正、打抱不平、除恶救弱等作为自己的人生目标和社会责任。易中天等学者认为，墨家是侠士的代表，而侠士的工作主要是“帮别人排忧解难和看家护院”“墨子为侠指引的出路，是平时自食其力，急时行侠仗义。比方说，一方有难，便前往支援。”[4]排忧解难也好，行侠仗义也好，概括起来都是利他行为。由此可以说，墨家把“利他”作为自己的人生目标和社会责任。

（五）社会和谐途径或措施论

道家、儒家、墨家等思想都产生于社会混乱年代，这些思想都是力图为混乱的社会开出救治的良方。这些思想尽管有差异，但其实现社会和谐安定、人民安居乐业的目标或理想是相同的。那么怎样才能达致社会和谐的目标呢？他们不约而同地都想到了“利他”。尽管他们所强调的“利他”有所差异（前已有述，此不赘言），但在对“利他”的强调上是相同的，都把利他作为社会和谐安康的重要途径。

不仅这三家如此，佛家也不例外。它认为只要人人都能展示出“佛性”或“佛根”，都以慈悲为怀，帮助他人（普度众生），自然就会有一个佛家所认为的极乐世界。

第三节 中国人的利他心理

中国哲学是生活哲学，中国传统利他思想必然对中国人产生影响并融入中国人的日常生活中，由此形成中国人独特的利他心理和利他行为。通过对中国人的日常行为分析，可以看出其利他心理主要表现在以下几个方面。

一、中国人具有利他的文化母题与公设

（一）中国的利他的文化母题

文化母题是一个比较模糊的概念，对之不同的人有不同的说法。张分田认为：

“‘文化母题’特指这样一种政治文化现象：属于同一文化体系的人们世世代代所谆谆不已的某一类话题，是全社会普遍政治意识的一种表达形式。”[8]

不过，我们认为，要弄清文化母题的概念，需要从其来源上去考察。

母题是英文“motif”的音译，最早是音乐或艺术作品中使用的一个词，后被广泛用于文学、文化学、人类学、社会学等之中。之所以如此，其原因诚如歌德所言，母题是“人类过去不断重复，今后还会继续重复的精神现象”。而“精神现象”自然涵盖人文领域的方方面面。motif 在英语中通常有如下含义：（文学、艺术作品的）主题，中心思想；（服装设计等的）基本图案，基调；动机，主旨。现在人们通常使用的“motif”一词主要有三个意义：①某种事物（特别是艺术作品）的基础和主要组成部分，常常给予（或从中发展出）某种特定的意义；②一种独特的或重复出现的模式或颜色；③独特的却又重复出现的音乐作品中的最小结构并形成一个音乐作品的主干、并围绕其发展的一种特意安排，是一个具有独立性格的最小音乐结构。除此之外，它还有“某种事物的基本组成部分并赋予该事物的基本性质。”

“母题”一词在不同的学科中有不同的界定。

在音乐中，母题是具有独立性格的最小音乐结构；在美术中，母题是一种独特的、重复出现的图案或颜色；在民间文学领域，“母题是民间故事、神话、叙事诗等叙事体裁的民间文学作品内容叙述的最小单位”[9]。

依据母题的概念，可以将“文化母题”界定为：在文化发展历史中，由一个民族的历史遭遇、心理积淀、思维方式、行为模式等因素综合形成的具有恒定意义的品质结构，体现了一个民族在漫长的历史发展中业以形成的传统性的文化内涵及其范式，反映了一个民族鲜明的文化特色和内涵。它在一个社会中反复出现，构成社会成员的比较稳固的行为模式或心态。

依据这一概念，我们可以看出中国人具有利他的文化母题。中国人常说并信奉：“好人有好报”“救人一命，胜造七级浮屠”“善有善报，恶有恶报，不是不报，时候不到”“与人方便，与己方便”，等等，这都是中国人所传承的文化母题。下面这则故事说明了中国人的这种心态。

有一个盲人，晚上出门总提着一个明亮的灯笼。别人看到了，很是奇怪，就问他：“你又看不见，为什么还要提着灯笼走路？”

那个盲人认真地回答说：“这个道理很简单，我提灯笼当然不是为自己照亮道路，而是为了给别人照亮，让他们能看见我，这样既帮助了别人，又保护了自己。”

一位司机听到这个故事，讲了自己的一个经历。他说：“以前我开车经过隧道，总是不喜欢开车灯。隧道不长，里边光线还不差，认为实在没有必要开开关关。不料有一天被迎面开来的大卡车撞个正着，险些命丧黄泉。后来我才觉悟到，开车灯是给对方看的，因为经过隧道时，对方是从亮处进入暗处，视觉难免调整不过来，加上对面的来车也不开灯，那就实在太危险了。”[10]

这则故事说明，你为别人着想，自己可能会从中受益；你不替别人着想，自己可能就会有麻烦。

（二）中国的利他文化公设

公设是指一个民族或社会所共同具有的基本假设，是特定社会的成员对事物或事件的公共假设，它是特定文化或社会中的人行为的基本准则。在中国，人们有着利他文化公设。比如，“帮人如帮己，害人反害己”“多个朋友多条道”，等等。正是有这样的公设，导致了中国人乐于利他。同时一些人利他后又获得意想不到的收获，进一步强化了利他公设。

她的高考分数不高，却因为一个不经意的动作获得宝贵的机会，最终赢得国外大学 20 万元奖学金。

大方、健谈，是东湖中学高三应届毕业生张孟苏给人的第一印象，她的成熟与干练，更与 18 岁的年龄显得极不相符。张孟苏今年高考考了 445 分（文科），只能去独立学院，但新加坡一所大学却在一次面试之后就预录了她，还给了她 20 万元的奖学金。

张孟苏被国外大学预录的经历，颇有点传奇色彩。

高考结束后，张孟苏到武大参加一场招生咨询会，不巧下了暴雨，赶到时招生人员已在撤展了。西南大学的一位女老师在拆雨篷，因为个子矮，显得分外吃力，张孟苏见状就走过去帮她的忙。

这个不经意的动作，被坐在一旁的一位来自新加坡的老师看到了。张孟苏准备离开时，对方叫住了她。

“新加坡的老师让我去酒店详谈，我怕碰到骗子，连忙给同学发了一条短信，让她半个小时后给我打电话，发现情况不对就报警。”张孟苏笑言，没想到真碰到了一个大好的机会。

半个多小时，张孟苏时而用英语口语，时而用普通话，向 5 名面试考官推销自己。全国青少年机器人大赛二等奖，全国网络英语综合技能三等奖，全省书信作文大赛一等奖，英语口语三级……得知张孟苏综合素质如此全面，新加坡老师如获至宝，当即决定预录她为新加坡政府理工学院学生，并给她 4 年共 20 万人民币的全额奖学金[11]。

在中国，像张孟苏这样因做好事而不经意间获得回报的事例还有很多，中国历史上也有很多的寓言故事、童话故事或传说。后者都是中国的利他公设的体现，前者是利他公设的践行或起作用的结果。

二、热心于利他

正是因为有利他的文化母题或公设，中国人都把利他看作人之常情，是分内之事或者是自己的责任，由此非常热心利他。我们常听到人说："有没有事？有事一定要给我说。"当帮了别人后再被帮助者称谢时，帮助者常说："这是我应该做的"或"谁都会这样做的"。这一点与西方人有很大不同。有这样一个比喻：当一个中国人甲帮助了另外一个中国人乙时，乙对甲说："非常感谢，您可给我帮了大忙了。"甲通常会说："不用谢（或没什么），这是我应该做的（或其他人也会这样做）。"乙和其他人都会认为甲谦虚，有良好的品德，并由此更为感激。但如果乙是美国人，当甲像上面那样回答时，他会感到不高兴，认为甲做的是人之常情或仅是尽到自己的责任，而不是乐意帮助他。他希望听到的是："很乐意为您效劳"或"为您效劳是我的荣幸"等。下面这则"南宁市'周小容回报牌食品连锁店'经理周小容热心助人的故事"[12]中的主人翁的行为就是中国人热心利他的一个案例。

> "1997 年 3 月是我一生中最难忘的春天，因为我遇到了周小容。"9 月 6 日，现年 26 岁的南宁市邕宁区镇龙乡的黄小梅提起周小容，心情依然激动。"没有她，家乡很多苦孩子就没有今天幸福的生活。"
>
> 黄小梅不会忘记，当年因爸爸病逝，妈妈改嫁，仅 16 岁的她只好到南宁市交易场打工谋生，在这里，她认识了周小容。又黑又瘦的小梅让周小容很是心疼，她教小梅如何做人、做生意。周小容的热心让小梅感受到了温暖。通过与黄小梅接触，周小容了解到，黄小梅的家乡还有许多贫困的孩子，不仅读不起书，甚至连饭都吃不饱。
>
> 古道热肠的周小容坐不住了，她动员"摊友们"帮扶这些贫困孩子读书。当年 5 月 29 日，周小容带领南宁市交易场的雷时娟、王兰英、钟良榜、蒋金娣（当时已 84 岁）、潘海平等 34 名个体户，来到镇龙乡"认亲"。作为发起人，周小容选择了一户最困难家庭的孩子作为自己的捐助对象，当场捐赠了 34 名个体户中最大的一笔钱——6500 元。
>
> 其他个体户也纷纷与孩子们结对，有的三个帮一个，有的两人助一人，也有一个帮两个、三个的……34 人共认帮扶 29 名贫困学生。在以后的日子里，周小容和摊友们不间断地帮助这些贫困孩子。多年后，29 名贫困学子顺利完成了学业。
>
> 1984 年，17 岁的周小容在南宁市南京路的交易场内摆了一个小小的烧鸭摊，开始了她的创业之路；23 年后，她的烧鸭摊已发展成"周小容回报牌食品连锁店""周小容百货经营精品店"等民营企业。

当记者问周小容为什么会取“回报”这两个字作为连锁店的名字时，周小容动情地回忆了那段帮助下岗职工的“一帮一”经历。

1997 年，在政府倡导下，身为南宁市个体协会副会长的周小容带领南宁市的个体户主动伸出热情之手，以“一帮一”的形式，向下岗职工传授经商技能、提供商品信息、免息借资筹资、以赊销方式提供适销产品、帮助组织货源和客户，帮助了一大批下岗职工找到了自谋职业的路子。

为什么这般舍得帮助他人，周小容说：“我的想法很朴素，就是不愿看到他们陷入困境。我家里有 3 个下岗职工，我能理解下岗工人的难处，也想象得到他们再就业所遇到的困难，我想以自身的行动呼吁全社会的个体户帮助下岗职工，有一口饭分着吃，有一碗粥就分着喝。”

受到周小容和个体户们的影响和鼓励，许多下岗职工把低下的头抬了起来，干起了个体经营或做个体户的帮手，重新找到了再就业的岗位，成为一名光彩的个体劳动者。周小容和南宁市的个体户“一帮一”帮扶下岗职工再就业的活动在全国影响很大，《人民日报》于 1997 年 5 月 28 日进行报道。

十几年来，周小容为社会各项公益事业捐款捐物 20 多万元，她的先进事迹在社会上广泛流传。她回报社会的热情和诚恳也赢得了社会的认可。

现在，周小容又把帮扶的目光投向新农村建设上，她正积极与山区农户联系，希望能建立帮扶点，包销他们的农副产品，帮助他们发展种养，引导他们走上致富路。

对于自己所做的种种，采访中，脸上洋溢着笑容的周小容用一句话来概括，那就是：“让生命有更多的温情！”

在中国，像周小容这样热心助人的不胜枚举，他们是热心助人的中国人的代表，从中我们可以略窥中国人热心利他之一斑。

三、不求回报

中国人表现利他行为通常是不求回报的，他们崇尚“做好事不留名”“帮助人不图报”。尽管有许多人因利他而得到回报，但他们并没有在主观动机上要求回报，有许多人甚至把社会的回报又回赠给他人。之所以如此，其原因既有中国传统利他思想的影响，又有利他母题或公设的作用，也有人们对做好事积德的崇尚。中国中央电视台《道德观察》栏目曾播出下述湖南大学高春娜见义勇为的感人事迹。

3 月 10 日的上午，湖南大学校长办公室收到了一件没有署名，只写着“湖南大学校长收”的特殊邮包。包裹里除了一个红色的钱包外，还有一封信。写信者在信中对高春娜在西宁火车站见义勇为的过程进行了描述，并提到对方持有凶器。

学校领导看完信后非常重视：如果不是这封寄给学校的信，学校还不知道此事！校领导很快把包裹转交给高春娜所在院系。高春娜看到了这个邮包：里面竟装着 10 天前她在西宁火车站丢失的钱包！她一下愣住了：难道是我看错了，难道我所经历过的一切都是在做梦？在西宁丢失的钱包，此时出现在湖南大学的办公室里，包裹从千里之外寄来却没有署名。钱包究竟是怎么丢的，又怎么被寄回来了呢？看过信后，高春娜终于明白了事情经过。

时光回到 2005 年的 3 月 1 号。过完春节的高春娜，准备从青海省西宁返回湖南长沙读书。3 月的西宁火车站，人流如织，高春娜正在候车大厅外买水果。突然身旁有个黑影窜过，紧接着又传来女人的抓强盗的尖叫声。高春娜马上意识到，刚才的黑影就是歹徒。没有一丝犹豫，她丢下刚买好的水果就追了过去。就在一个狭小昏暗的胡同里，高春娜堵住了歹徒的去路，一把抓住歹徒手里抢过的皮包。高春娜："当时的念头就是不能要他拿到，然后两个人就是纠缠着、争斗着，就是为那个包。反正他抬头对我说，不关你的事放手吧，然后我当时就说你把人家的给人家。话没说完，一个拳头过来了，当时就觉得眼前有点晕。打我鼻子上，因为我鼻子刚动了手术，里面可能毛细血管可能破裂，流血流得特别多。一下有点晕了。手还是很本能拉着没有放。然后两个还是这么厮打，我就看到一个亮亮的东西，举在我面前晃了几下，到后面在身上挥了几下吧。"

羽绒服被划开了几道刺眼的口子，高春娜的鼻子和手臂隐隐作痛，但是她始终没有松开紧抓皮包的手。眼看围观的人多了起来，歹徒丢下皮包仓皇逃跑了。

高春娜："他跑了之后我就蹲在那，就是看他跑，已经没有力气站起来追他了。就觉得脑子一片空白那种感觉。"

直到看到地上有很多血迹，高春娜才清醒过来。捡起皮包，把它还给了主人。此时，面对皮包主人激动地致谢，围观群众的啧啧赞叹，受伤的高春娜什么也没说就默默地离开了。在火车站候车室的洗手间里，打算从包里掏纸巾处理伤口的高春娜却惊讶地发现，自己的钱包却不翼而飞了！

高春娜脸部浮肿，手被刺伤，只好先到附近德令哈市同学李绒家疗伤，还撒谎说是摩托车碰的，休息几天就返校。怕家里人担心，她也根本没敢告诉父母。休养治疗 4 天后，高春娜返回了湖大，仍旧只字未提西宁火车站发生的事情。若不是这封信，人们还不知道她的所为。

原来，写信描述她见义勇为经过，并把钱包寄来的人，正是在西宁火车站偷走她钱包的人！3 月 1 日下午，就在高春娜见义勇为之前，这个小偷已悄悄盯上了她，并很快对她下了手。得手后小偷看到高春娜的口袋里还有一部手机，便想再次下手把她的手机也偷走。可还没等他动手，另一个同行抢了别人的皮包后从高春娜身边跑过，高春娜立刻就追了上去，之后便发生了与持刀歹徒搏斗，舍命夺皮包的一幕。最终高春娜用滴血的双手将皮包还给了失主，没等失主道谢，她就捂着伤口匆匆跑开了。这个女大学生所做的一切，都被偷了她钱包的那个小偷看在眼里，那一刻，小偷的心被震撼了。后来他在信中这样写道：亲爱的高春娜姐姐，你能原谅我吗？我决定以后也要好好学习，将来考上大学，做一个像你一样的好人。这个小偷最终决定把钱包还给高春娜，并立志回到学校好好读书，再也不做贼了。他根据钱包里高春娜的湖南大学图书证，直接把包裹寄给了湖南大学的校长，信末署名：一个曾经学坏，现在立志成才的中学生。

看完此信后，压抑了多日的高春娜第一次发自内心地露出了笑容：不是因为钱包失而复得，而是觉得自己做的这么一件小事，感化了一个即将误入歧途的少年，若是这样，就是再被偷 200 元钱、1000 元钱，她也觉得值了。就像老师说的：社会上少了一个不良少年，多了一个将来可能会对国家有用的人才，这才是此事的根本意义所在。高春娜心里涌起骄傲和自豪。

在中国，还有很多助人后不留姓名不为人知的动人事迹，这些事情都说明中国人具有帮助人而不图名、不图利的心态。

四、社会给予利他较高的赞誉度

中国人一般助人不图回报，从古至今社会尽量给予热心助人而不图回报的人很高的赞誉度，并尽力给予他们适当的回报以鼓励这种行为，由此就形成了良好的利他环境，强化了人们的利他心态和行为。当今社会，从国家到地方，都制定出见义勇为规范条例，建立了见义勇为基金，对见义勇为者给予不同形式、不同程度的奖赏，都是为了给予利他者较高的社会认同，强化见义勇为等利他行为。

第四节　和谐社会建设中的利他心理

利他心理和行为是构建和谐社会所需要的心理和行为，它能够在促进社会和谐和发展中发挥十分重要的作用，因此，在和谐社会建设中，要采取有效措施，激发人们的利他心理和行为。依据中国传统的利他思想、文化传统和当前的社会实际，在培养和激发利他心理和行为时应采取如下措施。

一、充分利用中国传统利他思想与文化传统

中国传统利他思想形成和发展于中国社会环境，具有较强的中国环境适应性，并通过几千年的繁衍发展，已深深植根于中国人的心灵之中，成为中国人的重要行为规范。同时，中国传统利他思想又有许多合理性和说服力，因而在培养人们的利他心理时，有必要重视中国传统利他思想的作用，通过挖掘并重新诠释中国传统利他思想，为和谐社会建设服务。

二、建立“义利”共存社会机制

尽管在进行利他主义教育时主要培养利他精神，但在实际实施过程中，为了让人们更为积极地做出利他行为，就应把“义”与“利”结合起来，切实建立起“义利”共存或统一的社会机制。尽管许多做出利他行为的人不求回报，但社会应该给其回报，以强化它或其他人（替代性强化）的利他行为。另外，如果只讲“义”不讲“利”，就会使许多人产生不公平感，从而想尽办法尽量回避或不做利他之事，或绞尽脑汁逃避自己的社会责任或义务，尽量少付出，以获得心理平衡，产生公平感。

从理论上讲，“利”与“义”不是截然对立、有你没我、有我没你的，而是统一的，是紧密联系、相互渗透、相互作用、不可分割的。个体的“利”的获取，要以做出对他人、对社会有益的事情即利他和利社会行为前提或途径；同时个体在利他或利社会的同时，也得到一定的个人利益尤其是相当的个人利益，才能更好地强化（包括替代性强化）社会成员的利他行为。个体的行为只有符合社会的要求，在利他的同时利己，才能获得恰当的个人的“利”。任何社会认同的“利”的获取都会在实质上表现出利他或利社会。如一个人通过正当的途径经商而致富，那么他的经商或获利过程必然会对他人、对社会有益，否则他不可能经商成功。再比如，一个人通过埋头钻研而有所创造或发明，从中获得“利”，那么他的创造发明必然对社会、对他人有利。易中天教授在中央电视台的“百家讲坛”中谈到“儒墨之争”时对“义利”关系作了精辟阐述：

> 其实，利，不但是“义之本”，也是“义之途”，即只有承认功利，才能实现道德。经济学家张维迎先生讲诚信，有个很好的说法。他说诚信就是放弃眼前的小利，追求长远的大利。他还说，小区里的商店一般不会搞欺诈，因为大家都是熟人，他们也想做长久生意。这是有道理的。

> 实际上，只有承认每个人的合法权益，道德的建设才有必要，也才有可能。比方说，损人利己，是不道德的。舍己为人，是很高尚的。那么请问，损人利己，损的是什么？利。舍己为人，舍的又是什么？还是利。显然，如果别人没有利，就谈不上“损”。如果别人的利是不受保护的，就没有什么“损不得”。同样，如果自己没有利，或者这利益原本可有可无，舍他一下，也就没什么了不起。可见道德的前提，是承认每个人的“利”。正因为承认这一点，损人利己才可耻，舍己为人才可贵[4]。

从这段话中我们明显可以看出，“义”和“利”或“利他”与“利己”是统一的，正因为如此，在实际的社会生活中，不能把二者割裂开来，应切实建立义利共存的社会运行机制。唯有如此，才能更好地激励人们的利他行为。

三、建立科学合理的社会补偿机制

利他行为尤其是毫不利己的利他行为，利他者常常会付出代价，甚至是生命的代价。尽管许多利他者不计较这些代价，心甘情愿付出而不求回报，但作为社会来说，要鼓励利他行为，就需要建立相应的社会补偿机制，以使个体在利他行为中所遭受的损失在一定程度上得到补偿，尤其是在利他行为的承受者或获益者无力来补偿或回报时更应由整个社会来补偿，解除人们做出利他行为的后顾之忧。

一般而言，利他行为的最大受益者是社会，因为它能够促进社会的和谐健康发展。依据经济学的“谁贡献，谁受益；谁受益，谁投资”的原则，既然整个社会受益，那么社会就要买单，通过建立科学合理制度或规范，来给利他行为一定的补偿。

当前，我国采取的主要措施是利他行为的损失或代价由获益者来补偿。这种做法有一定道理，但也存在一定的局限性。这些局限性主要表现在：①受益者无力补偿时怎么办？②一些受益者为了逃避补偿，不愿承认他人对自己的利他行为，由此使得许多利他行为者在原有损失的基础上又平添了新的损失或代价，如社会声誉受损等。③有可能引发利他者与受益者的矛盾，把本来的好事变成了坏事。④引发新的社会道德问题。目前，我国已出现多起见义勇为诉讼，导致本应该好的人与人之间关系的恶化，使大家都不愉快，在一定程度上影响了人们见义勇为的积极性。

> **案例 1：** 2005 年 7 月 19 日，河南省济源市人民法院对见义勇为者溺水死亡案公开宣判，一审判令被救者邢建峰补偿贺某父母 17 000 元。
>
> 去年 8 月 5 日下午，济源市五龙口镇邢建峰到贺坡村东白涧河内洗澡。到了深水区，他没了力气。其身后的贺某看见，在他背后使劲推了一把，他得救了，贺某却溺水而亡。贺某见义勇为死亡，而被救者邢建

峰对此却不予认可。无奈，贺某的父母把邢建峰告到法庭，要求给予补偿。

法院认为，邢建峰生命处在危险时刻，贺某及时出手相救，才使被告有机会被他人救上岸。贺某在采取抢救行为后，导致了溺水死亡结果的发生，被告作为利益共同体的受益人，应适当分担损害，给原告一定补偿，遂依照有关法律规定判令被告补偿原告 17 000 元[13]。

案例 2: 2002 年 3 月 6 日法制日报第六版报道了这么一起发生在湖南省的真实案件：一天凌晨，住在长沙市星沙镇长浏饭店的刘先生发现有人行窃，便大喊“抓贼喽！”睡在刘先生隔壁的该饭店老板薛定基闻声后，立即跑到刘先生房间，问明情况后，便跑到楼下去，大喊“抓贼”。这一喊，立即引起周围许多人的注意。在星沙镇二区夜宵一条街上的摊主、来自浏阳市杜港镇的潘绍峰、潘登峰两兄弟惊醒后，也一起跑了出来。薛定基和潘登峰跑在前面，他们在后门口发现一提着长刀的青年人，薛大喊一声：“谁，干什么的？”那青年人一愣，拔腿便跑。在追的过程中，追上来的潘登峰不幸被刺中胸部，在送到医院时死亡。凶手最终被众人擒获。后来法院以故意伤害罪判处其有期徒刑 6 年，并赔偿死者父母 60 850 元。然而，死者父母却将薛定基告上法庭，理由是虽然法院判决赔偿，但至今未拿到赔偿金。另外，案发时，薛定基亲自喊潘绍峰两兄弟去抓贼，儿子的死与薛有直接的因果关系。薛定基认为，自己是见义勇为，又是第一个受伤者，自己也没有得到任何经济赔偿。

案例 3: 在安徽省的芜湖市，有这样一对邻居，他们之间原本只有点头之交，见了面打个招呼而已，但是在一场火灾中，其中一家人在帮助另一家救火之后，男主人突然死去，按理说，这对邻居应该算得上是患难之交，关系会因此而变得更加亲密，然而就在事情发生一年之后，这两家人却发生了纠纷，这一切，究竟是为了什么？……我们先从 2002 年 5 月的那场火灾说起。

5 月的芜湖，已经进入初夏季节，大多数家庭依然盖着薄被，因为住在一楼，房间里有些蚊子，晚上高亮就在女儿的房间点了一支蚊香，但那一天的晚上似乎格外地热，女儿不停地踢被子，被子的一角正好落到了点燃的蚊香上烧着了，凌晨一点左右，夫妇俩发现火情后迅速扑灭，将被子扔在客厅的木质沙发上，然而一家人没有发现，棉被的火星并没有完全扑灭，继续在客厅里燃烧，终于烧着了附近的窗帘、沙发椅。

大约凌晨四点，正在楼下打扫卫生的清洁工发现火情，喊醒熟睡中的左邻右舍，谢小云和邻居们随即赶来，大约用了半个小时时间，火被扑灭。大家各自回家继续睡觉。凌晨六点，谢小云起床穿衣服时突然倒在床上，当医生赶到时，发现他已经死亡。

谢小云去世以后，林金华感到了生活的压力，谢小云得到了很高的荣誉，但是在荣誉的光环下，笼罩的却是林金华母女俩清苦的生活，谁都无法弥补她失去丈夫所产生的巨大落差。作为受害者，唯一的选择：就是把矛头指向受益的一方。

……对见义勇为者的补偿，果真只能让两个原本就不富裕的当事家庭来承担吗？我们的社会是否应该承担更多的责任呢？就本案来说，虽然社会给了谢小云很多荣誉，但是，在经济上，林金华真正获得的，也只有一笔比正常标准稍高一些的抚恤金一万多元，也许，至少在死者的家属看来，这和一个见义勇为的英雄所享有的荣誉和应得的尊重并不相称[14]。

在案例 3 中，记者提出了一个非常重要的问题，即社会或政府对于见义勇为（利他）中的损失应当担负起什么责任？有人认为："见义勇为的代价理所当然应该由政府承担。""见义勇为者的受伤害医药费应该由国家负担，至少应该设立一个'见义勇为善后基金会'来筹措对见义勇为者受到伤害后的补偿资金，如果国家都如此冷漠，这个社会的正义从何而来？""'见义勇为'固然是一项具有多重变量的系统工程，但却是一项由政府主导的系统工程。当政府职能缺位时，如惩罚侵犯行为的低效率，对于'见义勇为'者的补偿不及时不到位等，谁都没有权利指责作为公民的'路人'的'麻木不仁'，也没有任何法宝能将他们从'麻木不仁'的状态中唤醒来。是故，要改良我们国民精神上的劣根性，还是得从制度的改良上着手——因为正是制度的劣根性造就了国民精神上的劣根性。"[15]

对于政府或社会的作用，我们认为应建立社会保障机制，由社会或政府给予补偿。有一篇《呼吁政府尽快完善见义勇为的保障制度》[16]的文章写得非常好，现摘录部分如下，作为本论题的结尾。

见义勇为，在某种程度上来说，是公民对政府公权力的救济，如果政府公权力不能加强对公民本身权利的保护，不能在事后对见义勇为进行合理的救济，那么见义勇为的逻辑就可能变成"你有狼牙棒，我有天灵盖"的逻辑。为避免英雄流血又流泪的一幕出现，给见义勇为者提供有力的制度保障，政府责无旁贷。

……现如今，见义勇为的尴尬恰恰在于：社会有可能将本应由全社会承担的代价转嫁到了见义勇为者身上。当直接受益者与代价付出者没有能力承担这个成本时，就会出现英雄流血又流泪的让人辛酸的一幕（由于没有经济能力而得不到及时治疗落下终身残疾的见义勇为者已经染上了或多或少的悲剧色彩）。这是见义勇为的制度不配套造成的。

……政府作为维护社会正常秩序的最重要力量，要大力营造保护和鼓励见义勇为的社会环境和人文环境，建立必要的保障制度，让见义勇为者有一定的安全感、优越感和成就感，这样会促进更多的见义勇为者涌现出来，极大地改良社会风气，震慑违法犯罪，也相应地会减轻政府维护正常秩序的成本。

我们每一个人都有遇险的时候，见义勇为能为我们支撑起一个强大的心理背景，也使我们在遇险时具备更多选择的可能。使见义能为的手段更为合理，使见义勇为这一社会的补充救济手段在我们这个社会的存在更趋于合理，是我们在将来遇险时可以作出多种选择的前提。而要做到这一点，给见义勇为者提供完善的制度保障，政府责无旁贷。

参考文献

[1] 李炳全. 中国人的心理和行为解密. 广州：广东教育出版社，2016.
[2] 林泰，陶倩. 当前社会利他行为研究的意义及其三层次表现.清华大学学报（哲学社会科学版），2001，16(5)：28-32.
[3] 周晓虹. 现代社会心理学. 上海：上海人民出版社，1997：230.
[4] 易中天. 先秦诸子百家争鸣. 上海：上海文艺出版社. 2009.
[5] 汪凤炎，郑红. 中国文化心理学. 广州：暨南大学出版社，2004：85.
[6] 李贤中. 从墨家“兼爱”观佛家“慈悲”http://www.tlfjw.com/xuefo-194243.html[2016-08-14].
[7] 杨鑫辉. 中国心理学思想史. 南昌：江西教育出版社，1994：70.
[8] 张分田. “尧舜——桀纣”母题与全社会的普遍政治意识. http：//www.docin.com/p-593312330.html[2016-06-05].
[9] 刘魁立. 刘魁立民俗学论集. 上海：上海文艺出版社，1988：376.
[10] 佚名. 十大人生智慧哲理故事排行榜. http：//www.360doc.cn/article/13750848_406966678.html[2016-06-03].
[11] 高家龙，李樵，何卫星，等. 湖北低分女生被外国大学录取. 人民日报海外版，2008-07-14(02).
[12] 罗妮. 南宁市“周小容回报牌食品连锁店”经理周小容热心助人的故事. 法制快报，2007-09-11.
[13] 董武敏，成居易. 为救他人已身亡见义勇为获补偿. www.court.gov.cn/本院新闻/动态新闻/各地法院新闻[2005-07-21].
[14] 佚名. 见义勇为的代价. cctv.com/经济频道/央视国际[2004-05-13].
[15] 宕子. 见义勇为是一项政府主导的系统工程. 社会工作上半月：实务，2009，(3)：63.
[16] 佚名. 呼吁政府尽快完善见义勇为的保障制度. http：//chineselawyer.bq.bokee.net[2016-05-26].

第九章　中国人际关系心理

从古至今，中国人都特别重视人际关系，把建立良好的人际关系作为生活中最重要的组成部分，由此形成了富有特色的人际关系理论与心理。本书把它作为重要内容重点对之加以探讨。

第一节　中国人际关系心理的核心——“和”

纵观中国人际关系心理[1]，可将其分为几个紧密联系的层次或水平。其最为深层或核心的层次是“和”；较深层是基本或普遍的原则或规范“仁”；中层是具体的人际交往的原则或规范，即特定的人际关系准则或规范，主要是“忠信孝悌礼义廉耻”；表层是行为层面，主要是“脸”与“面”。这与文化和文化心理的层次是一致的。一般而言，文化可分为表层（器物层或物质文化）、中层（制度层或制度与行为文化）和深层（精神层或意识文化）三个层面（前已有述，此不赘言），文化心理也可分为表、中、深三层。文化心理表层是文化成员在日常生活中显露或明显表现出来的那一文化心理部分，实际上主要是行为层面，是“特定时代浮现在社会文化表面、笼罩或散发着感情色彩和光辉的某种意向、时尚或趣味。”[2]它包括民族情感、意志、风俗习惯、审美情趣、道德风尚等要素，是文化心理的外在表现形式或外部特征。顾名思义，表层是文化心理的最外层部分，是人的心理的外部表现，而不是其深层原因。文化心理的中层是指“政治、经济、道德、文艺、宗教、哲学等领域的观念要素，它是文化心理的理性积淀层面，直接制约着文化心理的表层结构。”[3]中层是文化成员的行为或活动的一般规范、模式或方式，直接制约或规定着人对刺激的反应方式和对刺激意义的理解或解读，表明刺激和人的行为的基本意义或内涵，它是人之观念在实践活动中不断凝结、沉积的结果，是人的行为的直接原因。文化心理的深层是“文化心理的精神本质层面，它贯穿和隐藏在文化心理的其他层面中。”[3]它是文化所蕴含的精神面貌和生活态度，是文化心理的核心和主体。不同的类型文化蕴藏着不同的文化心理的深层结构，展示着不同的精神本质。“和”与“仁”是中国人际关系心理的深层，是中国人的人际关系态度和精神。

“和”是中国人际关系的重要指导思想和基本准则，“尚和”是中国人的重要的传统心态，在中国人的日常生活中，到处都可以看到“和”的各种表现。

“和为贵”“和气生财”“家和万事兴”“同舟共济海让路”“和则利，离则损”“一根筷子容易断，十根筷子断就难”“众人拾柴火焰高”“团结力量大”“众人智慧胜一人”“天时不如地利，地利不如人和”（《孟子·公孙丑下》）“单丝不成线，独木不成林”“五人团结一只虎，十人团结一条龙，百人团结像泰山”，等等。“礼之用，和为贵。先王之道斯为美，小大由之。礼者，天理之节文，人事之仪则也。和者，从容不迫之意。盖礼之为体虽严，而皆出于自然之理，故其为用，必从容而不迫，乃为可贵。先王之道，此其所以为美，而小事大事无不由之也。有所不行，知和而和，不以礼节之，亦不可行也。”（《论语·学而》）可以说，“和”是中国人际关系的核心，是中国文化的一个基本特征。中国人之所以重视“和”，与其对生活方式的选择及由此形成的对人的认识和人生的感悟是分不开的。

一、从“人”字说起

史学家钱穆认为，“中国人很早便确定了一个人的观念，由人的观念中分出己与群。但己与群都已包涵融化在人的观念中，因己与群全属人，如何能融凝一切小己而完成一大群，则全赖所谓人道，即人相处之道。”[4]中国人对人与人相处之道的重视，是与他们对人的认识和对人生的感悟分不开的。而这样的认识和感悟体现于中国的“人”字之中。

中国文字中的“人”字有十分丰富的心理蕴含，其心理蕴含与英语单词中的“man”十分不同，体现了中国人特有的心理和行为特征。从这一角度进行分析，有助于对不同文化心理或行为有更为根本的认识和理解。有鉴于此，在此首先有必要对中国的“人”字进行分析，并与西方“人”及其心理蕴含的差异加以比较。

中国的“人”字是一个相互连接或交融的对称结构，它蕴含着如下几层意思：人与人之间的相互作用与和谐（相互支撑）；男女性别的统一、平等与相互依存；人与人平等交流、对话与联系；个体的身心和谐。其中最后一点在其他章节已有论述，在此主要分析前三点。

（一）人与人之间的相互作用与和谐（相互支撑）

从“人”字的结构来看，其两个笔画可以看作两个人，两个笔画相连可看作是人与人相互支撑、相互作用或和谐，意指每一个人都不是单独存在的，即都离不开他人而存在。正因为如此，为了自己的存在，每个人必然要与他人发生关系，并在这种关系中实现自己的人生价值。这就使中国人非常重视人际关系，把许多心思都放在人事即处理人际关系上。常言道："在家靠父母，出外靠朋友。"道出良好的人际关系既是自我发展和个人成功的一个必要条件，也是自己生活的重要组成部分，更是社会稳定和谐的重要条件和组成。这种思想和心理，源自于中国人对自然和自身的认识以及由此形成的生活方式。

1. 中国人早期的自然环境与"和"的心理形成

有研究表明，文字与人的生活方式或生活境遇及人对它们的认识密切相关。沃尔夫以霍比语为例作了较为详尽的说明。他指出：

在霍比的历史中……一种不同类型的语言和一种不同的文化和环境的影响在一起发生作用。那是一个平静的农业社会，雨水稀少，由于地理形势和牧民敌人而同外界隔绝；只能依靠极度的坚持才能收获的农业（因此他们相信坚持和重复的价值）；合作的必要性（因此他们强调合作精神和一般的精神因素）；玉米和雨是主要的价值标准；需要广泛地作出准备和采取预防措施，来保证在贫瘠的土地上和不稳定的气候中的谷物产量；尖锐地感到对自然的依赖，这就促使他们对自然力量的祈祷和采取一定的宗教态度（特别是对那种他们永远需要的恩赐即雨的祈祷和宗教）——以上这些和霍比语言形式相互作用。它们塑造了霍比语言的形式，反过来它们又为霍比语言形式所塑造，从而逐渐地形成了霍比的世界观。[3,5]

总的来说，生态是生命体和他们的生存环境之间关系的整体形态，包括人类和其他生命体共同所有的自然环境。气候、温度、湿度、土壤、地形和水的供给等对植被和生命形态的存在都有很大影响。在人类历史初期，人类逐渐地发展出应付和适应所处的生态环境的策略，在不同的生态压力下形成不同的相对稳固地反应模式。一般而言，人类越是原始，对自然的依赖性越强。由于早期人类与自然抗争的能力十分有限，因而受自然的影响很大，他们更多的是适应环境。在这种适应、抗争中逐渐形成了一些稳固的心理特征、对世界的看法和生活或适应方式。合作就是这种适应方式之一。之所以如此，是因为在人类生活早期，单个人适应自然的能力和可资利用的手段和工具十分有限，单靠每个人自己很难生存或获得生命的延续，而要使个体生命乃至整个种族得以延续和发展，就必然要求人们相互之间结合起来，形成一种足以适应和抗争自然的整体力量，如群猎。

研究表明，中华民族早期的生存条件十分恶劣，水涝、干旱等自然灾害不断，中华民族是在不断地与恶劣自然条件和灾害的抗争中延续和发展的。中国的许多寓言故事如"女娲补天""后羿射日""大禹治水""愚公移山"等都表明这一点[6]。而要抵御恶劣气候和大的自然灾害，仅靠个人或少量人的力量是难以实现的，而必须依靠大家的相互依靠、协作。由此就逐渐形成中国人把人作为“社会的人”或“相互作用、相互依靠的人”的认识或观念。

2. 中国人的生活方式

从泰勒开始，许多人都把文化看作是一种包括物质生活方式和精神生活方式的生活方式。从物质生活方式来看，中国是一个农业社会，其物质生产的主要方式是农业，人们生活所需主要来源于农业，由此形成了中国独特的依靠农业的生活方式。从古至今，中国人非常重视农业，把农业作为人、家庭乃至整个国家的命脉。正因为如此，中国人历来“重农”“兴农”，把农业生产作为第一要务。而农业生产有两个最基本的特点：季节性和土地依赖性强。季节性强导致中国人忙时必须合作，而闲时有时间沟通。农业经济的忙时主要表现为耕种或收获两个时期，这两个时期的时限性强，时间短，要求在较短的时间内完成很大的工作量，而这仅靠单个人的力量难以完成，必须多人协作。这就为“和”的形成提供了现实的物质或实践基础或客观要求。闲时主要指农闲时刻。在农闲时刻，人们大都无事可做，有大量的空余时间，这既为人们交流、沟通（包括经验、情感、思想观念的交流和沟通以及物质交换）提供了时间条件，也使人们产生了交流、沟通的需要或愿望，因为他们想排除闲时所带来的无聊、寂寞等。另外，季节性强要求人们储存、保护自己的生活资料和生产资料，避免粮荒等，而这也需要人们的分工协作。土地依赖性强，既导致不同地域出产不同的东西，也导致人口流动性小，人的生活空间很少变动。不同地区出产不同东西会迫使人们进行物质交换，从而使人与人之间的相互依赖与交流成为必要。尽管我国流传着“靠山吃山，靠水吃水”，但这主要指利用自己当地的东西来生存，而利用本身包含着互换。如用粮食来换盐等。生活空间稳定，人口流动小，使得人际关系相对稳定，这就极易形成对外人的排斥和同地区人的相互认同、凝聚。当今我国许多地方的人的地方色彩仍然很浓，本土观念很强。如许多大学、大型企业和地区都有“乡党”性质的群体或组织（老乡会等）。人们常说，“老乡见老乡，两眼泪汪汪”“美不美，家乡水；亲不亲，故乡人”“远亲不如近邻”等都是对这种状况的描绘和认可。

正是农业社会所导致的人与人的相互依赖，形成了中国人的“相互支撑”的人之观念。这种观念融入到中国文字中，通过中国文字表现出来。

从精神生活方式来看，中国人历来把建立人人平等和睦相处的“大同世界”作为自己的理想，期盼人与人能互帮互爱、相互支持。陶渊明的《桃花源记》就是这种愿望的最明确表达。这种愿望的产生是因为稳定和谐的匮乏。纵观中国历史，从文字产生前的远古时代就战争频繁。频繁的战争导致民不聊生、生灵涂炭、亲人死去、骨肉分离，从而导致中国人对人与人和睦相处与社会和谐稳定的强烈期盼或渴望，使中国人“尚和”“求和”。这种心态必然会在中国人制造的并生活于其中的文字中体现出来，使得“人”字具有如此意蕴。

从中国文化来看，它非常重视人与人之间的关系，要求人们相互支撑、和谐融洽，因而认为“人”字有人与人相互和谐、支撑是有一定依据的。因为符号尤其是语言符号是文化的重要或主要组成，它构成了人的生活世界，甚至可以说文化就是符号世界。在人文学科中，“文化”一词被广泛用来指“使一种特定的生活方式显得与众不同”的符号的创造与使用，无论这种生活方式是属于一个民族、一个时期、一个群体或普遍意义上的人类的。一般而言，人类能创造和使用符号是文化赖以存在的基石，正是由于符号才使得文化得以形成和传递[7]。

中国的“人”字所蕴含的上述内涵与西方的“人”字所蕴含的内涵是不同的。西方的“人（man）”主要是指单个的个体，如果要说多人或人与人之间，需要加入复数性后缀或体现之间的前缀。牛津双解词典认为，“指一个人时，‘man’或‘woman’更常用”。

（二）男女性别的统一、平等与相互依存

如果把“人”字的两个笔画看成男女性别双方，则可以说它体现出男女性别的统一、平等与相互依存。在中国，无论是古代还是现在，“人”包括男人和女人两种性别。如果单说某一性别时，都需要在“人”字前加上“男”或“女”。在中国的神话传说《女娲抟土造人》中，人在被制造时就被造出男女双方，不存在谁先谁后的问题。若论先后，从传说来看实际上是女人在先，男人在后。造人的女娲是女人，她在造人时是先按照自己的模样造出女人，然后再造出男人。因而女人的地位并不比男人差。尽管在中国历史上有很长一段时间是父权社会，但中国人一直崇尚“夫唱妇随”、男女恩爱、和谐平等。这从中国的众多传说和戏曲作品如《天仙配》《花木兰从军》等中明显可以看出来。事实上，在中国，“文化”一词的原初含义就是男女结合。按汉字的古义解释，“文”同“纹”，而“纹”既指花纹、纹路、纹样等，又指在物体上做记号，留下痕迹，即在物体上刻或画纹路、纹花、纹样等的过程或活动。用它来指人，就是男女结合就如同不同的色彩交织而成的花纹，并由此化生出其他人文，如父子、长幼等。于是从这些基本人文中产生出所谓的生存和活动规则（道德规范）或方式。“人文”就如同色彩搭配得当的花纹，既鲜明生动，又和谐悦目，从而达到“情深文明”（《小戴礼》）的境界[3]。在男女的这种结合中，男女双方是平等的、相互协作和配合的，任何人都不能说谁起主要作用，谁起次要作用，或谁的作用大，谁的作用小，谁从属于谁。由于人是由男女双方构成的，因此，完全可以把它的两个笔画理解为代表男女两种性别的人，并由其结构推出男女平等、协作或和谐。换言之，男女和谐

是中国人的“和”的重要组成部分。

中国的这种男女平等和谐的心理植根于中国的农耕社会。中国人的农耕生活要求男女双方相互配合与协作（男耕女织、男挑女浇）。因而必然会重视男女平等。

中国的这种男女平等和谐的心理和思想与西方有很大差异。在英语中，“man”指的主要是男人，而要说女人，则需要在它之前加上“wo”。这即是说，“女人”一词是由“男人”一词衍生出来的。这与《圣经》故事相一致。在基督教《圣经》中，上帝是男性，他先按照自己的模样造出了男人（亚当），觉得他孤单才取下它一根肋骨造了女人（夏娃）。从这一神话故事中可以看出，女人来自于男人，生来就是为男人服务的。这就为男女的不平等埋下了祸根。

（三）人与人、群体与群体的平等交流、对话与联系

中国的“人”字虽然突出了人与人的和谐、平等，但并不蕴含着把人作为等同或一致的人，而是把人看作有差异的人。因为“人”字的两个笔画不是完全等同的。当然，把人看作是有差异的，并不意味着人与人的不平等，相反更追求人的平等。这体现在以下几个方面：①人有差异并非一定表明人有贵贱高低之分，也就不存在把谁的意志强加于其他人之上之含义。相反，正是人与人有差异，且这种差异不是说谁好谁坏、谁优谁劣，因而每个人都应尊重差异性，尊重其他人，而不应以自我为中心，片面否定他人。而应真正学会尊重和欣赏异文化中的他者，并在极具差异或不可通约的文化或话语之间牵线搭桥[8]。②正是因为人与人之间存在差异，才需要人与人之间进行平等对话与交流，以便通过对话与交流实现人与人的相互理解与和睦相处。在对话与交流中，有差异的人是平等的，谁也不能自恃优秀而看不起对方，把自己凌驾于对方之上。否则，对话和交流很难顺利进行下去，很难实现人与人的相互理解，甚至还会产生更大冲突。③正是人与人之间存在差异，使人与人的合作成为可能和必要。倘若人与人没有差异，你会的我他也会，你有的我他也有，你我他之间就没有合作的必要。从社会心理学的角度看，合作是两个或两个以上的个体或群体为达到某种共同目的或满足某种共同需要而自觉或不自觉地在行动上相互配合的一种社会互动方式。一般而言，合作必须具备如下条件：一是合作各方必须具备与合作项目有关的知识或技能；二是这种社会互动必须能满足各方的需要或达至各方的目的，至少各方在合作之前或合作过程中会这样认为；三是各方对合作的原因和方法手段（如何合作）有大体一致的认识；四是行动上相互配合，且在配合中各方能弥补其他方的不足，提供并使用相互配合的工具或手段[9]；五是相互协调或和谐，形成整体效应。④正是人与人之间存在差异，才构成了丰富多彩的有意义的和谐生活。若大家都相同，千篇一律，人类生活会十分单调；倘若要求万人同声，就会丧失许多有价值的意见，

社会就会僵化。就如同音乐一样，只有一根弦发出一种声音，难以构成美妙乐章，使人听起来乏味无趣，只有多根弦弹出的不同声音相互协调，才构成动听的乐曲。孔子指出：“和而不同”（《论语・子路》），这里的“和”虽主要指无乖戾之心，但也有和谐之意。尹氏曰：“君子尚义，故有不同。小人尚利，安得而和？”说明“和”不是片面与他人认同，而是与他人不同。即使是同样追求“义”，但其表现各不相同。

从中国的“人”字所发掘出来的上述意蕴与中国文化的基本思想是一致的，可以说是中国文化的平等思想在处理人与人之间关系上的体现。中国历来有“王子犯法，与庶民同罪”等思想，这些思想既认识到人与人的差异，同时也由此认识到人与人的平等对话与交流的必要。正因为如此，中国文化非常重视人际关系的重要性，突出主体间性和主体的相互作用，把“和”置于人际关系的核心。

二、“和”之意蕴

（一）“和”的词典含义

“和”在汉语词典中主要有五种读音、四种词性、多种含义[10,11]。常用的含义有以下几种。①平和、温和、和缓、谦和：如和风细雨、和颜悦色等。②和谐、协调、和睦：如和衷共济、兄弟（邻里）不和、“其声和以柔”（《礼记・乐记》）等。③结束战争或争执：如讲和、媾和等。④不分胜负：如和棋、和局等。⑤跟从、附和：如一唱百和、随声附和等。⑥连带：如和盘托出、和衣而卧等。牛峤的《菩萨蛮》中的“金凤小帘开，脸波和恨来”。⑦跟、与等连词：如岳飞《满江红》中的“八千里路云和月”。⑧两数相加所得结果。⑨在粉状物中加入液体搅拌和揉弄使有黏性：如和面、和泥、和灰等。⑩混合或搅拌：即将粉状或粒状物掺合在一起或加水搅拌使之成为较稀的东西。如和药、和弄、和稀泥等。

除这些含义外，还可作古代的一种乐器、古代军队的营门、棺材两头的板等众多含义。

（二）人际关系中的“和”的含义

不过，“和”用在人际关系上，并不具备上述所有含义，它的含义主要有“和谐、协调、和睦”“平和、温和、和缓、谦和”“调和、仲裁”“和解”，等等。

1. 和谐、协调、和睦

和谐、协调、和睦是“和”的最基本、最常用、最具代表性的含义。“尚和”中的“和”主要是这层意思。它要求人们相互间应相互理解与合作，休戚与共、和睦相处、相互帮助或照顾；也要求社会应和谐平衡发展，社会各方面因素如经济、道德、法律、文化等相互协调、共同发展。

2. 平和、温和、和缓、谦和

平和、温和、和缓、谦和等含义是“和”的主要含义之一，“尚和”心态也有这层意思。它主要是针对个体而言的，说明个体对待自己和他人的态度及对待事的心态。我们平时所说的“待人随和”“性情温和”“情绪平和”“谦和慈爱”“和气生财”“不急不躁”“不骄不傲”等都是说的这层意思。“君子和而不同，小人同而不和。”（《论语·子路》）中的“和”就是这方面的意思。它要求人们在为人处事、接人待物过程中要和善谦让、不卑不亢。这实际上是中国的“中庸”思想和“淡泊、宁静”的心态在人际交往中的体现。之所以对人际交往或人际关系中的个体提出这样的要求，一方面是中国人在长期的发展过程中认识到，个体这样做对社会稳定、个体自身发展及避免与他人的冲突以保持心理健康都十分有益，另一方面中国人认识到这是建立良好的人际关系，进行正常的人际交往的一个重要条件。不管哪一方面，都既是中国文化使然，又是导致中国文化形成的重要途径，体现了中国文化的基本特点。

3. 调和、仲裁

这层含义是指在人际交往中，当人与人之间发生冲突各方自身难以解决的冲突时由局外人来出面调解，以排解纠纷，使冲突双方重归于好。这也是“和”的基本含义之一，是中国人“期盼和事佬”的心态的表现或反映，本质上仍是中国人期盼形成和谐的人际关系，避免两败俱伤的心理反映，是中国的“整体观”的一种表现。之所以如此，是因为中国人在长期的发展历程中通过对自然和自身的生活实践的观察，发现争执、争斗会两败俱伤，甚至使他人得利，如“鹬蚌相争，渔翁得利”“螳螂捕蝉，黄雀在后”“弟兄不和家不兴”，等等，而通过调解或仲裁而修好则会获得双赢效果。正因为如此，中国人在发生争执或矛盾，尤其是双方势均力敌、难分高下，又碍于面子等原因而互不（先）退让时，期盼有人来调和、仲裁。而许多中国人尤其是与冲突各方都有一定关系的人乐意充当调解人或仲裁人，特别是各方的冲突又会影响包括“和事佬”在内的大局的团结或和事佬的利益时更会如此。这种事例在中国历史上屡见不鲜。目前我国在解决国际争端时反对武力，要求通过谈判来解决的立场实际上是这种“和”的心态在国际事务中的表现，也是我国政府负责任的表现。正是这样的立场，使得我国政府解决了许多国际争端，在国际事务中发挥越来越重大的作用。

4. 和解

这层意思是指在各方有了争执而又能够相互退让而使问题得以解决，归于和好，不再争执、仇视、冲突或争斗。这也是中国人“尚和”心态的一种表现，是中国人在人际关系中通常采用的解决争执、冲突或争斗的主要方式，也是避免两败俱伤甚至“亲者痛仇者快”现象产生的心态反映。这种心态也来自于中国人对自然现象和社会生活现象的观察。中国人常说的“两虎相争，必有一伤”“一争两丑，一让两有”“将相不和敌国欺，将相相和（君臣一心）无人敌”“兄弟一心，家有黄金；兄弟二心，无钱买针”“斗一斗，瘦一瘦”，等等言语都说明了这一点。中国历史上这方面事例也是很常见。如“将相和”或“负荆请罪”等。在当今，这仍是解决矛盾或冲突，形成或保持良好的人际关的有效途径或措施。

除上述含义外，人际关系中的“和”还有“迎合”“顺从”“迁就”“从众（随大流）”“畏争”等之义[6]。不过这些含义不是“和”的主要含义，也是我们当前社会所不提倡的，因此在此就不一一而论。

三、“和”的层次结构

“和”在日常生活中的表现是多种多样的，体现出一定的层次性。从其对象或范围来看，它表现为个体与个体之间的“和”、个体与群体之间的“和”、群体与群体之间的“和”、个体与民族或国家之间的“和”、群体与民族或国家间的“和”、民族或国家与民族或国家间的“和”。从亲疏关系来看，它表现为“家和”“邻里和”“亲朋好友和”“同地域和”“地域间和”“民族或国家和”“民族或国家之间和”，等等。

（一）对象或范围的层次性

1. 个体与个体之间的“和”

个体与个体之间的“和”指人与人之间应形成和谐的关系。这种和谐关系包括以下 5 个层次：①最低层次是人们相安无事、互不侵扰；②第二层次是人们相互往来，经常走动；③第三层次是人们相互认同、感情亲和、和睦相处；④第四层次是人们互亲互爱、相互帮助；⑤最高层次是人与人相互合作、分工协作、配合默契，共同有效地完成单个人难以完成的任务。

2. 个体与群体之间的“和”

个体与群体之间的“和”指群体中的个体能够与群体融为一体、荣辱与共。它包括如下层次：①群体成员之间相互认同，都意识到自己隶属于相同群体；②个体对群体有认同感或归属感乃至亲近感，群体对个体有吸引力、亲和力；③个体与群体完全统一或融合，群体能满足个体的需要，个体把群体看作自我的延伸或把群体看成是自我的一部分，群体的事情、任务、荣辱、责任就是个体的事情、任务、荣辱、责任。人们平常说的“大河无水小河干，小河无水大河浅”，就是个体与群体互惠互利、不可分割的关系的体现。

3. 群体与群体之间的“和”

群体与群体之间的“和”指群体与群体之间和谐相处。它可以分为如下4个层次：①群体间没有纷争或争斗、相安无事；②群体间有业务往来，但关系不密切；③群体间呈相互依赖的合作关系，相互配合，分工协作；④群体间关系亲密、情感相融、相互支持与帮助，不分彼此。

4. 个体与民族或国家之间的“和”

个体与民族或国家之间的“和”指个体与民族或国家相互交融。它包括以下4个方面：①个体具有民族或国家意识或认同性；②个体具有爱本民族或爱国心，以民族或国家的繁荣昌盛而自豪，以国家或民族的耻辱为耻辱；③个体具有强烈的民族或国家责任感，愿意乃至乐意为民族或国家作出牺牲，甚至以为民族或国家作出牺牲为荣；④民族或国家与个体相互依赖，个体愿为民族或国家付出，民族或国家积极为个体着想，积极解决个体所面临的问题。

5. 群体与民族或国家间的“和”

群体与民族或国家间的“和”指社会群体包括正式群体如家庭、企事业单位等和非正式群体如一些社团等与民族或国家的和谐。这种也可分为多个层次，其层次可以参照个体与群体或个体与民族或国家的“和”的层次加以划分，此不赘言。

6. 民族或国家与民族或国家间的“和”

民族或国家与民族或国家间的“和”指不同民族或国家之间的和谐。它包括：①不同民族或国家和平共处、互不侵犯、互不干涉内政、相互尊重主权和领土完整、平等互利；②民族或国家间相互支持与帮助，相互友好对待；③民族或国家间相互亲密合作；④民族或国家间彼此交融、相互依赖与互补。

（二）亲疏关系的层次性

“家和”是指家庭成员之间的和谐、协调或和睦，包括长辈与晚辈、同辈之间等的合作。

“邻里和”指邻里之间的和谐，包括互不侵扰、攻讦，友好相处，相互帮助与支持，亲密合作，等等。

“亲朋好友和”指亲朋好友之间的和谐、协调或和睦。包括相互关爱、相互帮助、相互取长补短与协调合作。

“同地域和”指同地区的人之间的和谐。我们平常所见到的老乡之间相互帮助、相亲相爱就是这种“和”的表现。

“地域间和”指不同地区的人之间的和谐，包括不同地区之间互不设立壁垒、互通有无、相互帮助、协调发展等。

“民族或国家和”指一个民族或国家内部的和谐，包括有民族或国家意识、民族或国家意识认同感、民族或国家意识责任感与使命感、民族或国家意识精神乃至强大内聚力等。

“民族或国家之间和”指不同民族或国家间的和谐。前已有述，此不赘言。

四、实现“和”的途径或措施

人际关系是人的社会互动的重要组成部分，也是影响人的生活质量和幸福感的重要因素，因而人人都想有一个良好的人际关系。但是，良好的人际关系并非想有就有，它需要人积极地去构建。构建良好的人际关系并非易事，需要人作出一定的付出或牺牲。通过对中国文化心理的分析，中国人在建立良好的人际关系时主要采取如下途径或措施：

（一）诚以待人

“诚”有真实、讲信用、不虚假、不欺骗人等义。诚以待人是说待人要真诚，讲信用。它要求人们为人处世实心实意，说话办事讲信用，说到做到。这是建立良好人际关系的必要条件。一般而言，在人际交往中，人们最不喜欢虚伪、口是心非、说假话、不讲信用的人。在与这样的人交往中，人们也不会有诚心、讲信用。最终这样的人会因为自己的不诚而给自己带来伤害。中国流传很久的“狼来了”的故事充分说明这一点。因此，中国人非常重视“诚”，许多词语如“童叟无欺”“一诺千金”“言必行，行必果”“人无信而不立”“言而有信”，等等都是对“诚”的要求。孔子说：“言忠信，行笃敬，虽蛮貊之邦行矣；言不忠信，行不笃敬，虽州里行乎哉？”（《论语·卫灵公》）

“欺人者，必自欺”，对人不“诚”的人最终必然会自食其果，导致人人对他的不信任甚至唾弃。倘若在人际交往中人人都“诚”，就必然会建立起良好的人际关系。但倘若人人都虚假，不讲信用，尔虞我诈，社会就会一团混乱，人人都会没有安全感，根本就不可能形成和谐的适合人生活的社会氛围。“欺人一时，欺不了一世”，不诚实、不讲信用的人最终会被人们识破，遭到他人的背弃。

（二）宽以容人

“宽”有宽容、宽宏、宽恕、宽慰、宽心等义。宽以容人就是待人要宽厚、宽宏大量，善于宽人心，安慰人。它要求在人际交往中，人要做到：①宽宏大度，不心胸狭窄，不与人过于计较，容许他人的非原则性缺点或过错，即“宰相肚里能撑船”“大度能容，容天下能容之事”；②善于安慰人，解除他人心目中的忧愁烦恼。

“宽仁者，人必宽之”，如果人人都有宽容、宽慰之心，整个社会就会和谐、融洽，充满其乐融融的气氛。因此，中国人非常重视“宽”，把它作为建立良好人际关系的重要条件。老子说：“江海之所以能为百谷王者，以其善下之，故能为百谷王。是以圣人欲上民，必以言下之；欲先民，必以身后之。是以圣人处上而民不重，处前而民不害。是以天下乐推而不厌。以其不争，故天下莫能与之争。”（《道德经・老子第六十六章》）大海之所以博大精深，主要就是在于其宽容。老子以大海作比喻充分说明了“宽”的重要性。

（三）相互谦让

谦让包括“谦”与“让”两个方面。“谦”有谦和、谦虚、谦逊、谦恭等义，它要求人们在与人交往中不狂妄、不自大、不自满、不瞧不起人，为人谦虚，对人恭敬。“让”有忍让、退让、推让，它要求人们在人际交往中不争功、不争利，对待名誉与好处互相谦让。人们常说的“退一步，海阔天空”“一好都好”“谦让万事和”“谦虚使人进步，骄傲使人落后”，等等都是对谦让重要性的说明。孔子曰：“巧言乱德，小不忍则乱大谋。”（《论语・卫灵公》）“君子矜而不争，群而不党。”（《论语・卫灵公》）既指出了“谦让”的重要性，又说明“谦让”是人的良好品质之一。

（四）以心对心

“以心对心”有两层意思，一是用自己的真心对待别人的真心，用自己的真心感染他人以换得他人的真心。这层意思要求人们对人要用真心，不虚假，不利用别人的真心。这一点与“诚以待人”有点类似。二是进行心理换位，将心比心，设身处地为他人着想，真正地深入到他人心灵深处去理解人，由人及己、由己及人，换位考虑问题。

（五）乐于助人、爱人

乐于助人、爱人就是要求人们从心里愿意帮助、关爱他人。助人的人会受到他人的帮助、支持和尊敬，关爱人的人会受到他人的关爱。如果人人都乐于助人、爱人，人人都献出一片爱，生活、社会就会变得十分美好。由于这方面的内容将在本章第二节论述，此不赘言。

第二节　中国人际关系心理的普遍准则——“仁”

一、“仁”之蕴含

“仁”与“和”一样是中国人际关系心理的深层，它是中国人处理各种人际关系所应遵循的基本的普遍行为准则，是实现“和”的基本途径与措施。现从以下几个方面加以分析。

（一）“仁”的词典含义

从“仁”字的结构来看，人是两个人，“仁，……从人、二。”（《说文·人部》）其基本含义应该是人与人的相互作用。在汉语词典中，“仁”有多层含义。

1. 含义极为广泛的道德规范

这是“仁”最为常用的也是为大家熟知的内涵，有慈爱、对人亲切、和善、关心爱护他人、尊敬或敬重他人、同情、正直、有节操、热心助人等义。孔子认为，仁的含义广泛，有“恭、宽、信、敏、惠、智、勇、忠、恕、孝、悌”等[10]。“志于道，据于德，依于仁，游于艺。”“求仁而得仁，又何怨。”“仁远乎哉？我欲仁，斯仁至矣。”（《论语·述而》）最为常见的是人与人互相爱护或关爱，所谓“仁者爱人”。

2. 宽厚有德行的人

宽厚有德行的人即具有“仁”的第一层含义的人。“弟子入则孝，出则悌，谨而信，泛爱众，而亲仁。行有余力，则以学文。”（《论语·学而》）“若圣与仁，则吾岂敢！抑为之不厌，诲人不倦，则可谓云而已矣。”（《论语·述而》）中的“仁”皆是此义，都指“心德之全而人道之备之人”。

3. 对人的敬称或尊称

对人的敬称或尊称如仁兄、仁伯、仁叔、仁弟等。

4. 好的政治标准

好的政治标准如仁政。“如有王者，必世而后仁。”（《论语·子路》）“行仁政而王，莫之能御也。”“以力假仁者霸，霸必有大国，以德行仁者王，王不待大。”“仁则荣，不仁则辱。今恶辱而居不仁，是犹恶湿而居下也。如恶之，莫如贵德而尊士，贤者在位，能者在职。国家闲暇，及是时，明其政刑。虽大国，必畏之矣。”（《孟子·公孙丑上》）“子之君将行仁政，选择而使子，子必勉之！夫仁政，必自经界始。”“远方之人闻君行仁政，愿受一廛而为氓。”“分人以财谓之惠，教人以善谓之忠，为天下得人者谓之仁。”（《孟子· 滕文公上》）这些话语中的“仁”皆是此义。

5. “人”

“人”指“人”时通常指有德行的人。“虽告之曰：‘井有仁焉。’其从之也？”（《论语·雍也》）朱熹语“有仁之仁当作人。”这些话语中的“仁”皆有此义。

6. “存”

“存”有存在、存放之义。“郊社之义，所以仁鬼神也。”（《礼记·仲尼燕居》）

7. 果核或果壳或某些带壳的东西里面的较柔软部分

一般是种子部分，大都可以食用。如果仁、虾仁、杏仁、瓜子仁、核桃仁等。

（二）人际关系中的“仁”的含义

在人际关系中，“仁”并不具有上述如此广泛的含义。主要是上述第一层含义，兼具第二、三、四层含义。它要求人们在人际交往中要相互尊敬和关爱。唯有如此，才能形成良好的人际关系。前已有述，此不赘言。

二、“仁”在人际关系中的作用

“仁”是中国文化中非常重要的概念，也是中国人人际关系的普遍性规范，对良好和谐的人际关系的形成具有十分重要的意义。正因为如此，自古至今，中国人十分重视“仁”。

作为中国文化主流的儒家思想对“仁”十分重视，把之作为基本的行为准则和人际交往中最为重要和普遍性的问题。《论语》中有 109 次讲到“仁”，可以说，“‘仁’是孔子的思想核心的问题，是他许多主张的出发点。”[12]“仁”被孔子等看作君子处理人际关系的一般原则，表现在人际关系的各个方面，针对不同的人和事有不同的表现形态或表现方式。在《论语》中体现为“仁”的不同说法。“樊迟问仁。子曰：‘爱人’。”[13]（《论语·颜渊》）“克己复礼为仁，一日克己复礼，天下归仁焉。”（《论语·颜渊》）“夫仁者，己欲立而立人，己欲达而达人。”（《论语·雍也》）但是，不论孔子在各种场合对“仁”的解释如何，“仁”的基本含义并没有变，那就是“爱人”即人与人之间相互关爱。它要求人们在处理人与人之间的关系时，以爱来换取爱、感受爱、唤起爱，要以“忠恕之道”去对待人，建立人与人之间的相亲相爱的和谐的人际关系。不过，儒家所讲的“爱人”并不是爱所有人。孔子认为，真正的仁者能辨别是非善恶，能爱善者、贫者、弱者，而恶对那些作恶者。他指出：“唯仁者能好人，能恶人。”（《论语·里仁》）有人对之解释说：“好善而恶恶，天下之同情，然人每失其正者，心有所系而不能自克也。惟仁者无私心，所以能好恶也。”（《论语集注》）“仁者”应该要掌握好是非善恶的准则。爱人是有条件的，绝不是是非不辨，敌友不分的“乡愿”。“我未见好仁者，恶不仁者。好仁者，无以尚之；恶不仁者，其为仁矣，不使不仁者加乎其身。有能一日用其力于仁矣乎？我未见力不足者。盖有之矣，我未之见也。”（《论语·里仁》）比如“原壤夷俟。子曰：‘幼而不孙弟，长而无述焉，老而不死，是为贼！’以杖叩其胫。”（《论语·宪问》）意思是，“孔子斥责原壤：‘你年轻时，狂妄不知教训。长大时，你一事无成。现在你老了，又老而不死。你简直是个祸害！’于是用手中的杖打原壤腿。”[14]这种观点与墨家的观点不同。除儒家外，中国文化发展历程中出现的墨家、道家、释家等也都强调“爱人”，形成了中华民族特有的“仁”之情结。既然如此，那么，“仁”究竟有什么用呢？

（一）“仁”是达致良好人际关系的有效途径

“夫爱人者，人必从而爱之；利人者，人必从而利之。”（《墨子· 兼爱中》）“兼相爱、交相利。”（《墨子·兼爱中》）“爱人者，人恒爱之；敬人者，人恒敬之。”（《孟子·离娄下》）这些话都道出中国人信奉的一个浅显道理——人与人之间的爱具有互惠性，即对人“仁”，可得到他人对己的“仁”，这是中国人的“施报观”的体现。这种观点是说，如果某人对他人“仁”，也必然会换回他人对自己的“仁”，这样实际上就形成了人与人之间的互爱，良好的人际关系也自然就会形成。这种人际关系是爱意融融的相互义务性关系。

孔子说：“不仁者不可以久处约，不可以长处乐。仁者安仁，知者利仁。”（《论语·里仁》）明确指出不“仁”的人不可以长时间信守约定，不能够与人长时间同享欢乐，即“同苦易，同乐难”，因而不可交，应当远离、排斥他。这种思想在中国根深蒂固，成为人们交朋友的一个标准。这说明，不“仁”的人很难与他人建立起良好的人际关系。

（二）“仁”是整个社会和谐稳定的基础

墨子指出：“视人之国，若视其国；视人之家，若视其家；视人之身，若视其身。是故诸侯相爱，则不野战；家主相爱，则不相篡；人与人相爱，则不相贼；君臣相爱，则惠忠；父子相爱，则慈孝；兄弟相爱，则和调。天下之人皆相爱，强不执弱，众不劫寡，富不侮贫，贵不傲贱，诈不欺愚，凡天下祸篡怨恨，可使毋起者，以相爱生也，是以仁者誉之。”“是故诸侯不相爱则必野战，家主不相爱则必相篡，人与人不相爱则必相贼，君臣不相爱则不惠忠，父子不相爱则不慈孝，兄弟不相爱则不和调。”（《墨子·兼爱中》）这段话表明，“仁”是实现天下太平和谐安乐的有效途径，因而是消除战争等弊病，治理好国家的良药。通过“仁”，可达到兼爱，而兼爱互利是为治之道[15]，“今天下之士君子，忠实欲天下之富，而恶其贫；欲天下之治，而恶其乱，当兼相爱、交相利。此圣王之法，天下之治道也，不可不务为也。”（《墨子·兼爱中》）“若使天下兼相爱，国与国不相攻，家与家不相乱，盗贼无有，君臣父子皆能孝慈，若此，则天下治。”（《墨子·兼爱中》）事实确乎如此。在治理国家中，政府关心老百姓，老百姓自然会拥护、支持、关心政府，这样就会形成上下和谐、太平的局面。但倘若统治者置人民于不顾，不管老百姓的死活，人民也会抛弃这样的政府或统治者，这样就会导致天下大乱。中外历史事实已经充分说明了这一点。

由此看来，“仁”的思想是我们当代社会所应当提倡的，它是实现国家长治久安、世界长久和平的重要途径。当今世界，尽管和平是主流，但局部的战争仍然不断，恐怖事件屡有发生。之所以如此，在很大程度上是由于一些人缺乏“仁爱”所致。一些大国强国由于缺乏“仁爱”，侵略或掠夺小国弱国；而一些小国弱国的人缺乏“仁爱”，为了报复把仇恨洒向不相关的平民；一些穷国弱国者因缺乏仁爱，会在嫉妒心等的驱使下抢劫掠夺。这样就导致了世界的不稳定。但倘若人人都有“仁爱”之心，相互帮助，上述事情就不会发生。即使是有了矛盾或冲突，也会在“仁爱”之心驱使下真心坐下来沟通，本着对人民负责的态度，采取和平的途径或方式解决问题。如果真的如此，和平将不再是一个梦。因此可以说，世界需要“仁”，和平呼唤“仁”，和谐要求“仁”。

（三）“仁”是人走向成功的必不可少的条件

如“仁者无敌”，幸福的的确确关照了那些为社会创造正面价值并具有双赢思想、合作精神、甚至是有一点牺牲勇气的人，而远离自私自利、唯我独尊、唯利是图者。

实践表明，任何一个人的成功都离不开社会支持或帮助。当今社会和科技的发展，既已把人们越来越紧密地联系起来，同时也使社会活动或劳动越来越趋于复杂化，这样仅靠个人的力量已很难完整地完成某一社会工作，如产品生产。过去的那种“万事不求人，万事不靠人”的局面已不复存在。就我国的实际情况而言，自改革开放以来，由于社会的急剧发展，我国原有的自给自足的农业和手工业经济生产方式被彻底打破，无论是城市还是农村，越来越多的人加入到人口流动的洪流中，进入劳动力或人才市场，通过劳动力交换，换取维持或提高自己生活水平的物质资料或精神产品。在这种情况下，个人对社会或他人的依赖性越来越强。同时，随着科学技术的发展、我国工业化进程的加速以及社会生产的日益复杂化，社会分工越来越细，产品生产越来越复杂，进而导致个体在社会产品（包括物质产品和精神产品）生产中生产整个产品的可能性越来越小，即个体通过劳动不是生产整个产品，而是仅生产社会产品的一部分或一些部分。这就使得社会中的个体在社会活动中变为一个越来越小的量，这个量只有与其他量联系起来，合在一起才有价值或意义。以往人们还把人看作一个机器，但后来人被看作机器上的零件，再后来被看作齿轮上的一个齿（零件的一部分）[16]。这说明单个人的作用越来越小，而人与人之间的依赖性越来越大。由此，任何人若想在社会中获得成功，就必须获得他人的支持或帮助；而要获得他人的支持或帮助，就需要在社会上建立起良好的人际关系；而要建立良好的人际关系，并以此为基础得到他人的支持或帮助，自己首先要有“仁爱”之心，即立足于支持或帮助他人。

（四）“仁”是个体人格完善的重要条件

在中国，“仁”既是人格完善的标准，是人格健全的人的重要特征，也是实现人格完善的重要途径。孔子说：“君子道者三，我无能焉：仁者不忧，知者不惑，勇者不惧。”（《论语·宪问》）“仁，则私欲尽去而心德之全也。”《论语·述而》）指出“仁”是良好的人格品质。孔子的这些思想对后世影响很大，被后人继承和发展，逐渐成为中国人所固守的观念。不仅如此，“仁”还被中国人作为达至人格完善的方式或措施。一个人只有有仁爱之心，才会关心、爱护他人；只有常常乐意助人，时时、事事、处处为别人着想，才会在爱人的过程中不断使之内化为自己的良好品质，使人格得以提升。正如毛泽东所讲：“一个人做一件好事并不难，难的是一辈子做好事。”正因为如此，品德高尚的人才经常告诫自己：“勿以善小而不为，勿以恶小而为之。”孔子说：“三人行，必有我师焉。择其善者而从之，其不善者而改之。”（《论语·述而》）可以说，在中国人眼里，“仁”既是一个做人和衡量人的人格好坏的基本标准，也是做人的最高境界。孔子说：“知及之，仁不能守之；虽得之，必失之。知及之，仁能守之。不庄以莅之，则民不敬。知及之，仁能守之，庄以莅之，动之不以礼，未善也。”“志士仁人，无求生以害仁，有杀身以成仁。”（《论语·卫灵公》）

这里似乎有些矛盾。做人的基本标准与最高境界难道一样吗？应该说不一样。

既然不一样，那为什么它们都是“仁”呢？这是因为“仁”的多样性、普遍性使然。从中国文化中的“仁”来看，它是多样的、分层次的，既有一般性的助人，也有中等层次的关心爱护人，也有更高层次的爱国等。因此，这种看似矛盾的看法其实并不矛盾。它是要告诉人们做到“仁”并不难，每个人随时随地都可做到，即人人都可以为“仁”。这与佛家的“人人都可以成佛”的观点类似。因此不要为自己不行“仁”而找“仁”难做的借口。不过，它又告诉人们不能仅停留在一时一地一事的“仁”，而要不断追求“仁”的最高境界，使之内化、经常化。

（五）“仁”的作用的基础性与普遍性

“仁”在人际关系中最为明显的作用是其基础性和普遍性。所谓基础性，是指它是一切人际规范如孝、信、义、忠等的基础或源起，一切良好的人际规范都是其表现或体现。倘若一个人没有仁爱之心，他也就不会对父母孝敬，对国家或群体忠诚，对朋友讲信用，就会一切以自己为中心，为自己利益甚至是蝇头小利而不惜出卖朋友、群体、国家乃至父母兄弟。所谓普遍性，是指它表现在社会生活的各个方面，如家庭生活、单位工作、社会交往等方方面面。无论社会生活的哪一方面，都需要“仁”。正因为如此，中国人把“仁”既作为一个基本的行为准则，也作为一种普遍性的行为规范，要求时时、事事、处处都要行“仁”。

三、达至“仁”的途径或措施

既然“仁”在人际关系中如此重要，那么怎样才能使自己“仁”呢？中国人一般采取如下几种方法或措施。

（一）反躬自省

要实现“仁”，首先要不断地自我反省。孔子说：“修己以敬。”（《论语·宪问》）曾子说：“吾日三省吾身：为人谋而不忠乎？与朋友交而不信乎？传不习乎？”（《论语·集注》）都强调自我反省的重要。事实也确实如此，每个人只有不断地质问自己，“自己是否对得起他人？”“自己有否害人之心？”“自己能否关心爱护他人？”“怎样才能真正地爱护、关心他人？”等等，才能不断地消除自己的非“仁”思想和行为，逐步达到“仁”的境界。

在自我反省时，应做到对心理和行为两方面的反省。在心理上，主要是反省自己是否有“爱人”之心，即“爱人”的动机或意图是什么？是否有“爱人”的能力？怎样才能获得或提升自己的“爱人”能力？等等。“德者，得也，得其道于心而不失之谓也。得之于心而守之不失，则终始唯一，而有日新之功矣。”（《论语·述而》）之所以要反求于心，是因为“仁者，心之德，非在外也。放而不求，故有以为远者；反而求之，则即此而在矣，夫岂远哉？程子曰：‘为仁由己，欲之则至，何远之有？’”（《论语·述而》）在行为上，不断反省自己的行为是否真正有利于他人？是否做了与自己的意愿相反的事？等等。之所以要从行为上反省，是因为许多时候常常行不对心，事与愿违，好心办坏事。

（二）角色互换

角色互换，实际上就是心理换位。具体的作法是“己所不欲，勿施于人。”（《论语·颜渊》）和“己欲立而立人，己欲达而达人。”（《论语·雍也》）这被许多先哲们认为是实现“仁”的基本方法[10]。对于这两句话，我们可作多种理解。

第一句话，可作如下理解：①最为通常的理解是“不要把自己不想做的事情强加给别人”。这是要求人们在向其他人提出要求时，比如向正需用钱的人借钱或让别人做为难或不愿意做的甚至冒险的事情，首先想想别人向自己提出这样的要求自己是否接受。这样可避免使对方难堪，损害双方的关系。②自己在做或不做某事之前首先推及于人，想想换了别人是否做与不做。如我们看到别人需要帮助时我们不想伸手帮助，这时我们想象如果需要帮助的人是我们自己，而看到的其他人没有帮助我们时我们是什么感受。这是朱熹所说的“推己及人”（《古文观止》）。《论语集注》解释说：“推己及物，其施不穷，故可以终身行之。尹氏曰：‘学贵于知要。子贡之问，可谓知要矣。孔子告以求仁之方也。推而极之，虽圣人之无我，不出乎此 。终身行之，不亦宜乎？’”（《论语·卫灵公》）这样做的结果可以使自己少一些私心，多一些宽容，进而净化心灵，提升自己的道德素养。正如《论语集注》所说：“敬以持己，恕以及物，则私意无所容而心德全矣。内外无怨，亦以其效言之，使以自考也 。”（《论语·颜渊》）③推人及己，即他人的品行或行为自己有没有。这本质上是向他人学习，从他人那里来反省自身。这表现在两个方面：一是他人好的方面自己有没有，若没有，怎样才能有？正所谓“人所爱，人所与，人所恃，必免于患矣，可以临国家，何况于身乎？”（《刘向说苑·卷十敬慎》）二是他人不好的方面自己有没有，若有，自己如何改？④除这些之外应还有一层意思，那就是“当别人向我们提要求时想一想自己会不会向他人提出如此要求？”如会，即使难为情，也不要责怪别人，并尽力去做，满足人家的要求。若不会，就想想别人为何提出这样的要求，并想想以后自己如何不像他那样向别人提出让别人难为情的要求。

第二句话，其含义有：①由自己的欲望推及他人的欲望，一是因为可以归功于人，这实际上是把自己想做的或能做成功的事让别人去做；二是不会因他人做了错事或对不起自己的事而怨恨他。即“以己所欲譬之他人，知其所欲亦犹是也。然后推其所欲以及于人，则恕之事而仁之术也。于此勉焉，则有以胜其人欲之私，而全其天理之公矣。”（《论语·集注》）②见到他人成功或有成就，就好像自己成功或有成就一样感到高兴；见到他人的不幸、失败或挫折，就好像自己有了不幸、失败或挫折一样，心里难受，并对他人感到同情。倘若与之相反，看到别人有成就而对之嫉妒，看到别人有了不幸、失败或挫折而看不起他，则是不“仁”的表现。正如王阳明所言：“见人之善若己有之，见人之不善则恻然若己推而纳诸沟中者，亦仁而已矣。今见善而妒其胜己，见不善而疾视轻蔑不复比数者，无乃自陷于不仁之甚而弗之觉者邪？夫可欲之谓善，人之秉彝，好是懿德，故凡见恶于人者，必其在己有未善也。瑞凤祥麟，人争快睹；虎狼蛇蝎，见者持挺刃而向之矣。”[17]（《王阳明全集·卷三悟真录之二·书王嘉秀请益卷（甲戌）》）③自己有了（能把事情做好的）知识和觉悟，也要让他人有此知识或觉悟。这是告诫人们不要保守，把做成功的方法据为独有，不与他人分享，也不要害怕别人因认为自己是“雕虫小技”而看不起自己而不告诉他人使他人受益。“己有分寸之知，即欲同此分寸之知于人；己有分寸之觉，即欲同此分寸之觉于人。人之小知小觉者益众，则其相与为知觉也益易且明，如是而后大知大觉可期也。仆于今之后进，尚不敢以小知小觉自处。譬之冻馁之人，知耕桑之可以足衣食，而又偶闻艺禾树桑之法，将试为之，百遂以告其凡冻馁者，使之共为之也，亦何嫌于己之未尝树艺，而遂不可以告之乎？”[17]（《王阳明全集·静心录之四外集三·答储柴墟（壬申）》）④自己做不到的，也要想到他人做不到，由此不要为难别人。“夫博施者，岂非圣人之所欲？然必五十乃衣帛，七十乃食肉。圣人之心，非不欲少者亦衣帛食肉也，顾其养有所不赡尔，此病其施之不博也。济众者，岂非圣人之所欲？然治不过九州岛。圣人非不欲四海之外亦兼济也，顾其治有所不及尔，此病其济之不众也。推此以求，修己以安百姓，则为病可知。”（《论语·集注》）⑤由他人的问题推及自己的问题，既不责怪他人，又在此基础上采取措施消除自己存在的问题，使自己不断完善。

通过上述分析我们可以看出，这里所说的角色互换，实际上就是儒家所说的“忠恕之道”，它是中国人通常采用的处理人际关系的途径，也是实践“仁”的基本方法，概括地讲它就是为人着想。倘若一个人本着“忠恕之道”做人，能推己及人，将心比心，设身处地为他人着想，从他人利益出发思考问题、处理问题，就是用“仁”的方法在践行“仁”，即孔子说的“仁之方”。忠恕之道的价值在于，“以欲为中介或以欲的满足与否为手段，可以建立良好的人际关系。”[18]由此来看，实现“仁”的方法并非繁难不可及，无法实施，实际上非常简单，体现在人的日常生活的一言一行中。其实，我们每个人心中随时随地都有一杆秤，用来称量包括自己在内的每个人。能否做到“仁”不在于是否有或能称量，关键在于称心（称量的标准）和参照系。正如冯友兰先生所讲：“每人内心都有衡量行为的一把尺（絜矩），随时都在使用它来衡量别人和自己。实践‘仁’的方法就是这样简单。”[19]

（三）与“仁者”交往，向其学习

有人曾问孔子如何才能做到“仁”，孔子说：“工欲善其事，必先利其器。居是邦也，事其大夫之贤者，友其士之仁者。”（《论语·卫灵公》）中国人非常重视交友，并把所交朋友作为衡量该人好坏的标准。常言道：“近墨者黑，近朱者赤”，据传孟子的母亲为了把孟子教育好，曾三次搬家以选择好的邻居。之所以会如此，是因为中国人相信人与人尤其是朋友之间会相互影响。事实也确实如此。“物以类聚，鸟与群飞”，尽管也有一些“出污泥而不染”的现象，但国内外许多研究都表明，交往对象对个体影响非常大。在日常生活中我们常发现这样的现象，与品行高的人交往，自己的品行会不自觉地得以提升，心灵得以净化；而与品行不端的人交往，自己也会逐渐染上恶习；与“臭棋篓”下棋，自己的棋会越下越臭，而与好棋手下棋，自己的棋艺会越来越高。所以，要做到“仁”，就要多与“仁者”交往，从他们那里学会提高自我修养的方法。

第三节　中国人际关系规范——“忠信孝悌礼义廉耻”

中国人际关系规范是中国人际关系心理的中层，是“和”与“仁”在各种具体的人际关系中的体现，是对各种具体人际关系提出的基本要求，是它们达至“和”的条件、途径或措施。它主要体现为“忠信孝悌礼义廉耻”。不过，在这里我们主要从当代人的角度在现代意义上使用这些概念，扬弃了它们所蕴含的与现代社会不相适宜的成分。

一、“忠”

“忠”是对个体在处理与国家、民族或所处群体以及上级的关系时提出的要求。其基本含义为忠诚、尽心尽力。如忠于祖国、忠于人民。《春秋左传·庄公十年·曹刿论战》中的“忠之属也”、《论语·学而》中的“为人谋而不忠乎”中的“忠”皆是此义。除此之外，还有“诚恳”之义，如“良药苦口利于病，忠言逆耳益于行”和“忠告”中的“忠”。

在当代，“忠”的含义与过去相比已发生了很大变化。过去尤其是奴隶社会和封建社会的“忠”主要强调“愚忠”或“忠君”，其基本含义是“忠顺”，主要表现是“顺从”，它具有单向性特征。而现在，其基本含义是“热爱、关心、尽心尽力”，主要表现是“作出自己最大贡献，尽到自己应尽的责任和义务”，它具有双向性。

（一）基本含义

“热爱、关心、尽心尽力”表现在上述关系上，体现为“爱国、爱本民族”“爱所处群体”和“爱上级”等，这里的“爱”不只是顺从听话，而且还要尽心尽力包括基于好的愿望指出缺点与错误。

1. 爱国、爱本民族

爱国、爱本民族是一个公民基本的道德责任或义务。之所以如此，是因为国家、民族的发展与个人的发展、地位、尊严等休戚相关。国家、民族贫穷落后，就会受到他国、他民族的欺凌，从而使得个体在与其他国家或民族的交往中没有地位或尊严，被人看不起。这一点，自清末到中华人民共和国成立之前的华侨或到过国外的人体验非常深刻。在我国贫穷落后之时，在我国境内竟然出现“华人与狗，不得入内”的地方，作为将军的吉鸿昌到国外去时被告知要谎称日本人以免不被接待或接待得不好。不仅如此，国家和民族的发展，能为个体的发展和幸福生活提供更为有利的条件。自 20 世纪 80 年代以来，我国国民的生活水平有了极大提高，以前难以想象甚至想都不敢想的东西都为普通民众所拥有。其前提条件是国家和民族的发展。

“爱国、爱本民族”，不只是情感上的热爱，而且还要有民族认同感、自豪感、责任感、使命感，努力锻造自己的民族精神，积极关心国家和民族发展，一心一意为国家和民族的发展尽自己的最大努力或责任，具体表现为本着对国家、对民族负责的态度发现并指出国家发展中出现的问题，为国家的发展出谋划策，干好本职工作，并不断进取和创新。

2. 爱所处群体

群体的概念非常广泛，其最基本的体现是家庭、生活的区域和工作单位，所以“爱所处群体”的基本表现是“爱家、爱社区、爱工作单位”。

“爱家”除了对家（包括家庭成员）有深厚的感情如依恋感、关心爱护之外，还要有责任感、使命感，为家庭稳定、和谐发展尽自己的心与力。由于家庭是社会的细胞，又是个体最初和最基本的生活空间，因此“爱家”也是爱社会、爱国，保持家庭稳定、和谐与良好发展，实际上也是为社会、为民族和国家尽到了自己的某方面责任。很难想象，一个连自己的家都不爱的人会爱民族、爱社会、爱国家，这是因为民族和国家实际上是“家”的延伸；很难想象一个连自己的家都建设不好、与自己家人都处不好关系的人能做好社会性工作、与他人处理好关系。因为家庭成员有很近的血缘关系，而与其他人则没有。倘若一个人与亲密血缘关系的人还斤斤计较，为利益而争斗，与他人相处就更会如此。

“爱社区（包括村落）”是热爱自己生活周围的人、环境和事。社区是一个生活群体，社区的氛围直接影响着个体生活的质量，因此，每个人都应爱自己的社区。“爱社区”表现为对社区有归属感、依恋感、认同感、自豪感，关心自己的社区事务，自觉积极维护社区的设施，与同社区的人尤其是管理者、组织者建立良好的关系，积极参与社区的活动，以极大的热情和投入关心并参与社区建设。

“爱工作单位”是对工作单位的“忠”，体现为对工作单位取得的成就与发展感到自豪，对其出现的失误、不足而忧心，为其生存和发展出谋划策，积极参与其发展建设中，对它有强烈认同感、归属感、责任感。其中最为重要的是热爱本职工作，积极干好本职工作并不断创新。近几年，中央电视台正在进行的劳动榜样评比中的参赛人员，个个工作技能突出，对自己的工作充满感情，实际上就是他们“爱工作单位”的表现。爱工作，不仅会对工作产生强烈的热情，不断改进工作技能、能力或水平，提高工作效率，不断增大自己对单位的贡献，而且还会使自己有健康的心态，使自己体验到工作的乐趣和幸福感、成就感。这样就会在工作热情、心态、幸福感、成就感与工作技能、能力、水平和效率之间形成一种良性循环，使自己和单位乃至家庭、社会都受益。

《这是我的错》的作者沃尔特·米勒认为：“无论从事什么样的工作，决定你成功的最重要因素不是智商、领导力、沟通技巧、组织能力、控制能力等等，而是一种努力行动、使事情的结果变得更积极的心理——责任。”“一个公司就像大海中的一只小船，员工和老板都是船上的乘客，一荣俱荣，一损俱损！只要你还在这只船上，就应当抛开任何借口，投入自己十二分的忠诚和责任心，尽职尽责。”

> 37 岁做了日本女邮政大臣的野田圣子开始做的工作是洗马桶。刚开始工作时，手一碰马桶就觉得恶心，不到一个月，就开始厌恶工作。这时一位老员工主动用自己的行动来教她洗马桶。她什么话也没说，就动手干起来。洗、抹干净后，她当着圣子的面伸手从马桶里舀了一杯水一饮而尽。她这是告诉圣子：经她洗过的马桶，不仅外表光洁如新，里面的水也是干净的。圣子感到非常羞愧，她意识到一个对自己的工作厌恶的人，根本没资格在这个社会上承担起任何责任。于是，她下定决心，就是洗一辈子马桶，也要做一个最出色的洗马桶的人。终于有一天，她也可以当着别人的面，把自己洗过的马桶里的水，眉头不皱地喝掉。正是由于责任心，使她不断得以提升，最终成为邮政大臣。

这则故事说明，“在有着高度责任感的人眼里，世界上没有‘恶心’的工作，只有‘恶心’的工作态度。只要尽心尽力地去做，再‘恶心’的工作也会变成最出色的工作，就像林肯说的：‘世界上没有卑鄙的职业，只有卑鄙的人。’”[20]

在我们日常生活中，有许多人往往因为嫌工作脏、薪水低、时间长、单调等原因而对工作缺乏热情，如一些教师认为一直教同样的课没有意思，导致其工作积极性不高，效率降低，最终影响了单位和自己。这告诉我们，要干好工作，首先要热爱工作，忠于职守；而“爱和忠”既会导致高效率的工作，也会导致自己的身心愉快和生活幸福，形成一种良性循环。

3. 爱上级

爱上级是指关心、爱护、支持上级，服从上级领导，并本着对上级关心与负责的态度监督上级，指出其不足或错误，并帮助他改正。换言之，对上级的“忠”，不是单纯的听话顺从，特别是对上级的错误也顺从（这样不是爱，而是害，使他在错误的道路上越走越远），而应是对上级正确的服从，对其错误如错误决策等用恰当方式及时善意提醒并帮助其改正。

（二）“忠”的双向性

“忠”的双向性是指“忠”不是单方面地表现为下级对上级、个体对群体、民族和国家的忠诚，而且也体现为上级对下级、群体对个体、民族或国家对个人的关爱、支持。在现实生活中，“忠”既来自于人的自觉和良好素养，但也来自于上级、群体、民族和国家对待个人的态度、方式等。倘若他们对个体打击、排斥甚至迫害，虽然也有人仍会表现为对他们的“忠”，但通常情况下也会导致个体对他们的怨恨乃至遗弃、报复。因此，就现代社会而言，要建构和谐的社会，除了要求个体“忠”以外，似乎“被忠者”也应进行思考或反思，考虑应该为“忠者”做点什么或采取什么措施使人们“忠”。对于社会而言，应该对“被忠者”作出一些规范或限制。这样才能真正做到“一好变两好，两好成一好”，上下同心，齐心协力，形成一个融洽的整体。

（三）如何做到“忠”

“忠”是中华民族所强调的良好的品质。在《春秋》《礼记》《论语》《孟子》《尚书》《孝经》《仪礼》《周礼》《周易》《何博士备论》《虎钤经》《纪效新书》《将苑》及《百战奇略》《六韬》《三略》等兵书中都多次讲到“忠”。在当今，“忠”仍然被人们所看重。既然如此，如何才能做到“忠”呢？

第一，加强民族精神和民族意识的培养。第二，加强责任感、使命感培养。第三，关心民众的疾苦，以民众的幸福生活为己任。第四，加强宣传，弘扬民族文化。第五，采取评比等方式激励“忠”的言行。

二、“信”

“信”虽然具有一定的普遍性，是对人提出的一般要求，但主要是针对商人和朋友之间的关系而言的，即“朋友有信”（《孟子·滕文公上》）。“信”在这里的意思主要是“诚信”“有信用”之义，如“守信用”“言出必行，不说空话”“信守诺言”“有信誉”“童叟无欺”等等。如“曹子可仇，而桓公不怨，桓公之信着乎天下，自柯之盟始焉。”（《春秋公羊传·庄公十三年》）“士何如则可谓之信矣？”荀息对曰：“使死者反生，生者不愧乎其言，则可谓信矣。”（《春秋公羊传·僖公十年》）“言而不信，何以为言？”（《春秋穀梁传·僖公二十二年》）这层意思主要是要求商人和人与人之间尤其是朋友之间应该讲信用或诚信，说到做到，不欺骗。除此之外，笔者认为还应当加上“相信”“信任”或“信赖”等含义，即要求人与人之间尤其是朋友之间应相互信任或信赖。如“桓之盟不日，其会不致，信之也。”（《春秋公羊传·庄公十三年》）“曹刿之盟也，信齐侯也。桓盟虽内与，不日，信也。”（《春秋穀梁传·庄公十三年》）从单个人的角度讲，你不相信或信赖别人，也别指望别人相信或信赖你。即使是别人信任、相信或信赖你，也会由于你的不信任而变成不信任。因为你会以己度人（以小人之心，度君子之腹），认为他人会像你一样不会相信或信赖你。

从古至今，“信”是建立良好人际关系的基本条件，也是人与人之间形成良好人际关系的必要条件。人只有讲信用、有诚信，人们才会信任他（或她）、相信他（或她），才敢跟他（或她）讲实话、讲真话、讲心里话，并在此基础上敢信赖或依靠他（或她）；只有人与人之间相互信任，才能互不猜忌。唯有如此，才能形成和谐融洽、互不猜疑的人际氛围。正因为如此，中国人把“信”作为人的良好品质之一，要求人们“讲信”“有信”。《诗经》中有20多处讲到“信”，《论语》中有近40处讲到“信”，《孟子》中有近30处讲到“信”，《尚书》中有近10处讲到“信”，《礼记》中有近80处讲到“信”，《周礼》中有20多处讲到“信”，《周易》中有近 25 处讲到“信”，《纪效新书》中有近 70 次讲到“信”，等等。其中绝大多数讲的都是“信义”“忠信”“相信”等。许多人都多次讲到“信”是人与人和睦相处的重要条件。

三、“孝”与“悌”

“孝”与“悌”主要针对家庭中的人际关系而言。“孝”针对的是家庭中晚辈对长辈的关系，后来也引申为学生对老师的关系。“悌”针对的是小弟对兄长的关系，后来也引申为弟或妹对兄或姐的关系，有时也泛化为兄弟姐妹之间互敬互爱。

（一）“孝”

在中国，“孝”是最为重要、最为基本的道德要求，也是衡量一个人能否与他建立良好人际关系的指标或尺度。由于每个人都来自于自己的父母，通常情况下应该说父母是每个人最为亲近的人，因此，很难想象一个对父母不“孝”或对父母不好的人能对其他人好。正因为如此，人们一般不太会相信那些不孝之人，不愿与他们建立起良好的关系甚至不愿与他们交往。不过，当今的“孝”已不再是简单地听父母的话，不违父母之命。而是使父母老有所养、所做、所乐，替父母着想，尊敬、关心、爱护父母，满足父母的需要，等等。研究表明，在当今中国，“孝”仍然是调节人的行为的重要标准。尽管目前有相当部分的人对父母不孝，但他们都不敢更不愿承担不孝之名。如果有人说他们不孝，他们会很不愿意甚至非常恼怒。

笔者曾对一些人进行访谈，被访谈者基本上都认为自己对父母孝顺。笔者曾调查了广东省肇庆市的一些留守妇女①，发现对公婆孝敬的妇女，其丈夫在外另寻新欢甚至闹离婚的比较少，而不孝敬公婆的妇女的这种情况则相对来说比较突出。笔者曾对广东省部分中学生的“孝”与成就动机进行了研究，发现二者之间密切相关[21]。

既然“孝”如此重要，那么如何才能做到“孝”呢？笔者认为应做到以下几个方面：①加强宣传教育，在全社会弘扬“孝道”，形成孝敬父母的良好社会风气。②采取评比、挂牌等措施，激励人们孝的行为即孝行。这方面除发挥社区、村落的作用外，新闻媒体也应发挥作用，可以由社会推荐开展“孝”之评比、讨论等活动。③推己及人和推人及己。作为社会成员尤其是不孝顺的人应自己与父母换位，想想倘若自己的子女对自己不孝自己会是什么感受和什么状况；由自己教养孩子想想父母教养自己，真心去品味父母对自己的爱和养大自己的辛苦。④作为父母，从小应对孩子进行“孝”的教育，并给孩子做好榜样。⑤把“孝”与个人的事业、成就等联系起来，用“孝”去激励人。

当然，当今社会所崇尚的“孝”具有双向性、互惠性。双向性是指不是只强调孩子对父母的“孝”，同时也强调父母对孩子的责任和义务。倘若父母遗弃孩子，对孩子虐待，就不要指望孩子对自己孝敬。中国有句话叫“父慈子孝”，就是说的这个意思。另外，父母要对孩子的“孝”有正确的理解，不能把孩子事事都听自己的、孩子把所有的一切都给自己才能为孝。现今，一些父母对自己孩子公司的事务擅加干涉，对孩子的事业造成很大消极影响；一些父母对孩子横加指责，一点都不顾及孩子的自尊心和人格，等等，都会影响到孩子对自己的“孝”。这就要求父母要考虑自己的言行，尤其不要把孩子的“孝”看作为不孝，不体谅、

① 这里的留守妇女指丈夫长期在外打工，自己在家里照顾孩子、老人、干农活的农村妇女。

关心孩子。互惠性是指“孝”对长辈和晚辈都有利。长辈对晚辈的关心与爱护，可以换回晚辈的孝敬；而晚辈对长辈的孝敬，又可以赢得长辈的关心、他人的尊敬等。由此二者获得双赢，最终导致家和、家兴。

（二）“悌”

“悌”原意指敬爱兄长，引申为顺从长者。如“入则孝，出则悌。”（《孟子·滕文公下》）“教民礼顺，莫善于悌”“敬其父，则子悦。敬其兄，则弟悦。敬其君，则臣悦。敬一人而千万人悦。所敬者寡而悦者众，此谓之要道也。”“诗云：恺悌君子，民之父母。非至德，其孰能顺民如此其大者乎？”（《孝经·广要道章》）

不过，由于现今的“悌”具有双向性、互惠性，应把之看成兄弟姐妹之间的互敬互爱。这种互敬互爱有很大好处。①可以使家庭内部群策群力，拧成一股绳，形成合力，使整个家庭兴旺发达，每个人都受益。谚语“众心齐，泰山移”“兄弟一条心，黄土变成金”等说的就是这个意思。②可以使整个家庭抵御外部压力和灾害的能力大大增强。③可以给他人留下良好印象，增强他人对与己共事的信心、决心。

当今社会存在着兄弟姐妹间因利益冲突，甚至为一点蝇头小利而拳脚相加。这不仅使兄弟姐妹间大伤和气，而且绝大多数情况下得不偿失。这表现在：①兄弟姐妹都把精力和时间放在争斗上，无心做其他事情。而实际上若把这样的时间或精力用在做其他事情上，可能获得的利或创造的价值比所争的东西要大得多。②争抢或争斗导致两败俱伤，最终的结果是家庭分裂、破落，严重的会产生相互的身体伤害乃至丢失性命，并有可能使他人获利。③在他人看来，自己兄弟姐妹之间为利益还争得老死不相往来，甚至你死我活，就更不要说他人了，因此，不愿与他们共事。

四、“礼”与“义”

“礼”和“义”都是人在社会上为人处世的一种普遍性的规范或要求。

（一）“礼”

“礼”主要有“表示敬意”“大家共同遵守的仪式或规范”“礼节”“礼物”之义。不过，这里说的“礼”主要指“仪式或规范”和“礼节”。就前者而言，它是指社会生活中由于风俗习惯而形成的为大家所共同遵守的仪式或规范。如婚礼、丧礼、节日礼等。就后者而言，指人们在日常生活中为人处世、待人接物的惯用形式，这些形式用来表示尊敬、颂祝、哀悼、欢庆等。如鞠躬、握手、鸣炮、献礼物等。“礼”的目的主要有三：①使社会稳定和谐；②使人们相互之间能够理解；③提高社会和人的文明程度。

1. 使社会稳定和谐

中国是礼仪之邦，“礼”通常被中国人作为立身处世的规范，而这种规范的目的是使社会井然有序。正因为如此，“礼”甚至被儒家作为人际关系的最终目标。孔子说：“恭而无礼则劳，慎而无礼则葸，勇而无礼则乱，直而无礼则绞。君子笃于亲，则民兴于仁；故旧不遗，则民不偷。”（《论语·泰伯》）指出“礼”是恭敬、谨慎、勇敢、正直的基础。孔子终其一生致力于恢复“周礼”，寄希望于仁人、圣君能够通过恢复“周礼”来实现社会的安定与和谐。孔子认为，“礼”是治国安民的第一要务，只有有了“礼”，社会才会安定，人民才会安康、幸福、乐业。他指出：“移风易俗，莫善于乐；安上治民，莫善于礼。是故圣王修礼文，设庠序，陈钟鼓，天子辟雍，诸侯泮宫，所以行德化。诗云：‘镐京辟雍，自西自东，自南自北，无思不服。’此之谓也。”（《刘向说苑·卷十九修文》）“克己复礼为仁，一日克己复礼，天下归仁焉。为仁由己，而由人乎哉？……非礼勿视，非礼勿听，非礼勿言，非礼勿动。”（《论语·颜渊》）王阳明说：“照得安上治民，莫善于礼，冠婚丧祭诸仪，固宜家谕而户晓者，今皆废而不讲，欲求风俗之美，其可得乎？况兹边方远郡，土夷错杂，顽梗成风，有司徒事刑驱势迫，是谓以火济火，何益于治？若教之以礼，庶几所谓小人学道则易使矣。近据福建莆田儒学生员陈大章前来南宁游学，进见之时，每言及礼。”（《王阳明全集·知行录·公移三·牌行南宁府延师讲礼》）《论语》一书中提到“礼”的有76处，反复强调人要想在社会上立足，就必须按照社会的道德规范约束自己的视听言行，即“克己复礼”。如果不按照这个社会规范去行事为人，人就不能成为社会的一员，“礼也者，犹体也，体不备，君子谓之不成人。”[22]“不知礼，无以立也。”（《论语·尧曰》）儒家把以礼待人，遵守社会规范提高到安身立命的高度。

当然，“礼”能否起到安定社会，使社会有良好秩序的作用，并不只在于“礼”能否顺利实施或被人们遵守，而更在于“礼”的性质和内容，即实施的是什么样的“礼”。倘若“礼”本身不恰当，实施这样的礼不仅不会对社会有利，而且还可能给社会带来更大的混乱或危害。因此，重“礼”首先要体现在“礼”的性质或内容上。孔子、孟子等先哲都非常注重“礼”的实质。孔子说：“礼云礼云！玉帛云乎哉！”（《论语·阳货》）“人而不仁，如礼何？”（《论语·八佾》）其义是如果不具爱人之心还需要那些礼仪制度吗？这既指出了“仁”是“礼”的本质与内涵，“礼”是达到“仁”的手段和方法，“仁”与“礼”的关系是内容与形式的关系，两者互为表里，缺一不可；也指出了“礼”是对所有人的要求，不能只拿“礼”来要求别人，而不要求自己，自己可以随心所欲。

除内容外，实施“礼”的难易程度也非常重要。倘若“礼”非常繁难，很难在实践中实施，那么人们也不愿遵守它，它也由此失去作用。孔子推行“周礼”之所以推行不下去，除当时社会条件不允许外，“周礼”的烦琐也是不容忽视的原因。这就要求“礼”要简便易行。

2. 使人们相互理解

“礼”是一种规范，这种规范应该为社会中的人共同认可或接受。这样，谁的行为合礼，谁的不合礼，大家都能一目了然。合礼的行为被他人所接受认可，不合礼的则被他人所排斥。除此之外，“礼”可作为一种符号传达某种意义，而它所传达的意义能为大家共同理解。这样，就为人们的相互理解提供了一定的工具和尺度。

3. 提高社会和人的文明程度

越是文明的社会，越是有“礼”；越是文明的人，越是知礼、懂礼、行礼。因此，有“礼”并按“礼”而行被看作为文明程度高、有素养的标志。无论是一个社会，还是一个人，能做到有“礼”、懂“礼”和行“礼”，就会被尊重。

（二）“义”

“义”的含义有很多，主要含义有“道义”“正义”“义气”“情谊”“恩谊”“慈善”“事之宜”“利人或利他”等。这里所说的或被中国人作为行为规范的“义”主要指“道义或正义”“情谊”和“利他”。“真其正也，方其义也。”（《周易·坤卦》）“义者，宜也。”（《礼记·中庸》）“义，利也。”（《墨子·经上》）“利物为义。”（《孝经》）

“义”是中国人注重的一种良好品质，也是人在与他人交往中应持的规范。孟子说：“生，亦我所欲也；义，亦我所欲也，二者不可得兼，舍生而取义者也。”（《孟子·告之上》）把“义”看得比自己的生命还重要。孟子这段话被中国人所推崇，逐渐成为仁人志士对自己的要求。荀子把“义”看得更重，他说：“从道不从君，从义不从父。”把“义”看得比君主、父母还重要。墨子更是把“义”推崇到极致，把“义”看得比什么都重要。他说：“万事莫贵于义。”（《墨子·卷十二·贵义第四十七》）不给“不义”留下任何立足的余地。正因为“义”很重要，所以中国人要坚持“义”，认为不能因其他任何借口而“不义”，正所谓“义者不以存亡易心。”（《三国志·魏书·曹爽传》）在人际交往中，要“以义取人”“以义正我”。“多行不义，必自毙。”（《春秋左传·隐公元年》），告诫人们不要做不“义”的事情，否则，会自食其恶果。在中国人看来，“义”既是治国安邦的一个重要条件，也是建立良好人际关系的必要条件。一个国家失之于“义”，将会灭亡；一个人失之于“义”，将干不成什么事情。“背施无亲，幸灾不仁，贪爱不祥，怒邻不义。四德皆失，何以守国？……弃信背邻，患孰恤之？无信患作，失援必毙，是则然矣 。……背施幸灾，民所弃也。近犹仇之，况怨敌乎？”（《春秋左传·僖公十五年》）“信近于义，言可复也；恭近于礼，远耻辱也；因不失其亲，亦可宗也。”（《论语·学而》）“父子有亲，君臣有义，夫妇有别，长幼有序。”（《孟子·滕文公上》）

在人际交往中，“义”要求人们：①要坚持正义或道义，不做非正义或不道义的事情。②要有感恩之心，不要忘了别人给自己的恩惠，尽可能有恩必报，不能忘恩负义，更不能以怨报德。③要做对他人、群体、社会或国家有利的事情，不能只顾自己，自私自利，甚至损人利己乃至损人不利己。当前，在我国流传着这样的话：“利人又利己的事情一定要做，利人不利己的事情也要做，损人但利己的事情尽量不做，损人不利己乃至损人又损己的事情千万不能做。”充分说明“义”对当代中国人的影响。④要照顾到彼此之间的感情或情谊，在通常情况下不做伤害感情的事情或举动，而要做能增进感情或情谊的事情，表现出如此的言行。

五、“廉”与“耻”

“廉”指廉洁、不贪，按规章办事。它主要是对有一定权力尤其是政府官员提出的要求，也是中国人强调的人所具有的良好品质和人的行为规范之一。

“耻”的含义有“羞愧之心”“耻辱或可耻的事情”“侮辱”等。其最基本的含义是“有羞愧之心”。“人不可以无耻。”（《孟子·尽心上》）“其心羞愧，若挞于市。”（《书·说命下》）就是告诫人们要有羞耻之心。它是对人们的行为提出的要求，是制约人们行为的规范，要求人们要有羞愧之心，要知耻，不侮辱人。其中，知耻是要求人知道什么是耻辱或可耻的事情，不能做；什么是好的事情，可以做。这是聪明的表现，所谓“知者，智也。”

“廉”与“耻”结合在一起形成“廉耻”，要求人们有廉洁的操守和羞耻的感觉，并把它作为内心行为的标准或规范。

六、上述人际关系规范在现代社会实施的机制

上述所说的人际规范是从中国文化的一般理论上和中国人的传统心理特点来讲的，尽管这些规范在当代社会中仍在发挥重要作用，但是当今社会毕竟已发生了很大变化，上述概念的内涵也发生了很大变化，要使它们在现代社会中更好地发挥作用，必须对它们进行现代转化，并依据现代社会实际探讨其实现机制，使它们从应然转化成实然，也就是转变成现实行为。依据社会学、文化学和心理学

的研究，这方面机制主要有以下两种。

（一）社会控制的外部约束机制

社会控制主要包含两方面的含义：一是将外来的行为准则和道德规范内化为良心的鞭挞力量；二是将外来的行为准则和道德规范以法律条文规定，起一种心理制约的力量[23]。现代社会学和心理学研究表明，个体的社会化过程是个体由自然的人转变为社会的人的过程，也是个体学习与掌握道德行为规范和法律法规以适应所在社会要求的过程，同时也是其心理和行为发生急剧变化，由不成熟到成熟的过程。在这一过程中，人的可塑性比较大，因而是实现社会控制的最好时机和形式。这时的社会控制主要是通过外部制约逐步使人掌握社会行为规范，它可分两步现实，即从“约之以礼”到“克己复礼”。这实际上是文化建设的两个阶段。第一个阶段是养成人们的行为与精神，特别是人的行为。在该阶段，个体不具备甚至不认同某种行为时，需要通过外部的约束（如法律法规、规章制度）或采取某种外部手段（如奖惩）使人们表现出这种行为。第二阶段是个体的内化，即行为习惯和内在精神的形成。常言道：“习惯成自然”，个体一旦把外部的要求转化为自己的内在需求，通过长时间的行为表现形成行为习惯，就具有了文化所要求的精神品质，自发表现出文化所要的行为。这时文化就建成了，达到了由“管”到“不管”，由“教”到“不教”的境界，真正实现了“教是为了不教”“管是为了不管”的目的。

1. 外部控制或约束

外部控制或约束是把社会成员必须遵守的道德规范转变为法律或法规性条文规定或舆论压力，从外部给予一个强制约束力，人的行为若违反法律规定，就要受到相应制裁或惩处，使人们在作出行为之前就会感到有一种无形的压力或约束力。其实，人的本性都有不良的甚至邪恶的一面，都有自私自利、损人利己、恣行妄为的一面，这就需要制约，而制约单靠自我约束是远远不行的，而应主要靠外部，要靠法纪的震慑和管束来促使其“自控”，自觉或不自觉抑或是勉强的。倘若“他约”不存在了，“自约”自然就难以发挥作用[24]。

2. 个体的自我内化

自我内化是个体把相应的道德准则或规范转变为内在的品质或人格的有机组成部分，实现从他律到自律的过程。这一过程一旦完成，道德规范就不再是个体外部的东西，而成为其内在的品质。如此，按道德规范去做，表现出符合道德规范的行为，就不再是来自于外部压力与惩罚，而是自身内部的价值判断标准或自己内在的需求。

现代社会角色的研究已使得上述过程的实现有现实理论依据。大多数学者认为，社会角色是一个人在社会中的地位和身份及与之相一致的行为模式，是处于一定社会地位的个体，依据社会期望，借助自己的主观能力适应社会环境所表现出的行为模式。在社会角色形成过程中，社会期望起着十分重要的作用，而社会期望反映的是一定的社会规范或标准。换言之，每个社会角色都有与它相一致的社会规范或要求，这些规范或要求规定了个体在扮演它时所应有的态度和言行。由此可以说，每个人的社会角色都不是自己认定的，而是社会客观赋予的，他在承担这个角色之前社会就已经对之给予规定，他形成这个角色的过程和承担这个角色，只不过是把社会的规定转化为自己的特质，这一过程是一个建构过程，即个体对角色规定的理解、认同并内化过程。例如，做父亲的在行为上应该符合社会所规定的做父亲的规范或标准，如对孩子爱、慈善等；做子女的在行为上应该符合社会所规定的做子女的规范或标准，如孝顺或赡养父母等；作为领导者应该符合社会所规定的领导者的规范或标准；作为公务员应该符合社会所规定的公务员的规范或标准。路史说："地位或社会位置，是社会组织的单位。什么人应该遵守什么规范，是由地位所确定的。地位可以看成是一堆规范，而社会可以看成是以特殊方式所安排的一堆地位。"[25]

奥尔波特曾指出："控制的基础在于内心"。从心理学上来分析，个体社会化的心理基础在于个人接受社会文化所灌输的规范而满足其得到别人赞许的需要和避开在没有接受相应规范可能所遭受的损失、惩罚或伤害。因此，在实施社会控制时，可采用强化和改变认知的方法使个体切实认识并体验到社会规范的益处，形成良好的行为习惯。

（二）对等回报的价值激励机制

前面我们讲过，当今的"忠信孝悌礼义廉耻"等具有双向性、互惠性。美国社会心理学家李瑞指出，"一定的人际关系表现一定的人际行为模式，即一方表示的积极行为会引起另一方相应的积极行为。"[26]这就要求在实施社会规范时建立起对等回报的价值激励机制。

孔子说："子生三年，然后免于父母之怀。"（《论语·阳货》）因此，父母死后子女应该为父母守丧三年。"这种观念，源自一种人们对外在恩惠行为（如父母养育）的内在心理的积极感应。人们对外在行为的内在心理感应能力，在社会的熏陶、教育下，成为一切主动和被动的道德行为产生的动因。"[27]孔子的这种思想逐渐形成了中国人的施报观。中国人认为，人按照道德规范去做实际上是互惠的，人在这样做时会产生一种心理感应能力，而这种能力可以引发出他人的道德行为。依据这种理论，社会应当建立起某种机制，激励和强化这种心理感应和互惠行为的发生。倘若人们在做出符合道德规范的行为时如见义勇为等确实能得到回报，他们表现出道德行为的可能性就会大大增加。反之，若做出这样的行为反而使自己受害，如英雄流血又流泪、做好事付出的人不被他人理解等，就使他自己和了解这种情况的人做出如此行为的积极性和可能性大大降低。现在，一些地方制定出一些政策如给见义勇为者或其子女在升学考试中加分，且不说这些政策本身是否合理，但这种做法是合理的。在建立这种回报机制时可以强化中国人的施报心理。

中国是一个礼仪之邦，向来讲究施恩报恩，礼尚往来。常言道："乐民之乐者，民亦乐其乐"，"忧民之忧者，民亦忧其忧；忧人之忧者，人亦忧其忧。"（《孟子·梁惠王下》）道出了人心是相通的，而这种相通是双向的。中国人常说："有恩报恩，有冤报冤。"说出了人际交往的对等性与相互感应性或感染性。在中国，如果"来而不往"，受了别人的恩惠而没办法作出相应的报答，个体在心理上会产生"欠别人一个人情"的感受。"在欠人人情债时，一个人感受到的心理负担要大于欠他人的经济债。"[28]而还情的最好的方法就是回报别人的恩惠，即"以德报德。"（《论语·宪问》）美国社会学家霍曼斯提出了社会交换论，该理论提出了"分配上的公平原则"[29]，这种相互的施予应该是等量的。如果回报给对方的少于对方施加在自己身上的，双方的关系会发生不平衡，甚至无法维持下去，更不要说达到和谐的目的。不过，在中国人看来，这种回报不仅等量，而且还会超量。常言道："受人点滴之恩，应当涌泉相报。"尽管按照中国的施报观施恩的人不求回报，但受恩的人则会想着回报，并想方设法给予回报。这种心理是一种很好的心理，有利于良好的人际关系的形成。

（三）建设和谐人际关系的措施

和谐社会的建立离不开人际关系的和谐，"人与人之间的和谐是和谐社会的基础"[30]。改革开放以来，随着人们的物质生活日益丰富，社会主义市场经济的竞争性、残酷性和不规范性使经济利益代替了人与人之间的礼让与温情，导致人际关系的功利化。这种功利化的人际关系必然会削弱个人的能力，消耗群体的力量，影响社会的发展。因此，倡导和谐的人际关系既是社会的迫切愿望，也是社会发展的必然要求。依据中国的人际关系理论，在构建和谐人际关系时，应注意以下几个方面。

1. 对于个体来说，要不断提高自身修养

第一，要培养社会责任感，把自己的发展与国家、民族的命运结合起来。社会责任感是社会和谐、稳定的融合剂，如果每个人都能积极承担起自己的社会责任，那么社会就会和谐有序。第二，要自我反省，自我批评。"君子求诸己，小人求诸人。""吾日三省吾身——为人谋而不忠乎？与朋友交而不信乎？传不习

乎？”（《论语·学而》）就是要积极主动地做自我检查，经常反躬解剖，省察自己，对自己的行为进行道德评判。对自己的缺点要像攻击敌人那样毫不留情；对别人的缺点，则采取宽容谅解的态度；一个人要及时改过，还要“自讼”，即对自己的不良思想和行为，要勇于揭露，并经常自觉地与之作斗争，进而克制它，使自己的言行回到正确轨道上来，做一个堂堂正正的人。对于任何人来说，应“常修为仁之德、常思贪欲之害、常怀律己之心”，自觉敬畏和服从法律和社会规范的约束，诚信做人，表里如一做人，清清白白做人，否则，就会走向反面，被社会所抛弃。第三，注意在个人独处时候的言行。“莫见乎隐，莫显于微，故君子慎其独。”（《礼记·中庸》）一个人独处的时候最能体现出一个人的道德修养，因为在没有外界的监督之下，一个人还能自觉地做好一些事，说明他的道德修养已经达到甚至超越了一定的境界。第四，推人及己，推己及人。

2. 要重视社会的教化和舆论的作用

孔子说：“君子博学于文，约之以礼，亦可以弗畔矣夫！”（《论语·雍也》）“道之以政，齐之以刑，民免而无耻；道之以德，齐之以礼，有耻且格。”（《论语·学而》）在这里，孔子道出了一个道理，即通过社会教化，使人们知仁、懂仁、行仁和知耻、懂耻、恶耻，就可以建立和谐的人际关系。

在进行社会教化时，电视、报纸、杂志等社会媒体能起到十分重要的作用。它们可以起到舆论引导作用、舆论监督作用、舆论激励作用（通过组织社会范围内的推选、评比等活动激励）、舆论制约作用（通过形成一定的社会压力来进行）。

3. 建立并不断完善恰当的“礼”

在当代市场经济条件下，建立和谐人际氛围与和谐社会，只强调个人的道德自觉是远远不够的。虽然从理论上讲人的道德行为具有双向性和互惠性，但在实际的现实生活中，真正能理解这种双向性和互惠性，具有道德自觉性并躬身践行它们的人并不多，因此，有必要建立起合理的社会规则或规范，即前述的“礼”，并采取恰当的激励、强化乃至惩罚措施。美国新行为主义心理学家斯金纳指出：“道德只不过是外部环境对个体行为强化的结果。”[31]这告诉我们，社会规则的制约或约束作用是不容忽视的。

4. 切实建立起社会回报与激励机制

这是中国传统文化的主流——儒家文化所倡导与要求的。相传，孔子的学生子路救了一个落水的人，事后这家人送给他一头牛，他毫不犹豫地接受了。有人批评他贪财、不高尚。与之不同，孔子的另一个学生子贡自己花钱赎回在别国做奴隶的同胞，按当时鲁国的法律规定他可以到鲁国国库领会赎金，但他却坚持不要，人们都夸奖他品质高尚。而他们的老师孔子则说：“子路受而劝德，子贡让而止善”。意思是说，子路应该要牛，这样可鼓励更多的人做好事、救人；子贡不要国家补偿，获得了好的名声，但这样恐怕愿意做好事的人越来越少。由此可见，中国文化是非常强调社会回报与激励的。

按照中国传统文化，建立社会回报与激励机制，政府和有关部门负主要责任，它们应切实建立起相应的奖惩制度和法律法规，对有良好道德表现的人给予奖励与保护，对不良的道德行为给予限制乃至惩罚。以见义勇为为例，当前我们党和各级各类政府都制定出相应的制度或措施，给见义勇为者以回报。这些措施与制度大大鼓舞或激励了见义勇为行为。中央电视台曾报道过几起触犯法律的人或其家属状告见义勇为者的案例，在这些案例中，法律保护了见义勇为者，触犯法律的原告全部败诉。笔者认为这是一种好现象，它必然会起到弘扬社会正气的作用。

社会主义和谐社会的构建，要依赖一种回报和互惠机制来维系，要靠一种“我为人人，人人为我”的价值观来统帅。应当在社会中建立或形成互惠性的社会回报与激励机制，对社会来说，不能只要求人们付出，而不讲给人的回报；对个人来说，不能只讲对自己的回报，而不讲自己的付出。想想看，倘若没有互惠机制，“我为人人”，而“人人没有为我”，甚至对“我”挖苦讥讽乃至打击，那么“我为人人”是否还会存在？但是，倘若有了互惠机制，倘若“我不为人人”，自私自利，哪里来的“人人为我”？对于国家或政府来说，只有“以人为本”“以民为本”，人或民才会更维护、保护、爱戴国家或政府。对于个人来说，只有“以社会为本”“以他人为本”，社会或他人才会关心、爱护他。事实确实如此，一个人越关心社会或他人，对社会或他人贡献的越大，社会或他人就越是尊敬、支持他，赋予他崇高的社会地位。《礼记》说：“多私者不义”，拿了不属于自己的东西或拿了自己不该拿的东西是不义的。用在我们当前社会，就相当于现在社会鼓励个体富裕，不过鼓励的是通过正当手段或途径而富裕。“君子爱财，取之有道。”有人说：“钱是要拿的，但要取之有道；不义之财是会烧身的……钱如水，没钱会渴死，贪钱会淹死。”[32]一个人为社会、为他人付出了，他得到回报是应当的，但若没有付出而还想贪得他人或社会的钱财，则应当受到社会的制裁。

第四节 行为层面——“脸”与“面子”

“脸”与“面子”是制约中国人人际交往的最为直接的重要因素，是中国人在人际关系中非常注意或注重的方面，是中国人际关系心理的表层或行为层面。它们既是“和”的表现，也是在实际的人际交往中实现“和”的途径或方式，因而，中国人非常重视“脸”与“面子”。正因为如此，不研究或不了解“脸”与“面子”，就难以理解中国的人际交往行为。不过，这方面的内容在“印象管理”中已经详谈，为避免重复，此不赘言。

第五节　中国人际关系心理的特点

综上所述，我们可以看出中国人际关系心理具有如下特点。

一、伦理性或道德性

如前所述，人伦就是中国的人际关系，而其中的“伦”就是人与人之间的伦理性、道德规范性。这说明中国人的人际关系具有鲜明的伦理性特点，以道德规范为核心。伦理或道德使中国的人际关系制度化、规范化、程式化。上述人际关系的规范主要就是道德层面的。从汉语词典来看，“伦”的本意是条理、秩序，伦理就是处理人与人之间关系的道德准则和道理。“伦”有天伦和人伦两种，天伦是人与人之间的天（自）然伦次，如父子、兄弟姐妹等；人伦是人与人之间的关系，如朋友、夫妻等。中国人提倡典范，重视道德。道德具有的约束力，它存在于普通老百姓的心中。个体的行为如果遵从典范，则它就受到欢迎。反之，个体如果不讲良心道德，则很难在中国生存发展。正因为如此，中国人重视人与人之间的关系及其规范，把关系及其规范看得比自己还重要，由此造成了中国人的关系取向。

二、人情性

中国人非常讲人情，人情是中国人际关系的核心，以人情为基本的心理和行为模式。人情有不同的含义，最初的含义是人的感情，后来具有了许多含义，其主要含义有：①礼物，即人与人之间馈赠的礼品等。如逢年过节、婚丧嫁娶等人们赠送的财物。②人与人之间的心情事理，即世情、世故。如一些事情该怎样办、不该怎样办等。③交情、情面。人与人之间的关系深浅及对这种关系的照顾。④人际往来应酬的礼节习俗。中国人所讲的人情含有上述几层意思，有时是这几种含义的结合体。

从人情的含义和日常生活的人情实践来看，应该说它主要是一种人与人之间的感情沟通，包括互送礼物、经常交往以拉近感情等。在中国人的交往中，特别重视感情或人情味的作用，“你有情我有义”，并由此非常重视感情沟通和人与人之间心理的拉近。所以中国人非常重视搞关系。说到搞关系，许多人都朝坏的、不正当的、不合法的方面想。事实上，讲人情、拉关系并不是坏事，有助于良好的人际关系的建立和社会和谐，也是人获得成功的重要条件。一个人如果缺乏良好的人际关系，即使很有能力，也不可能成功。人情是中国人日常生活中积累的约定俗成的行为规则，它能够帮助人们缓和与其他人之间的紧张度，让他人感到与我们交往的愉悦感与建设性。因此，逢年过节、生日或有事情，亲戚朋友之间互相探望一下，送点小礼物，沟通或加深友谊和感情是正常的，也是必需的。在不违背原则或合法的情况下，看在相互之间的情分上，替亲戚朋友办一些事情，照顾一下也未尝不可。如果不讲人情，甚至把人情当作是一种负担，反而会导致人际关系紧张。一个不懂人情世故，丝毫不讲人情的人很难适应中国社会，只会给自己和他人带来烦恼乃至伤害。下面一则《有些人情是需要欠的》故事说的就是这方面情况。

> 近几年，我患病需定期去北京诊治，每次都住三姐家。三姐除了托人寻医问药、好吃好喝好招待外，还次次接济我。我经济上并不困难，坚持不收，三姐常常急得红了脸。我觉得给三姐添的麻烦太多了，有一次去的时候，住了宾馆，看完病悄然回来。本以为能瞒过去，但三姐还是知道了。电话里，她哭了，说：“你虽是堂弟，但我从来都把你当成亲弟弟，来北京一趟，为什么不到三姐家来？是不是姐哪里惹你不高兴了？”我窘然，编理由胡乱搪塞。后来父亲知道了，对我说：“你姐不是外人，有些情你是需要欠的，要不，就生分了。”
>
> 打那以后再去北京，我都直接去三姐家。尽量表现出坦然的样子。三姐很高兴，仍如往昔忙来忙去。我想，假如我依旧一副做客的姿态，一副知恩必报的样子，三姐必然觉得我和她生分。然后行为语言上谨小慎微，大家必然都疲惫不堪。
>
> 三姐的这份人情，我是欠下了，也许今生今世也无以报答。但正如父亲所说，有些人情是需要欠的。如父母的生养之恩、老师的教诲之恩，又如兄弟之情、朋友之谊，如何能每一份付出都得到同等的回报？人活着，有些情是需要欠的。正是这些欠下的情，成了一道道桥梁、纽带，拉近了人们的心。现在，我倒希望，人们彼此欠情的范围再广一些。那样，人人为我，我为人人，便是一幅更加和谐的社会景象。

当然，如果把人情变成负担，人人都为人情所拖累，这就违背了人情的本意。这样的人情不仅不利于和谐生活，还会损害生活的幸福安康。另外，如果只讲人情没有原则即不讲原则的人情，那讲人情就不是好事情了。一些人尤其是当权者利用人情世故谋私利、赚黑钱、害人祸国，把本来正常的人情变成了不正当的工具，结果为人情所困、所害。

这表明，讲人情并没有错，但讲人情应当有条件、有限度。人情不应该与前述中国文化所要求的人际关系规范相违背，不应与法律和通常的道德规范所背离。讲人情也具有伦理性或道德性。

三、人缘性

人缘是中国人对人际关系的设定，它将人际关系限定在一种表示最终的本原而无须进一步探究的总体框架之中[33]。人缘是衡量一个人人际关系好坏的一个重要指标，我们常听人说，“某某人缘好，大家都爱戴他”“你有好人缘”“做人要人缘好”等，都把人缘作为生活中的一个重要方面。“有缘千里来相会，无缘对面不识君”，人缘是中国人之间拉近彼此心理距离，相互认同的重要途径或方式。如“咱们为啥能认识，是因为咱们有缘分。”可见，人缘在调节中国人的人际关系中有十分重要的作用。有人把其作用总结为：①保证人们在为人处事过程中的心理平衡；②维护群体内部人际关系的和谐；③见面之前，有缘的感觉可以形成预先接受他人的心理准备；④初识过程中，缘有快速促进或催化作用；⑤人际关系建立或失败之后，缘是一种有效的自我防御和社会防卫方法；⑥缘具有文饰作用，可以使某种社会关系的匮乏得到合理化解释；⑦在人际互动过程中，缘有一种“自我应验”效应即“自验成真的预言”作用[34]。这说明，人缘对于中国人来说是十分重要的，它对个体来说是一个巨大财富，是获得成功与幸福的重要途径与措施。有了好人缘，人的生活会和谐，也会顺利，感情会融洽。正因为如此，人人都想有好人缘。

> 人缘不好者往往有一个毛病，自以为是，不大瞧得起别人。回答问话时往往显出不耐烦的神情；即使在求教于别人时，也爱摆出一副似乎胸有成竹的架势，好像在考验人家。
>
> 心胸狭窄、妒忌心重，是人缘不好的重要因素。能力比他强的，他不服气；受领导器重的，他不顺眼。这就无形之中在他与别人之间构筑了一道厚厚的、无形的墙。心胸狭窄和妒忌心是一对孪生子，都是不良的心理品质特征。
>
> 另外，疑心病太重，也是人缘不好者的一大弱点。如看到几个人在窃窃私语，便怀疑在议论他；甚至别人无意中瞟了他一眼，他就受不了。凡此种种，使自己终日处于惶惶然之中，使别人对他避之唯恐不及。产生疑心病的原因，主要是心理成熟度低，缺乏安全感，把注意力都集中在对外界的防卫上面。他们在人际关系中没有信任，当然也不可能与别人沟通感情，就连正常的信息沟通也受到了严重阻碍[35]。

那么怎样才能有一个好人缘呢？有许多人都给出了药方，现列举两种如下。

药方一：尊重别人；乐于助人；心存感激；同频共振，即主动寻找共鸣点，使自己的“固有频率”与别人的“固有频率”相一致，就能够使人们之间增进友谊，结成朋友，发生“同频共振”；真诚赞美；诙谐幽默；大度宽容；诚恳道歉。

药方二：尽可能鼓励别人；你要在任何时候都让别人保留脸面；在别人背后只说他的好话；仔细观察别人，那样你就会发现他做的好事；你要经常引用别人高尚的思想和动机；你尽可能不要批评别人，不得不批评的时候也最好采取间接方式；你要允许别人偶尔自我感觉良好；当你犯了错误的时候，你要及时道歉，当你要受到指责的时候，你最好主动负荆请罪；你要多提建议，而不是发号施令；当别人发怒的时候，你要表示理解；你要尽可能少说话，要给别人诉说的机会，而自己甘做一个好的听众；你要让别人相信，主意来自他自己；你不要打断别人的话，即使当他说错了的时候；你要试着从别人的立场上分析事情；你不要总是有理；常常赠送一些小礼品，即使有时可以没有任何理由的，寻找让别人快乐的途径；在发生矛盾的时候，你首先要倾听对方的意见，努力寻找双方的一致之处，你还要用批评的眼光看待自己，向对方保证考虑他的意见，并对他给予自己的启发表示谢意；你要对别人表示真正感兴趣；保持微笑；你要学会从对方的角度来看待事物；你要想办法使自己在和每一个人谈话时，包括在电话中，都让对方有好的感觉——首先是对他自己，然后是对你的行为，最后是对你；要尽快宽恕别人，不要记仇；当你想到对方时，要给予他你最好的祝愿[36]！

这些药方有许多共同点，这些共同点是我们获得好人缘时应该做到的。另外，之所以有这么多人关注人缘，说明中国人对人缘的重视。

四、互动性

在人际交往中，中国人非常重视礼尚往来，“投之以桃，报之以梨”，你对我好，我也对你好；你认可我，我也认可你。这既是人情和人缘的体现，又是中国人的施报观的体现。

五、尊重与关爱性

中国人认为，要建立良好的人际关系，人与人之间必须相互尊重与关爱。中国人一般很少谈利，而非常重视别人对自己的看法与情感。你对我够意思、有义，我可以对你两肋插刀，上刀山下火海。所以中国人见面时的言行举止都充满对人的关切与尊重。前述的人际关系的核心、普遍准则、具体规范等都体现出这一点。

六、差序性

中国人的人际关系对所有人都不是等同的，存在差序性。一般而言，中国人在人际交往中，首先把人分为“自己人”和“外人”，对“自己人”表现出的态度或行为与“外人”大相径庭。对“自己人”可能会无话不谈，非常亲密与关爱；但对“外人”则说三分话都嫌多，非常冷漠。如在公交车或火车上，看到自己的熟人则非常热情地主动让座，而自己身旁早已站着的许多人甚至是老年人、孕妇等也视而不见，似乎十分冷漠。

差序最早是费孝通先生提出的概念，他在讨论中国人的人与人之间关系时把之与“格局”的概念放在一起，用差序格局来说明。

> 我们的格局……好像把一块石头丢在水面上所发生的一圈圈推出去的波纹。每个人都是他社会影响所推出去的圈子的中心。被圈子的波纹所推及的就发生联系。每个人在某一时间某一地点所动用的圈子是不一定相同的。我们社会中最重要的亲属关系就是这种丢石头形成同心圆波纹的性质。亲属关系是根据生育和婚姻事实所发生的社会关系。从生育和婚姻所结成的网络，可以一直推出去包括无穷的人，过去的、现在的和未来的人物。……
>
> 不但亲属关系如此，地缘关系也是如此。……每一家以自己的地位做中心，周围划出一个圈子，这个圈子是“街坊”……可是这不是一个固定的团体，而是一个范围。范围的大小也要依着中心的势力厚薄而定。……中国传统结构中的差序格局具有这种伸缩能力。……在我们却是攀关系、讲交情。
>
> 以“己”为中心，象石子一般投入水中，和别人所联系成的社会关系，不像团体中的分子一般大家立在一个平面上的，而是像水的波纹一般，一圈圈推出去，越推越远，也越推越薄。在这里我们遇到了中国社会结构的基本特性了，我们儒家最考究的是人伦，伦是什么呢？我的解释就是从自己推出去的和自己发生社会关系的那一样的人里所发生的一轮轮波纹的差序。……“伦也，水文相次有伦理也。”潘光旦先生曾说，凡是有“仑”作公分母的意义都相通，“共同表示的是条理，类别，秩序的一番意思。”伦重在分别……伦是有差等的次序。……这个人和人往来所构成的网络中的纲纪，就是一个差序，也就是伦……这个社会结构的架格是不能变的，变的只是利用这架格所做的事。……在这种富于伸缩性的网络里，随时随地是有一个“己”作中心的。这并不是个人主义，而是自我主义。个人是对团体而说的，是分子对全体。在个人主义

> 下，一方面是平等观念，指在同一团体中各分子的地位相等，个人不能侵犯大家的权利，另一方面是宪法观念，指团体不能抹杀个人，只能在个人所愿意突出的一分权利上控制个人。这些观念必须先假定了团体的存在。在我们中国传统思想里是没有这一套的，因为我们所有的是自我主义，一切价值是以“己”作为中心的主义。
>
> 自我主义并不限于拔一毛而利天下不为的杨朱，连儒家都该包括在内。杨朱和孔子不同的是杨朱忽略了自我主义的相对性和伸缩性。他太死心眼儿，一口咬了一个自己不放，孔子是会推己及人的，可是尽管放之于四海，中心还是在自己。……孔子并不像杨朱一般以小己来应付一切情境，他把这道德范围依着需要而推广或缩小。他不像耶稣或中国的墨翟，一放不能收。……这是种差序的推浪形式，把群己的界限弄成了相对性，也可以说是模糊两可了。这和西洋把权利和义务分得清清楚楚的社会，大异其趣。……在差序格局中，社会关系是逐渐从一个一个人推出去的，是私人联系的增加，社会范围是一根根私人联系所构成的网络，因之，我们传统社会里所有的社会道德也只在私人联系中发生意义[37]。

从费孝通先生的这段话中，我们可以清楚地看到，中国人的“自己人”的范围有大有小，很不相同，个体与不同波纹（范围）里的“自己人”建立的关系也各不相同，由此在与他们发生关系时所表现出的心理与行为也各不相同，表现出差异性。圈子越小的人际关系越紧密，表现出的行为越亲近；而圈子越大的人际关系越松散，表现出的行为越疏远。尽管当代中国社会已与费孝通先生提出这种观点时的时代大不相同，但差序格局现象仍然存在，且范围更广、涉及面更多。如时空因素都包含在内。就时间因素而言，同龄人更容易被视为“自己人”，与不同年龄段的人区别开来。就空间因素而言，同一地区如村、乡、县、市、省、国等的人更容易互视为“自己人”，与其他地区的人区别开来。这种差序性实际上是前述的伦理性的体现。

参考文献

[1] 李炳全. 中国人的心理和行为解密. 广州：广东教育出版社，2016.
[2] 许苏民. 文化哲学. 上海： 上海人民出版社，1990：110.
[3] 杨启光. 文化哲学导论. 广州：暨南大学出版社，1999：130.
[4] 钱穆. 民族与文化. 香港：新亚书院，1962：6.
[5] Whorf B L. The Relation of Habitual Thought and Behavior to Language// Carrol J. Language, Thought and Reality: Selected Writings of Benjamin Lee Whorf. Cambridge: MIT Press, 1956: 157-158.

[6] 汪凤炎，郑红. 中国文化心理学. 广州：暨南大学出版社，2004：83-84.
[7] Baldwin E，Longhurst B，McCracken S，et al. 文化研究导论. 陶东风，等译. 北京：高等教育出版社，2004：4.
[8] Mcnamee S. Bridging incommensurate discourses. Theory & Psychology，2003，13(3)：387-396.
[9] 周晓虹. 现代社会心理学. 上海：上海人民出版社，1997：313-314.
[10] 上海辞书出版社. 实用汉字字典. 上海：上海辞书出版社，1985.
[11] 中国社会科学院语言研究所词典编辑室. 现代汉语词典. 3 版. 北京：商务印书馆，1996.
[12] 高赞非. 孔子的思想的核心——仁//曲阜师范大学孔子研究所.孔子思想研究论文集. 济南：齐鲁书社，1987.
[13] 杨伯峻. 论语译注. 北京：中华书局，1980.
[14] 林语堂. 孔子的智慧. 西安： 陕西师范大学出版社， 2003.
[15] 任放. 达致和谐：墨子的兼爱思想. http://theory.people.com.cn/GB/49157/49165/4553028.html [2006-07-03].
[16] 李炳全. 当代我国心理问题的社会心理根源剖析与对策. 内蒙古师范大学学报（哲学社会科学版），2002，31(3)：63-68.
[17] 王阳明全集，中华传世藏书——诸子百家（光盘）.
[18] 燕国材. 论孔子的心理学思想. 南通师范学报（哲学社会科学版），2003，19(2)：117-123.
[19] 冯友兰. 中国哲学简史. 北京：新世界出版社，2005.
[20] 沃尔特・米勒. 这是我的错. 李征途译. 长春：吉林文史出版社，2004.
[21] 李炳全，陈灿锐. 中学生孝道与成就动机相关研究. 心理学探新，2007，3：71-75.
[22] 朱彬. 饶钦农点校：礼记训纂. 北京：中华书局，1996.
[23] 林秉贤. 社会心理学. 北京：群众出版社，1985.
[24] 石飞. 陈良宇倒台溯源. 劳动保障世界，2006，(11)：55.
[25] Lindzey G，Aronson E. The Handbook of Social Psychology. 2nd. Boston：Addison-wesley Publishing Company，1998.
[26] Myers D G. Social Psychology. New York：McGraw-Hill，1983.
[27] 邓思平. “克已复礼”是为和谐. 南京大学学报（哲学・人文・社会科学），1997，(2)：42-45.
[28] 周晓虹. 现代社会心理学. 上海：上海人民出版社，1997.
[29] 时蓉华. 现代社会心理学. 上海：华东师范大学出版社，2003.
[30] 张伟华，綦俊霞. 孔子的和谐意识及其现代价值. 管子学刊，2005，(2)：63-66.
[31] Skinner B F. Science and Human Behavior. New York：McGraw-Hill，1953.
[32] 邓伟志. 论正义成为社会主义的首要价值. 民主与科学，2007，2：2-3.
[33] 申爱军. 有些人情是需要欠的. 晚报文萃，2007（4）：45.
[34] 翟学伟. 中国人人际关系的特质//李庆善.中国人社会心理研究论文集. 香港：香港时代文化出版公司，1993：248.
[35] 周晓虹. 现代社会心理学. 上海：上海人民出版社，1997：356-357.
[36] Yjpuebyse. 怎样让自己的人缘好点呢？http://wenda.so.com/q/1377729779068663 [2013-08-29].
[37] 费孝通. 差序格局//费孝通. 乡土中国. 南京：江苏文艺出版社，2007.